Manfred Henningsen · Der Fall Amerika

LIST

Manfred Henningsen

Der Fall Amerika

Zur Sozial- und Bewußtseinsgeschichte
einer Verdrängung

Das Amerika der Europäer

List Verlag München

Umschlagentwurf von Wolfgang Taube

ISBN 3 471 77773 3

Printed in Austria. Schrift: Garamond-Antiqua
Gesamtherstellung: Welsermühl, Wels

Inhaltsverzeichnis

Für Kareda

Vorwort

Die Studien dieses Buches sind den europäischen Amerika-Bildern gewidmet, die von der Gründung der amerikanischen Republik bis zur Gegenwart die Bewußtseinswelt Europas beherrscht haben. Das ›Amerika‹, das im zeitgenössischen Anti-Amerikanismus in Erscheinung tritt, hat mein Interesse an all den anderen ›Amerikas‹ geweckt, die im Laufe der 200jährigen Geschichte der USA von Europäern als jeweils ›wahres‹ Bild des ›wirklichen‹ Amerika angeboten worden sind. Denn nicht erst das ›Amerika‹ des zeitgenössischen Anti-Amerikanismus ist ideologisch vorbelastet. Das ganze Spektrum der europäischen Amerika-Bilder muß unter dem Vorbehalt betrachtet werden, daß diese Bilder zwar alle Amerika darzustellen beanspruchen, dies aber aus einer Perspektive tun, in der Europa selbstverständlich als zivilisatorisches Grundmuster die Kontraste und Schwerpunkte bestimmt. Der Ideologievorwurf, den man so mühelos gegenüber dem ›Amerika‹ des Anti-Amerikanismus erheben kann, wird hier auf alle europäischen Amerika-Bilder ausgedehnt. Denn bei den Anti-Amerikanern steigert sich nur zur Karikatur, was bei den anderen Bildern nicht minder in die Augen sticht, nämlich der konsequente Versuch, Amerika beständig für eine Provinz Europas zu halten.
Die ideologischen Motive des Anti-Amerikanismus nachzuweisen, pflegt keine besonderen Schwierigkeiten zu bereiten, da sie offen ausgesprochen werden. Weitaus komplizierter jedoch stellt sich auch das Problem des Anti-Amerikanismus dar, wenn man ihn nicht als zeitgenössische Sondererscheinung, sondern

nur als extreme Variante eines europäischen Grundschemas versteht, das sich auch in den anderen Amerika-Bildern nachweisen läßt. Dann könnte man die Anti-Amerikaner unter die guten Europäer einreihen und müßte die eigentlichen Motive des Anti-Amerikanismus in einem ideologischen Amerika-Verständnis suchen, das zum traditionellen Gemeingut Europas gehört. Der Titel dieses Buches faßt auf knappe Weise die These zusammen, die sich durch die folgenden Untersuchungen zieht und das allgemeine Problem der europäischen Amerika-Bilder zu formulieren versucht: der Fall Amerika war im europäischen Bewußtsein nicht vorgesehen und ist bis ins 20. Jahrhundert von Europa nicht als welthistorisches Ereignis eigener Art begriffen worden. Denn die enorme Informationsflut, die seit dem 18. Jahrhundert Europa mit Amerikana überschwemmt hat, hat Amerika als *terra incognita* auf der Landkarte des europäischen Bewußtseins nicht beseitigt. Europas Verhältnis zu Amerika kann vielmehr als Sozial- und Bewußtseinsgeschichte einer Verdrängung geschrieben werden.

Der Ursprung dieser Verdrängung geht bis zur französischen Revolution zurück, die in den europäischen Philosophien der Politik und Geschichte als umwälzender Einschnitt der Weltgeschichte gesehen wird und den Blick auf Amerika völlig verstellt hat. Daher erscheint es mir notwendig, die Entwicklung Amerikas von einem bloßen Einwandererstaat zum Zukunftsmodell für Europa als einen nicht minder folgenreichen Prozeß zu akzentuieren. Denn die geschichtsphilosophisch und ideologisch abgesicherte Verdrängung Amerikas machte es Europa schier unmöglich, diesen schlichten und doch revolutionären Tatbestand in seiner ganzen Breite zu verstehen. Nicht nur begann sich die politische, geistige, ökonomische, soziale und imperiale Geschichte der amerikanischen Gesellschaft nach eigenen, erfolgreichen Gesetzen zu entwickeln. Millionen europäischer Einwanderer, die das Elend der Alten Welt hinter sich ließen, bewiesen jährlich, daß Amerika *die* Alternative zum rhetorischen Versprechen der europäischen Revolution war. Während sich Europas antagonistische Strukturen verhärteten und schließlich in den Revolutionen von links und rechts in der ersten Hälfte des 20. Jahrhunderts in einem blutigen gesamteuropäischen Bürgerkrieg zusammenbrachen, ging die Revolution der amerikanischen Gesellschaft unblutig weiter. Weder der interne amerikanische Prozeß noch aber die europäische Auswanderung, die dessen revolutionären Charakter bestätigte, wurden von Europäern in ihrer wahren Bedeutung erkannt. Die Verdrängung Amerikas aus dem öffentlichen Bewußtsein fand in der Gleichgültigkeit, mit der Europa auf die Massenauswanderung der Unterschichten reagierte, ihr sozialgeschichtliches Gegenstück. Der Exodus der Millionen rechtfertigte gleichsam die Verdrängung; denn daß man dem Pöbel Europas Asyl gewährte, unterstrich doch die zivilisatorische Unfertigkeit der amerikanischen Gesellschaft.

Ich gebrauche mit Absicht den Ausdruck Revolution, um einen wesentlichen Aspekt der amerikanischen Geschichte zu betonen. Denn bereits in den Überlegungen von Tocqueville und Nietzsche zur Zukunft der liberalen Demokratie in Europa taucht das revolutionäre Amerika als Synonym dieser Zukunft auf. Während Tocqueville unter dem Vorbehalt, daß ein Umschlagen in die emanzipatorische Massendemokratie vermieden werde, die amerikanische Form der Demokratie als europäische Zukunft identifizierte, sah Nietzsche unter dem Firnis der liberalen amerikanischen Rhetorik den Nihilismus der allgemeinen Emanzipation verdeckt, den er mit dem Zusammenbruch aller überkommenen Herrschaft und ihrer Legitimationen verband. Beide sprachen von Amerika als einer Zukunft, die auch Europa über kurz oder lang einholen werde. Sie kehrten damit die Perspektive der Verdrängung um, maßen Amerika nicht mehr an Europa, sondern ließen Europa sich auf Amerika zu bewegen. Die Verdrängung Amerikas als eigenständiger Zivilisation wurde aber dadurch nicht aufgehoben, da Amerika einfach von der Nachhut zur Vorhut eines europäisch verstandenen Geschichtsprozesses umfunktioniert wurde.

Die Aufhebung der Verdrängung ist die direkte Folge des europäischen Bürgerkrieges, der Europas Abschied von der Weltgeschichte bedeutete. Mit dem Eintritt der USA in den ersten Weltkrieg bahnte sich ein europäisches Umdenken an, das mit der Vertreibung der intellektuellen Eliten aus Kontinentaleuropa 1933 ein neues Stadium erreichte. Plötzlich waren es nicht mehr die Unterschichten, die Amerika entdeckten. Repräsentanten der europäischen Philosophie, Literatur, Kunst, Musik, der Sozial-, Human- und Naturwissenschaften wurden gezwungen, sich mit der Existenz Amerikas nicht nur abzufinden, sondern sich in Amerika als neuer Heimat zurechtzufinden. In dieser Begegnung des europäischen Geistes mit Amerika bricht die jahrhundertelange Verdrängung zum Bewußtsein durch: es zeigt die Lebensunfähigkeit der deutschen Literatur, die auf den Fetisch der europäischen Kultur eingeschworen war, und die Versuche der revolutionären wie philosophischen Intelligenz, dem genuinen Amerika gerecht zu werden. Im Bemühen der Frankfurter Schule, die amerikanische Wirklichkeit mit dem Ansatz der Kritischen Theorie zu verstehen, schließlich aber in Melancholie zu enden, und dem der politischen Philosophie, in Amerika den Erben des Westens zu sehen, schließlich aber dem Schweigen zu verfallen, enthüllen sich die Aporien Europas, die mit der verspäteten Aufhebung der Verdrängung verbunden sind. Das traditionelle und das revolutionäre Europa haben in dem Augenblick, in dem sie über Amerika nicht mehr in den Kategorien der Verdrängung dachten, sondern Amerika zu begreifen versuchten, ihre Sprache verloren. Das Phänomen der Sprachlosigkeit der Europäer, die Amerika verstehen wollten, kontrastiert mit der monomanischen Redseligkeit jener Europäer, die sich dem zeitgenössischen Amerika-Ressentiment ergeben haben. Für den Fall Amerika in unserer Zeit sind aber nur die ersteren von Bedeutung, denn sie rühren an die Probleme des amerikanischen Selbstverständnisses in der Gegenwart.

Dem Schweigen und der Melancholie der Europäer entspricht eine eigentümliche Bewußtseinshaltung im zeitgenössischen Amerika. Im Epilog dieses Buches habe ich kurz anzudeuten versucht, worum es hierbei geht. Es soll einer Studie über den Fall Amerika im amerikanischen Bewußtsein vorbehalten bleiben, diese skizzenhaften Anmerkungen ihrer Bedeutung entsprechend zu entwickeln. Die Thesen zum Ende des traditionellen Amerika und Amerikanismus, die ich im Epilog vortrage, könnten und werden von einigen Lesern in die Nähe des Anti-Amerikanismus gebracht werden. Dies mögliche Mißverständnis muß ich jedoch in Kauf nehmen. Eine breitere Behandlung des Falls Amerika im amerikanischen Bewußtsein hätte den Rahmen und das Thema des Bandes gesprengt.
Der Epilog hat aber nicht nur die Funktion einer thematischen Überleitung. Wer sich kritisch mit dem europäischen Anti-Amerikanismus beschäftigt, sieht sich automatisch dem ideologischen Vorwurf des Pro-Amerikanismus ausgesetzt. Der Vorwurf der Interessenabhängigkeit wird umso leichter gegen mich erhoben werden können, da ich seit 1969 in den USA lebe und damit notgedrungen – auch wenn ich kein amerikanischer Staatsbürger geworden bin – zur ideologischen Verteidigung meiner Gastgesellschaft schreiten muß. Diesen Vorwurf kann ich verstehen, da ich seine Berechtigung während der Beschäftigung mit dem Thema eingesehen habe. Da ich meinen Aufenthalt aber nicht als Emigration betrachte, Hawaii – wo ich seit 1970 lebe – außerdem ein durchaus untypischer Staat der Union ist und ich durch regelmäßige Reisen nach Europa meine europäische Identität zu regenerieren mich bemühe, halte ich den Vorwurf nur im allgemeinen Sinne einer Milieugewöhnung für angebracht. Nichtsdestotrotz habe ich den Epilog dazu benutzt, die Problematik des Anti-Amerikanismus mit jener des Amerikanismus zu kontrastieren. Denn mein Interesse an den europäischen Amerika-Bildern ist zugegebenermaßen auch, oder vor allem, ein Interesse an Amerika.
Das Interesse an Amerika beschränkt sich aber nicht, wie ich im

Epilog angedeutet habe und in der angekündigten Studie ausführlich darzustellen hoffe, auf die adäquate Beschreibung oder kritische Analyse des ›wirklichen‹ Amerika. Ich habe es mir nicht zum Ziel gesetzt, ein neues Buch über Amerika zu schreiben. Der Versuch, die spezifisch amerikanischen Verdrängungen von Wirklichkeit und deren Ausklammerung im öffentlichen Amerikanismus aufzuzeigen – und dies charakterisiert den Fall Amerika im amerikanischen Bewußtsein – wird von der Auffassung geleitet, daß die westlichen Möglichkeiten einer Philosophie über menschliche Belange nach dem Auslaufen der Tradition und dem Versagen der Revolution am besten am Falle Amerikas erprobt werden können. Amerika wird weder von den Überhängen einer antagonistischen Geschichte noch von den Hoffnungen einer revolutionären Zukunft belästigt. Als post-traditionelles und post-revolutionäres Niemandsland scheint es mir dazu bestimmt, persönliche und soziale Exempel einer entmythologisierten humanen Gegenwart zu geben.

Bedanken möchte ich mich bei: Hedda Herwig, Bernd Henningsen, Peter J. Opitz, Henry S. Kariel und Tilo Schabert für die freundschaftlich-kritische Kommentierung des Manuskripts; Horst Ferle vom *Paul List Verlag* für den erstaunlichen Langmut, mit dem er die Ablieferung des Manuskripts erwartet hat; den Studenten an der *University of Hawaii*, die meiner langwierigen Entdeckung Amerikas in Seminaren und Vorlesungen beiwohnen mußten; dem Chairman, Robert S. Cahill, und den Kollegen des *Department of Political Science*, die mir bei meinen Lehrveranstaltungen völlige Freiheit ließen, über das zu reden, was mir wichtig erschien; den Herausgebern der *Zeitschrift für Politik*, die ein Kapitel des Buches unter dem Titel *Das Amerika von Hegel, Marx und Engels* abgedruckt haben (Nr. 3, 1973); Lissy und Eric Voegelin, die mich generös mit dem Leben in Amerika vertraut gemacht haben, im Frühjahr 1967 in Cambridge, Mass. und 1969/70 in Stanford, Cal.; Glenn W. Campbell, dem Direktor der *Hoover Institution* in Stanford, der mir mit der Gewährung einer *research fellowship* 1969/70 das Einleben in Amerika so ungemein erleichtert hat.

Honolulu, Hawaii
Februar 1974

I. TEIL

Die Verdrängung Amerikas

Der psychoanalytische Begriff der Verdrängung wird im übertragenen Sinne verwendet. Der Sachverhalt der »Ausklammerung« (A. Lorenzer) jedoch, auf den er sich in der Psychoanalyse bezieht, scheint mir sehr gut das Verhältnis Europas zu Amerika zu treffen. Denn der Überblick der Amerika-Bilder zeigt nicht allein die philosophischen, historischen, politischen und kulturellen Denkanstrengungen, mit denen Europäer den Fall Amerika der Geschichte Europas einzuverleiben versuchten. Der Überblick erhellt zudem die Motive der Identitätsstörung, die der Fall Amerika seit jeher im europäischen Bewußtsein hervorgerufen hat. Der Fall Amerika war nicht nur nicht im europäischen Bewußtsein vorgesehen; je weniger er schlicht zu verleugnen war oder generös als Anhang zur europäischen Geschichte abgehandelt werden konnte, umso mehr machten sich Europäer daran, ihn in die Kategorien des europäischen Modells zu übersetzen. Denn die zivilisatorische Identität der Europäer verlangte, Amerika eine eigene zivilisatorische Identität abzusprechen. Europa war der sinnvolle Höhepunkt der Weltgeschichte, der allen anderen Zivilisationen ihren jeweiligen Stellenwert anwies. Im Falle Amerikas erschien diese Interpretation der Weltgeschichte umso selbstverständlicher, da diese direkte Gründung Europas noch weniger Anrechte auf ein zivilisatorisches Eigenleben besaß als all die nicht-europäischen Zivilisationen, die als Vor-, Neben- oder Fehlformen der ›Zivilisation‹ im europäischen Sinne betrachtet wurden. Was im Falle Amerikas europäischen Maßstäben nicht entsprach, wurde deshalb noch rücksichtsloser umgedeutet, abgewertet oder weggelassen. Der Fall Amerika als historischer Gesellschaftsprozeß eigener Art wurde verdrängt.

Das Phänomen der Verdrängung Amerikas wird von mir nicht auf historische Weise behandelt. Dem Ansatz der psychoanalytischen Symbol- und Bewußtseinsanalyse folgend versuche ich vielmehr, vom zeitgenössischen Ideologiemilieu ausgehend historisch rückschreitend die verschiedenen Schichten in diesem Verdrängungsvorgang freizulegen. Die Haltung des Ressentiments und das Symptom der klischee-fixierten Besessenheit, die den zeitgenössischen Anti-Amerikanismus auszeichnen, werden so einsichtiger als Folgen mentaler Einschleifungen, die ihre Spuren im europäischen Bewußtsein hinterlassen haben. Denn das ›Amerika‹ des Ressentiments, das von einer wahllosen, aber negativen Bilderflut lebt, unterscheidet sich vom ›Amerika‹ der Ideologie, dessen Konturen ich aus den Debatten der Pariser Mandarine von 1944 bis 1952 zu rekonstruieren versuche. Hier nämlich wird man vergeblich nach anti-amerikanischen Ressentiments suchen. Das ›Amerika‹ der Pariser Mandarine ist ein geschichtsideologisches Symbol, das seinen Platz in der Debatte über die Zukunft der europäischen Gesellschaft hat, die nach der Befreiung von Paris und Frankreich geführt und später während des ›kalten Krieges‹ fortgesetzt wurde. Das ›Amerika‹ der Ideologie verträgt sich durchaus mit durchgehend positiven Amerika-Erfahrungen, die einige der Mandarine privat gemacht haben. Geht man weiter zurück und beginnt das ›Amerika‹ von Marx und Engels zu verstehen, das ich zusammen mit dem von Hegel als das der Philosophie bezeichne, so erscheinen die positiven Akzente noch erstaunlicher. Denn das ›Amerika‹ von Marx und Engels stützt sich auf keine persönlichen Reiseeindrücke, spaltet sich daher nicht wie bei den Mandarinen in ein ideologisches und privates; es ist ein ›Amerika‹, das einerseits als Sozialexperiment eigener Art begeistert kommentiert wird, dessen Sinn aber anderseits von einer Geschichtsphilosophie geliefert wird, deren Kategorien die Strukturen der europäischen Sozial- und Bewußtseinsgeschichte zugrunde liegen. Im ›Amerika‹ von Marx und Engels liegen zwei Bilder unversöhnt nebeneinander: das Amerika, dessen unverwechselbar eigene Identität begriffen, und jenes, das zu einem Abbild Europas gemacht wird. Marx und Engels haben das ›Amerika‹ des Abbildes an ihre Erben vermittelt, so wie sie es selbst von Hegel geerbt haben.

Mit Hegels Philosophie der Politik und Geschichte wird der Anfang der Verdrängung Amerikas im europäischen Bewußtsein erreicht. Dies soll hier nicht als einseitige Ursachenbestimmung verstanden werden. Hegels Philosophie repräsentiert vielmehr in hervorragender Weise eine entscheidende Phase im europäischen Selbstverständnis. Er nämlich war es, der die weltgeschichtliche Bedeutung der französischen Revolution trotz ihres aktuellen Scheiterns im Terror, im Napoleonischen Kaiserreich und in der Restauration in einer Weise verklärte, daß er für die nicht minder weltgeschichtliche Bedeutung der erfolgreichen Revolution in Amerika nichts als eine Randbemerkung übrig hatte. Sein Beispiel – jenseits der direkten Wirkung, die er auf Generationen europäischer Intellektueller und ihrer einflußreichen Weltentwürfe hatte – erhellt in grandioser Eindringlichkeit die geistige Situation seiner Zeit: die Zäsur der französischen Revolution und der Eindruck, den sie in Europa hinterlassen hatte, führte zur Verdunkelung und schließlich zur Verdrängung Amerikas. Alle zukünftige Geschichtsphilosophie begann sich um diese Angel zu drehen, die man fortan für die Angel der Weltgeschichte hielt.

Nur so auch läßt sich begreifen, warum ein gegenläufiger Bewußtseinsprozeß, den ich die Entdeckung Amerikas genannt habe und vom 18. Jahrhundert bis zur Gegenwart zu verfolgen versuche, erst heute Ergebnisse zu zeitigen beginnt.

1 *Das Amerika des Ressentiments: Der zeitgenössische Anti-Amerikanismus*

Die größte amerikanische Fernseh-Programmzeitschrift, *TV-Guide*, widmete sich 1972 in einer Serie von Artikeln der Amerika-Berichterstattung westeuropäischer Fernsehstationen [1]. Der erstaunlich einheitliche Befund dieses Überblicks ergab, daß »Amerika in Verzerrung« – so der Titel der Serie – auf den Bildschirmen erscheine. Die Einzeltitel der Artikel machten deutlich, welcher ideologischen Richtung man diese Verzerrung anzulasten habe; sie lauteten: »(1) Wie – und warum – das europäische Fernsehen unser Image entstellt? (2) Die große Schmierkampagne; wie linksradikaler Einfluß im holländischen Fernsehen oft zu einem verzerrten Blick auf die Vereinigten Staaten führt. (3) Mit Freunden wie diesen ... im Fernsehen, einige der traditionellen amerikanischen Verbündeten entsprechen nicht immer dieser Rolle. (4) Ein böses Land, gelenkt von bösen Männern; das ist die Art, wie Amerika im schwedischen Fernsehen dargestellt wird. (5) Laßt Europa uns sehen, wie wir sind; wie können wir das häßliche Fernsehbild korrigieren, das junge Linksradikale von uns entwerfen.« Ob das anti-amerikanische Panorama des westeuropäischen Fernsehens durch Erweiterung der Programmumschau, d.h. durch die Aufnahme Norwegens, Dänemarks, der Schweiz, Österreichs, Italiens und Deutschlands in die Übersicht, weniger kraß ausgefallen wäre, soll dahingestellt bleiben. Der Vorwurf des Linksradikalismus, auf den der Autor den tendenziellen Anti-Amerikanismus zurückzuführen versuchte, wird jedoch auch in diesen Ländern erhoben, wenn vom zeitgenössischen Anti-Amerikanismus allgemein die Rede ist.

Weder soll der Zusammenhang zwischen Anti-Amerikanismus und Linksradikalismus aufgelöst, noch aber eine linke Tendenz in der europäischen Amerika-Berichterstattung des Fernsehens bestritten werden. Ganz im Gegenteil würde ich diesen Vorwurf nicht nur auf die anderen Massenmedien, die politische Essayistik der Zeitschriften, die Planung von Verlagsprogrammen, die ideologischen Stellungnahmen einer Reihe politischer und kultureller Organisationen usw. ausdehnen, sondern außerdem die unkritische Resonanz, die anti-amerikanische Kundgebungen in Europa offensichtlich zu finden pflegen, in die Diagnose mitaufnehmen. Die partielle Gesellschaftsfähigkeit des Linksradikalismus hat zur modischen Verbreitung auch des Anti-Amerikanismus beigetragen.

Der Versuch, den zeitgenössischen Anti-Amerikanismus allein als Ableger des europäischen Linksradikalismus zu verstehen oder ihn gar mit diesem zu identifizieren, scheint mir jedoch verfehlt. Verstörte Amerikaner, und der Autor des *TV-Guide* gehört zu ihnen, greifen mit Vorliebe zu dieser Erklärung, da Amerika so als Opfer einer Verschwörung erscheint. Bei genauerer Analyse der europäischen Fernsehprogramme stellen sie dann aber fest – und das widerfuhr auch dem Autor des *TV-Guide* – daß große Teile des Filmmaterials aus amerikanischen Fernsehproduktionen stammen und es u. a. auch Amerikaner sind, die sich lautstark und äußerst expressiv im europäischen Fernsehen als Anti-Amerikaner vorstellen. Es überrascht keineswegs, daß Europäer in diesen amerikanischen Selbstdarstellungen ihre eigenen Überzeugungen bestätigt finden. Erstaunlich ist allerdings, daß Amerikanern eine bestimmte Diskrepanz entgeht, die zwischen der Präsenz Amerikas im europäischen und der Absenz Europas im amerikanischen Fernsehen besteht. Ob man nun an die Slums in Manchester, Neapel und Marseille oder die Gettos der Gastarbeiter in Deutschland denkt, ob man die Rassendiskriminierung in Frankreich, England oder Skandinavien nimmt – amerikanische Journalisten hätten es nicht übermäßig schwer, Programme über europäische Mißstände zu füllen, die den Filmberichten über das Elend in Amerika an Intensität gleichkämen. Daß sie es nicht tun, sich allenfalls mit den explosiven Verhältnissen in Nordirland beschäftigen und ansonsten auf gelegentliche Berichte über Konferenzen der politischen Prominenz beschränken, und daß sie selten europäische Selbstkritik zu Wort kommen lassen und schon gar nicht europäisches Filmmaterial übernehmen, kann man nicht allein als Vernachlässigung ihrer Informationspflicht erklären. Der europäischen Fixierung auf Amerika entspricht vielmehr eine amerikanische Gleichgültigkeit gegenüber europäischen Verhältnissen; und in beiden Haltungen spiegelt sich die Bedeutung einer Gesellschaft wider, die als einstmalige Gründung Europas mittlerweile zu dessen Garanten und zur führenden Weltmacht aufgestiegen ist. Im Anti-Amerikanismus unserer Tage bricht so nicht nur das ideologische Welt- und Geschichtsverständnis des Linksradikalismus durch. Die Abdankung Europas von der Weltgeschichte, dieses Zurücksinken in die politische Bedeutungslosigkeit, hat Amerika und seine Selbstdarstellungen ins Zentrum des europäischen Interesses gerückt. Damit gewinnen aber auch all die Bilder, mit denen Europäer im Laufe der letzten 200 Jahre die amerikanische Wirklichkeit einzufangen versuchten, an Aktualität. Die Verzerrung Amerikas, die man ausschließlich dem anti-amerikanischen Linksradikalismus zur Last zu legen versucht, entpuppt sich dabei als gemeineuropäischer Perspektiven-Defekt.

Den Anti-Amerikanismus der Linksradikalen als Variante eines gemeineuropäischen Grundschemas und dieses als Resultat eines langwierigen Prozesses zu charakterisieren, kann nicht anhand der Analyse des zeitgenössischen Materials befriedigend nachgewiesen werden. An den Ausbrüchen des Ressentiments, die die gegenwärtige Szene beherrschen, läßt sich aber bereits zeigen, wie wenig die Verzerrung Amerikas auf den Linksradikalismus beschränkt bleibt. Das Prinzip der Verdrängung amerikanischer Wirklichkeit, dem die europäische Beschäftigung mit Amerika seit 200 Jahren gefolgt ist, hat mittlerweile die Ebene sozial-vermittelter Klischees erreicht. Es bedarf nicht mehr der Anstrengungen der Philosophen und Ideologen, die Rolle Amerikas in der Weltpolitik oder die Gestalt der amerikanischen Gesellschaft in den europäischen Griff zu bekommen. Die Amerika-Bilder des europäischen Geistes haben sich so erfolgreich durchgesetzt, daß sie gar nicht mehr als Konstruktionen erkennbar sind, sondern als natürliche Abbilder der Wirklichkeit ungefragt reproduziert werden. Die geradezu mechanische Selbstverständlichkeit, in die Europäer bei der Kommentierung amerikanischer Ereignisse oder des amerikanischen Engagements in der internationalen Politik verfallen, unterstreicht, wie vorfabriziert die Kriterien der Beurteilung sind und wie unkompliziert es ist, Amerika zu verstehen.

Da ich nicht die Absicht habe, eine erschöpfende Phänomenologie der zeitgenössischen Amerika-Bilder vorzulegen, beschränke ich mich in meinen Beispielen auf den deutschsprachigen Raum. Auch wenn ich mich damit dem Vorwurf aussetze, Europa als Einheit zu behandeln und somit die nationalen Nuancen zu verwischen, scheint mir dieses methodische Prinzip im Fall des europäischen Amerika-Bewußtseins der Gegenwart heuristisch gerechtfertigt. Die Nuancen, die sich etwa im französischen Amerika-Ressentiment von der Linken bis zum Gaullismus beobachten lassen, erhalten zwar durch das abgestandene Pathos der französischen Geschichte ihre besondere Tönung. Jean-François Revel hat aber in *Ni Marx ni Jésus* (1970) überzeugend geschildert, wie europäisch auch der französische Anti-Amerikanismus ist, gegen den sich sein Buch zumindest so sehr richtet, wie es eine von Amerika ausgehende, uneuropäische Weltrevolution zu propagieren versucht [2]. Ähnlich haben auch die amerikanischen Journalisten John Ney [3] und Th.B. Morgan [4] ihre Erfahrungen mit dem Amerika-Ressentiment der Europäer zusammengefaßt.

Gerade die Deutschen – verstärkt um einige nicht-deutsche Illustrationen – als repräsentatives Beispiel der Ressentiment-Haltung zu wählen, bietet sich aber aus einem besonderen Grunde an. Die Zerstörung traditioneller Identitäten und Strukturen hat in keinem westeuropäischen Land vergleichbare Ausmaße angenommen. Die Geschichte und die Folgen des Nationalsozialismus haben Deutschland zwar nicht um seine Vergangenheit gebracht, dafür aber historisch intakte Bewußtseins- und Verhaltensmuster, die sich in anderen europäischen Gesellschaften erhalten haben, fragwürdig gemacht oder völlig diskreditiert. An Westdeutschland als Gesellschaft ohne Tradition sollte man deshalb besonders gut jenes Ressentiment studieren können, das echt europäisch ist und nicht durch nationale Idiosynkrasien einen spezifischen Ausdruck angenommen hat. Sicher, die USA gehören zu den Alliierten des zweiten Weltkrieges und damit auch zu den deutschen Besatzungsmächten. Da sich der Widerstand gegen die USA als Sieger- und Besatzungsmacht aber nur bei den ehemaligen Nazis und *fellow travellers* des Faschismus zur deutschnationalen Gegenideologie verinnerlicht hat, verstärkt dieses Kapitel der deutsch-amerikanischen Beziehungen eher die genuine Qualität des Ressentiments. Den Deutschen, die auf keine nationale Tradition zurückfallen konnten, mußte Amerika umso stärker als der Gegenspieler Europas erscheinen, da sie in der Strategie der Entnazifizierung und demokratischen Umerziehung auch noch den direkten Versuch der ideologischen Amerikanisierung erlebten. Nicht von ungefähr finden sich deshalb in den deutschen Kundgebungen des anti-amerikanischen Ressentiments so häufig Vergleiche mit dem Faschismus. Die gebrannten Kinder des Faschismus haben eine besondere Gabe dafür, diesen beim Sieger über den Faschismus im Anmarsch zu sehen.

Der Rezensent der Wochenzeitung *Die Zeit* nannte z. B. Reinhard Lettau, den Autor von *Täglicher Faschismus. Amerikanische Evidenz aus 6 Monaten*, einen »... *idiot savant* der Art, wie wir sie aus der europäischen Literaturgeschichte kennen, einer von jenen, deren gute Absichten und unerschütterliche politische Naivität so viel dazu beigetragen haben, die Geschichte der europäischen Linken zu bereichern und zu verwickeln. Durch die Wahl seines Forschungsgegenstandes hat sich Lettau darüberhinaus einen Platz unter den Amerika-Hassern erobert, deren Geschichte bis zu den Anfängen zurückgeht [5]«. Den *idiot savant* Lettau, der an der *University of California* (San Diego) deutsche Literatur unterrichtet, unter die »Amerika-Hasser« einzureihen, ist nicht falsch, zielt jedoch am monomanischen Zug der Lettauschen Beweisführung vorbei, sechs Monate lang die *Los Angeles Times* auf Meldungen, Berichte, Artikel usw. hin durchzusehen, die seinen Faschismus-Verdacht bestätigen. »[Ich] wollte«, so Lettau, »bei Beschränkung [zur Bestätigung seines Verdachts las er vorübergehend auch noch die *Washington Post, New York Times, Time, Newsweek, Washington Monthly* und Meldungen von *AP* und *UPI*, M. H.] auf bürgerliche Quellen, meinen bei der Vorarbeit gewonnenen Verdacht, daß eine Summierung und Verbindung der täglich verfügbaren Evidenz das System als verdorben und irreparabel erweisen würde, überprüfen ... wobei erst im Falle der allerdings stark vermuteten Erhärtung dieses Verdachts die ... Frage überlegt werden konnte: nämlich wie es kommt, daß das System die Evidenz, die es von Grund auf widerlegt, täglich selbst zur Verfügung stellt, oder genauer: woher das System noch die unverschämte Sicherheit nimmt, die freie Verfügbarkeit von Evidenz zu dulden, die nach seiner Beseitigung schreit [6]?« An der unverschämten Sicherheit des täglichen Faschismus in Amerika, der den Anti-Faschisten Lettau noch immer frei herumlaufen läßt, beunruhigt nicht so sehr, daß sie von einem Deutschen, dem die Proportionen bekannt sein sollten, auf den Nenner des Faschismus gebracht wird. Beunruhigend wirkt vielmehr, daß von Sicherheit und System gesprochen wird, wobei die Evidenz, sofern man nicht nur Lettaus Selektion, sondern auch dem Auswahlprinzip und der Berichterstattung der ›bürgerlichen Presse‹ Glauben schenken darf, Unsicherheit und Chaos zutage fördert. Da aber Lettau mit ideologischen Fixierungen nach Amerika gekommen ist, kann nicht sein, was nicht sein darf, muß spekulativ zur sicheren Ordnung des Faschismus befördert werden, was Amerikaner in begrifflicher Unschuld als *»government lawlessness in America«* zu erfahren glauben [7]. Lettaus *Täglichen Faschismus* könnte man als Dokument eines intellektuellen Tourismus übergehen, für den die Welt nichts als eine Bühne ist, auf der Europäer ihre ideologischen Schauspiele zur Belehrung der nichteuropäischen Völkerschaften aufführen. Dieser Tourismus ist aber tonangebend im zeitgenössischen linken Establishment Deutschlands, das sich mit Enzensbergers *Kursbuch* einen Fahrplan für seine ökumenischen Exkursionen zugelegt hat und dort in der Nummer 22, *Nordamerikanische Zustände* betitelt, bereits 1970 Auszüge aus Lettaus *Täglicher Faschismus*-Collage zur Bestätigung eines allseits geteilten Verdachts genießen durfte [8].

Lettaus Faschismus-These als Ressentiment abzutun, bedeutet nicht, die Frage, ob europäische Analogien im Falle Amerikas zulässig sind, kategorisch zu verneinen. Amerikanische und europäische Sozial- und Geschichtswissenschaftler haben z.B. 1971 in einer Konferenz an der *New School for Social Research* in New York, der früheren *University in Exile*, das Erbe der Weimarer Republik im Hinblick auf die amerikanische Gegenwart diskutiert [9]. Was ihren vergleichenden Ansatz vom Ressentiment unterscheidet, ist nicht allein die Wahl Weimars als angemessener Vergleichsphase der deutschen Geschichte. Sie erörtern vielmehr die Problematik der Analogie selbst, bevor sie in die Detailuntersuchungen einsteigen und schließlich die Parallele verwerfen [10]. Sie nehmen also nicht bereits durch die Übertragung eines plakativen Begriffs die Antwort auf eine Frage, die sie stellen, vorweg.

Im Medium der Literatur hat Uwe Johnson den Versuch unternommen, die Erfahrungen der deutschen Geschichte mit denen der amerikanischen Gegenwart zu kontrastieren. In den Bänden des Romans *Jahrestage. Aus dem Leben von Gesine Cresspahl* (1970ff.) wird die Irritation einer Deutschen beschrieben, die in Nazi-Deutschland aufgewachsen ist, später aus der DDR flüchtete und der in den USA beständig Assoziationen mit dem früheren Leben in Deutschland aufstoßen. Ungleich Lettau jedoch, der zur Generation Johnsons gehört, schlägt die Irritation bei diesem nicht in Gleichsetzung um. Das Leben der Gesine Cresspahl in New York ist überschattet von einem Déjà-vu-Gefühl der Vergeblichkeit. Sie wird aber beständig durch die hartnäckigen Fragen ihrer kleinen Tochter, die zwar in Deutschland geboren ist, sich aber nach wenigen Jahren mit der neuen Gesellschaft zu identifizieren begann, dauernd gezwungen, die amerikanische Wirklichkeit mit Rückblenden auf die deutsche Wirklichkeit zu konfrontieren. Die amerikanische Wirklichkeit, vermittelt durch das New Yorker Lebensmilieu und die *New York Times*, wird so nicht nach einem vorgegebenen Schema zum Faschismus befördert. Der Dialog der Selbstversicherung zwischen Mutter und Tochter verhindert das Abgleiten ins Klischee und macht es möglich, die *New York Times* nicht nur zur Bestätigung eines Verdachts zu lesen. »Diese Person des Vertrauens«, wie Gesine Cresspahl mit distanziert-belustigter Bewunderung ihre Beziehung zur New Yorker Zeitung erklärt, »sie hat uns ausgerüstet mit Gründen für ein Leben in New York! Hier zum ersten Mal konnten wir unsere Anwesenheit zusätzlich mit Vernunft auslegen und sagen, daß eine hiesige Zeitung die Nachrichten aus Deutschland mit denen aus der Welt in ein richtiges Verhältnis setzt: in ein kleines, so daß sie uns half und dazu erzog, Wirklichkeit entgegenzunehmen mit Erwartungen und Urteilen, auf die Eltern uns ohnehin gestimmt hatten... Wir wollten sie nicht ändern: ihr ist das Wohl und der Gewinn ihres Landes das Höchste vor der Welt, mit diesem Raster zogen wir ihr Vorurteile ab; oft kümmert der Egoismus ihres Landes sich nicht um ihren Anstand und Tadel... [11]«

Johnsons ›Amerika‹ lebt vom Kontrast zum historischen Deutschland. Es bleibt aber durchlässig für die Erfahrungen genuin amerikanischer Wirklichkeit, auf die Europäer nicht vorbereitet sind und die sie deshalb entweder europäisieren oder verdrängen. Was Lettau zum Faschismus erklärt, löst sich bei Rolf

Hochhuth in eine Kette von Assoziationen auf. Im Vorwort zu seinem Stück *Guerillas* (1970) schlägt das Ressentiment in *pronunciamiento* um, wenn er schreibt: »Da die USA im Zeitalter der Wasserstoffbombe von einem äußeren Aggressor nur um den Preis des Selbstmords zugrunde gerichtet werden könnten, wird es also der Bürgerkrieg sein, der das vollbringt – sofern nicht ein *coup d'Etat* von links die Mehrzahl ihrer Bürger bald zu ihrem Recht kommen läßt [12].« Auch wenn es durchaus fraglich ist, was man in den siebziger Jahren als amerikanische Zukunft für komischer halten soll: die Aussicht eines Bürgerkriegs oder die eines Staatsstreichs von links – so hat sich Hochhuth jedenfalls für die zweite Möglichkeit entschieden und sie als »Tragödie« arrangiert. Zeichnet sich Hochhuths Stück durch einen ähnlichen Realitätskontakt aus wie Lettaus Buch, so drängt sich bei ihm doch noch mehr als bei jenem, der ja nur amerikanische Zeitungen unter faschistischen Gesichtspunkten analysiert hat, die Frage nach den Kriterien auf. Denn wie kommt jemand, so möchte man wissen, zu so erstaunlichen Einsichten in die amerikanische Wirklichkeit wie den folgenden: »So wenig dem römischen Establishment die Kaiser-Nero-Jahre als die Epoche des Apostels deutlich waren, der damals in Rom enthauptet wurde – so wenig ist heute der Society New Yorks deutlich, daß Guevaras Zeitalter angebrochen ist. Römern wie New Yorkern scheint jeder Senator oder Bankier belangvoller zu sein als jene zwei Bandenführer Petrus und Guevara, die den ›Pöbel‹ durch die Botschaft ›verdorben‹ haben, die Letzten würden alsbald die Ersten sein [13].« – »Geschichtliche Konstanten zu suchen, denen man den Dokumentenschutt zuordnet, anstatt umgekehrt vorzugehen, diese Methode führt angesichts der USA von selber zur Vorausschau auf Ereignisse, die – schon laut Sallust – nun einmal ›fällig‹ werden in einer Republik; mit Sicherheit in jener widernatürlich verfaßten, der nordamerikanischen, die das einzige zivilisierte Land des Planeten ist, in dem niemals bei irgendeiner Wahl eine Arbeiterpartei auch nur hätte kandidieren dürfen [14].« – »Daß es nicht das Papier wert ist, Evolutionsprogramme beim

Weißen Haus abzugeben, solange nicht in Washington Persönlichkeiten am Hebel sitzen – und das können nur Revolutionäre sein, getarnt als Repräsentanten der Highest Society wie einst die Gracchen und wie vor vierzig Jahren Roosevelt und Hopkins –, die eine Umverteilung der Besitztümer *gewaltsam* herbeizuführen gesonnen sind, also eine Beteiligung aller an der Erde und den Produktionsstätten Amerikas ... [15]« – »Selbst wöchentlich 980 Straßentote (Durchschnitt 1968) garantieren den USA nicht mehr, daß bei der flackernden Revolutionsstimmung das Auto neben seiner Funktion als profitabelstes Verschleißgut künftig seinen zweitwichtigsten Zweck noch erfüllt: Aggressionen auf jene abzuleiten, die nur – sozial gesehen harmlos – im Straßenverkehr Vordermänner sind ... [16]« – »Und die Tragödie auch der USA wird es werden, daß dort die Besitzlosen weder eine Partei noch eine politische Führung haben. Tritt ein Gewerkschaftler politisch auf, so kommt er ins Zuchthaus wie Hoffa oder wird samt Familie ermordet wie Jablonski [17].«

»Hat Senator Kennedy das geahnt – ahnen können?«, möchte man in Anlehnung an einen Hochhuth-Aufsatz [18] fragen, daß ein deutscher Schriftsteller, der die Kennedys für die Gracchen hält [19] und F.D.Roosevelt, diesen Sproß der New Yorker Geldaristokratie, zum Farmer erklärt [20], es fertig bringen würde, Kennedys Kampf gegen die amerikanische Transportarbeiter-Gewerkschaft und deren Verfilzung mit der kriminellen Unterwelt als konterrevolutionäre Machenschaft zu präsentieren? Damit aber nicht genug! Denn fixiert, wie Hochhuth nun einmal auf ›Unfälle‹ und besonders Flugzeugabstürze ist, hat er auch in Amerika interessantes Material gefunden. »Dieser namhafteste Feind«, so läßt er sich über den Vorsitzenden der Autoarbeiter-Gewerkschaft, Walter Reuther, vernehmen, »den Präsident Nixon und der regierungshörige Gewerkschaftspräsident George Meany unter den Arbeitern der USA gehabt hatten – kam im Flugzeug um; nicht weniger termingerecht, als einige Monate zuvor der politisch scharf engagierte Gewerkschaftler Jablonski umkam, der in seinem Haus samt Familie einfach erschossen wurde. Ein Schelm, der Böses dabei denkt; ein Narr, der es nicht tut. Oder ein ›guter‹ Bürger[20a].« Den Absturz Reuthers und die blutige Vendetta in der Bergarbeiter-Gewerkschaft zu verbinden, nichts aber über die Machtkämpfe um den Vorsitz in dieser Gewerkschaft verlauten zu lassen, alles dagegen über ein Komplott Nixons und Meanys zu vermuten – welch letzterer seine Hörigkeit inzwischen aufgekündigt hat, während Fitzsimmons sich erst nach der Freisetzung seines Vorgängers Hoffa durch Nixon in dieses Fronverhältnis begeben hat –, dies alles erfüllt den Sachverhalt eines Verfolgungswahns, der nichtsdestoweniger in Deutschland als Literatur auf die Bühne gebracht wird – mit Vorabdruck im *Spiegel*[21].

Wieder könnte man zur Tagesordnung übergehen, auch wenn man weiß, daß Hochhuth allein über den *Spiegel* ca. 1 Million Leser erreicht hat, während zumindest Lettau nur 20000 bis 30000 bereits eingeweihte *Kursbuch*-Leser aufklären konnte. Der Bildungsabgrund des Rolf Hochhuth ist aber nicht allein für seine ›fixen Ideen‹ verantwortlich zu machen. Hochhuth hat seine *Guerillas* »Professor Dr. L. L. Matthias in Dankbarkeit« gewidmet, von dem er in dem bereits angemerkten Aufsatz über die *Angst vor der ›Schutz‹-Macht USA* schreibt: »Matthias dagegen liefert den Nachweis, warum es hier nicht um die ›Auswüchse‹ eines Systems geht – Auswüchse hat jedes System, sondern daß dieses System der Krebs selber ist. Ergebnis: die ebenso gründlichen wie aufregenden Amerika-Bücher von Matthias fanden in den USA überhaupt keinen Verleger ...[22]« In Deutschland fand er Ernst Rowohlt, der 1953 *Die Entdeckung Amerikas anno 1953 oder das geordnete Chaos* und 1964 *Die Kehrseite der USA* veröffentlichte, von denen das letztere nicht nur Hochhuth als Primärquelle gedient hat, sondern seit Jahren als Bestseller in deutschen Buchhandlungen zu erhalten ist.

Der anhaltende Erfolg von Matthias' zweitem Amerika-Buch ist verständlich. Der Autor, der als deutscher Emigrant 11 Jahre in Südamerika gelebt und anschließend 10 Jahre in den USA als Soziologie-Professor unterrichtet hat, erklärt im Vorwort seinen

Blickpunkt: »Vielleicht habe ich die partielle Umnachtung, in die Europa gefallen war, schmerzlicher empfunden als andere, weil meinem Aufenthalt in den Vereinigten Staaten der in Lateinamerika vorausging. Ich sah die Vereinigten Staaten mit einer anderen Optik. Ich sah sie gleichsam mit einem europäischen und einem lateinamerikanischem Auge[23].« Diese europäisch-lateinamerikanische Sicht kommt dem zeitgenössischem Ressentiment entgegen, da die verkehrte Welt hier vollends als Wirklichkeit abgesichert wird. Von den USA bleibt nach einem Blick durch Matthias' Optik nichts als die »Kehrseite« übrig. Bereits die Geschichte der USA beginnt als solche: »Es ist also eine Irreführung zu behaupten, daß 1787 ein ›demokratischer Staat‹ vom ›Volk der Vereinigten Staaten‹ geschaffen worden ist. Er wurde von Delegierten einer kleinen, landbesitzenden Klasse geschaffen, und selbst diese Feststellung bedarf beträchtlicher Einschränkungen[24].« Nun gehört es zum historischen Allgemeinwissen, daß die besitzaristokratischen Gründungsväter der USA nicht beabsichtigten, eine Demokratie, sondern eine Republik zu etablieren. Matthias bereitet somit als Enthüllung auf, was man in jedem Elementarbuch der amerikanischen Geschichte nachlesen kann. Er muß dieses Faktum jedoch ›enthüllen‹, um die These der Verschwörung, die sich durch sein Buch zieht, bis zu den amerikanischen Anfängen zurückverfolgen zu können. Die Verschwörung plutokratischer Dunkelmänner, die er mit seinem »lateinamerikanischen Auge« besonders deutlich erkennt, beginnt mit der Gründung und findet in Alexander Hamilton ihren ersten bedeutenden Vertreter »[Man] darf ihn sogar, mit gewissen Einschränkungen, als den Schöpfer der amerikanischen Geldaristokratie bezeichnen. Er sanktionierte das Recht der Wenigen über die Vielen. Er hat, so weit er dazu imstande war, eine demokratische Entwicklung in den Vereinigten Staaten verhindert[25].« Matthias verschweigt zwar nicht, daß Hamilton 1804 in einem Duell endete und schon deshalb nicht dazu imstande war, die amerikanische Entwicklung nachhaltig zu beeinflussen. Daß die Gruppe der Föderalisten und ihre Philosophie, deren Exponent Hamilton war, bereits in den zwanziger Jahren des 19. Jahrhunderts durch die Bewegung der *Jacksonian Democracy* überwunden wurde, erwähnt er aber nicht. Für Matthias nämlich gibt die Geschichte der amerikanischen Revolution und Gesellschaft nichts weiter her, als die Größe Frankreichs zu demonstrieren: »Die Französische Revolution ist das fruchtbarste politische Ereignis der modernen Geschichte gewesen: das gesamte europäische neunzehnte Jahrhundert wäre undenkbar ohne diese Revolution. Die amerikanische ›Revolution‹ dagegen war nicht nur keine in diesem historischen Sinne (denn die Entwicklung Europas wäre bis zum Ersten Weltkrieg die gleiche gewesen, auch wenn es keine Vereinigten Staaten auf Erden gegeben hätte), sondern die großen politischen Ideen Europas sind durch die Vereinigten Staaten eher korrumpiert als evolutioniert worden. Die amerikanische Demokratie ist noch heute eine Schein-Demokratie, und also das, was sie ursprünglich gewesen ist [26].« Und was für die politische Verfassung gilt, trifft nicht minder auf die Gesellschaft selbst zu, die sich genauso wenig mit den von Matthias verinnerlichten Vorstellungen vereinbaren läßt: »Das größte Problem der Vereinigten Staaten ist ihre Gesellschaft. Man kann diese Gesellschaft nicht verstehen, ohne zu wissen, wie sie entstanden ist. Ihre Geburt unterscheidet sich wesentlich von der aller anderen großen Nationen der Erde. Man könnte die Behauptung vertreten, daß die amerikanische Gesellschaft niemals eine Gesellschaft im traditionellen Sinne gewesen ist. Eine Gesellschaft hat eine komplexe und vielfältige Struktur, und die amerikanische hat diese Struktur niemals gehabt und konnte sie auch nicht haben [27].« Folgt man dieser Beweisführung, so könnte sich der Verdacht erheben, daß es die USA vielleicht gar nicht gibt und auch nicht geben konnte. Die permanente Beleidigung, die die USA für Europa darstellen, läßt dies nun aber auch wieder nicht zu. Mit seinem »europäischen und lateinamerikanischen Auge« die Geschichte der USA betrachtend, sieht Matthias hinter der Fassade der Schein-Demokratie und unterhalb der strukturlosen Gesellschaft die wahren Verhältnisse sich enthüllen. Daß sie schlecht sind, versteht sich bei einer ›verkehrten‹ Welt von selbst. In den Kapiteln: »Christentum ohne Kreuz«, »Die Verkrüppelung der Jugend«, »Recht und Unrecht« erfahren wir aber im Detail, wie schlecht sie wirklich sind. Allein das Beispiel der amerikanischen Katholiken soll zitiert werden, da es beweiskräftig genug ist: »Die Identifizierung von Katholizismus und Amerikanismus ist so allgemein, daß viele Katholiken sich nicht mehr bewußt sind, daß es sich dabei um zwei verschiedene Dinge handelt. Es wurde das durch einen Test offenbar, der in den fünfziger Jahren in einem der bekannteren katholischen Mädchen-Colleges veranstaltet wurde. Man stellte an einige hundert Collge-Girls zwischen achtzehn und zweiundzwanzig Jahren die sogenannte Christopher-Dawson-Frage. Sie lautet: ›Seid ihr nun Amerikaner, die auch Katholiken sind, oder seid ihr Katholiken, die nun einmal Amerikaner sind?‹ Die Antwort war, ohne eine einzige Ausnahme: ›Wir sind Amerikanerinnen‹.« Seinen Kommentar setzt der Autor in Klammern hinzu: »Man darf aufgrund dieses Ergebnisses vermuten, daß die Zahl der Katholiken, die einem Hitler in den Vereinigten Staaten die Gefolgschaft verweigern würden, noch sehr viel geringer sein würde, als sie es in Deutschland gewesen ist [28].« Einen Hitler hat aber Amerika gar nicht erst nötig, da es in den Händen der Plutokratie des *big business* bestens aufgehoben ist. Die Geschichte der amerikanischen Arbeiterbewegung im Zeichen dieser Plutokratie nimmt so das Schicksal der amerikanischen Katholiken unter einem möglichen US-Hitler bereits vorweg: »Im Gegensatz zu allen zivilisierten Ländern der Erde gibt es in den USA noch heute keine Labour Party. Die Gewerkschaften haben ihre Tätigkeit auf das eine einzige Gebiet des öffentlichen Lebens, die Wirtschaft, beschränkt und innerhalb der Wirtschaft sogar fast ausschließlich auf die Beziehungen zwischen Arbeitgeber und Arbeitnehmer [29].«

Aber nicht nur die Amerikaner haben es schlechter als die Europäer und Lateinamerikaner, die beide im Banne der »großen politischen Ideen Europas« ein strukturiert-zivilisiertes Gesell-

schaftsleben genießen dürfen. Die Drohung des amerikanischen *big business* schwebt über aller Häupter, wie Matthias immerhin so überzeugend nachgewiesen hat, daß sein Leser Hochhuth sich nur durch die Existenz der Wasserstoffbombe von der Einsegnung eines dritten Weltkrieges, der den Umsturz der amerikanischen Plutokratie garantieren würde, abschrecken ließ. Der ›kalte Krieg‹ mit all seinen heißen Episoden wurde von den politischen Agenten des *big business*, die von Präsident Truman an abwärts die amerikanische Politik bestimmten, zur Befriedigung ökonomischer Interessen angezettelt [30]. Daß Matthias bei dieser Generalabrechnung auch noch nebenbei mysteriöse Flugzeugabstürze aufklärt, wie den des Präsidenten des staatlichen italienischen Ölkonzerns Enrico Mattei (1962) – neben Andeutungen über die Ermordung John F. Kennedys in Dallas/Texas –, wird letztlich seine Autorität bei Hochhuth unzweifelhaft gemacht haben: »Es ist seltsam, daß auch die Ermordung des Präsidenten Kennedy, die gleichfalls ›einigen‹ viele Millionen gebracht hat, in der Hochburg dieser Ölgesellschaften erfolgte, in Dallas, einer Großstadt im Ölstaat Texas [31].«
Matthias mußte elf Jahre in Südamerika und zehn Jahre in Nordamerika zubringen, um seine Geschichte einer ›verkehrten‹ amerikanischen Welt schreiben zu können. Hochhuth genügten dreimal zwei Wochen in den USA, um Matthias in Literatur zu übersetzen [32]. Bei der Optik des Ressentiments spielen jedoch Ortsbesichtigungen keine wesentliche Rolle. Dies bestätigen die Amerika-Anmerkungen von Friedrich Dürrenmatt und Max Frisch. Dürrenmatts *Sätze aus Amerika* leben vom touristischen Gemeinplatz, der sich gelegentlich zur Reflexion durchzuringen versucht: »Ihrer Struktur nach verwickeln sich die Vereinigten Staaten in Widersprüche. So geht etwa der Staat gegen das Rauschgift vor, dessen Verbreitung er wiederum ermöglicht, indem er sich gegen die Mafia machtlos stellt und, um diese gespielte Hilflosigkeit zu vertuschen, die Schweizer Banken anklagt (was nicht heißen will, die schweizerischen Banken seien Tugendengel) [33].« Daß Dürrenmatt nicht offen von einem Kom-

plott zwischen Regierung und Mafia spricht, unterscheidet das schweizerische Ressentiment vom deutschen. Die traditionslosen Deutschen können sich der Perfidie des Verdachts reinen Gewissens überlassen, während die Schweizer auf das Machtkartell ihrer Banken Rücksicht nehmen müssen, deren mafiose Gewinn- und Geheimideologie Bestandteil der schweizerischen Ziviltheologie ist.

Dürrenmatts Klammersatz über die Banken beleuchtet jedoch einen permanenten Zug des europäischen Amerika-Ressentiments. Wer vom Ressentiment getrieben über Amerika spricht oder schreibt, schweigt beharrlich über Europa. Amerikanische Zustände werden beständig in ihrer Schäbigkeit und Erbärmlichkeit bloßgelegt; sie werden aber äußerst selten in ein Verhältnis zu vergleichbaren europäischen Zuständen gebracht. Damit aber nicht genug! Da die kritischen europäischen Amerika-Reisenden meist profilierte Sozialkritiker in ihren jeweiligen Heimatländern sind, sollte man von ihnen ein ähnliches Verhalten in Amerika erwarten, wie man es von den amerikanischen Gesellschaftskritikern in Europa gewohnt ist. Die Faszination Amerikas läßt sie aber, sobald sie amerikanischen Boden betreten haben, dem Rausch der Verdrängung zum Opfer fallen, der Verdrängung Europas. Mit der naiven Begeisterung von Konquistadoren, die für sich das Erstrecht der Entdeckung beanspruchen, lassen sie sich interviewen, machen in Vorträgen und Reden und später in Artikeln oder Büchern aus ihren Einsichten kein Hehl, die sie nach zwei Tagen, zwei Wochen, zwei oder mehr Monaten in Amerika gewonnen haben. Über Europa und dessen nationale Provinzen aber sagen sie kein einziges Wort. Plötzlich haben sie ihre europäischen Leiden vergessen und werden zu amerikanischen *muckrakers* in Amerika, anstatt jener Ignoranz entgegenzuwirken, die in den USA über die gesellschaftlichen Zustände Europas herrscht. Ob sie es nicht begreifen oder ob sie sich dem berauschenden Einfluß Amerikas tatsächlich nicht entziehen können, sie jedenfalls leisten der amerikanischen Nabelschau Vorschub, die selbst im Akt des anti-amerikanischen *muckra-*

king nicht die narzißtisch-apokalyptische Dimension verliert, jenen Nabel für den Nabel der Welt zu halten. Jedes europäische Interview, jede europäische Rede, jedes europäische Buch über amerikanische Mißstände reproduziert auf tragikomische Weise das Gesetz, unter dem der Amerikanismus im 18. Jahrhundert angetreten war: daß Amerika nicht sei wie der Rest der Welt und deshalb der Rest wie Amerika werden müsse. Diesem Gesetz zollen die Europäer Tribut, wenn sie aus dem Gefühl der Unterlegenheit oder Überlegenheit nur über Amerika reden, anstatt ihren eigenen Fall wie die anderen zivilisatorischen Fälle in ihrer humanen Möglichkeit und Erbärmlichkeit ins amerikanische Bewußtsein zu heben. Den Fall Amerika zeichnet nicht allein aus, daß er verdrängt wurde; selbst in der Form der Verdrängung hat er erreicht, die anderen Fälle in die Defensive der Selbstverleugnung zu treiben.

Auch von Max Frisch haben die Amerikaner, wie man seinem *Tagebuch* entnehmen darf, nichts über die Schweiz, dafür manches über deutschsprachige Literatur erfahren. Auch er, der sich wie Dürrenmatt in der Schweiz über die Schweiz kritisch vernehmen läßt, hat in Amerika geschwiegen, dafür seine amerikanischen Beobachtungen notiert und vom Suhrkamp-Verlag 1972 seinen Lesern mitteilen lassen. Es soll hier nichts gegen den obsoleten Inhalt seiner außenpolitischen Anmerkungen gesagt werden, aber es hat sich mittlerweile herumgesprochen, daß Amerikas patriotischer Hurra-Progressivismus im Verblassen ist, während Amerikaner noch immer glauben, daß die Schweiz eine Art Sammelbegriff für Banken, Alpen, Käse und Uhren ist: »Was es vor zwanzig Jahren nicht gegeben hat: Skepsis, daß Amerika auf dem rechten Weg ist. Nur in der Reklame und in den offiziellen Reden, die ja auch Reklame sind, findet sich jener Ton zuversichtlicher Selbstgerechtigkeit, nicht mehr im privaten Gespräch. Amerika hat Angst. Die Macht-Inhaber unterstellen: Angst vor Rußland, Angst vor China, also Angst, die ihre Strategie rechtfertigt und die Kosten dieser Strategie. In den kleinen Bars oder in den Ateliers oder unter Wissenschaftlern oder in einem öffentlichen Park oder wo immer man ins Gespräch kommt, das sie selber anfangen, tönt es anders: Amerika hat Angst vor Amerika ... Ich meine im Ernst, es habe sich zum Guten verändert, verglichen auch mit 1956, als ich zum zweitenmal dieses große Land durchreist habe; eine System-Kritik habe ich zwar nie gehört, auch nicht bei Leuten, die gegenüber Präsident und Administration in offenem Protest stehen; aber die Angst vor sich selbst macht sie als einzelne humaner [34].« Daß Frisch Buchläden bei seinem Rendezvous mit Amerika vermieden hat, mag erklären, warum er nie auf autochthone Systemkritik gestoßen ist. Nicht erst seit Herbert Marcuses *One-Dimensional Man* (1964) hat diese Kritik ihren deutschen Akzent durch eingeborene Zwischentöne bereichern können.

Aber warum sollte man auch alles so genau nehmen und nicht ruhig, wie es Horst Krüger tut, Marcuse einen Lehrstuhl in Berkeley geben und ihn noch immer unterrichten lassen – auch wenn Marcuse auf dem San-Diego-Campus der *University of California*, der von Berkeley so weit entfernt ist wie München von Paris, gelehrt hat und inzwischen emeritiert ist. Werden die amerikanischen Widersprüche doch überschaubar, wenn man zwischen der Lehrtätigkeit eines deutschen Professors und dem Ausbruch der Studentenrevolte in Berkeley eine Verbindung herstellen kann, auch wenn es diese nie gegeben hat und die Studenten von Marcuse keineswegs übermäßig beeinflußt worden sind [35]. »Das war einmal das Zentrum des Widerstandes«, staunte Krüger, als er die Pracht von Berkeley bewunderte und im *Merkur* 1972 davon Zeugnis ablegte. »Der Ausgangspunkt jener Studentenbewegung, die durch die halbe Welt lief. Herbert Marcuse lehrt hier – immer noch. Ein sehr kultivierter und luxuriöser Protest, man sieht das jetzt. Hier wurde das Modell einer befreiten, neuen Gesellschaft gedacht, repressionsfrei sagt man wohl. Berkeley war einmal das Mekka aller intellektuellen Revolutionäre – und jetzt? Was ist? Kein Aufstand. Sie liegen lang. Die Revolution ist vertagt... [Zum] ersten Mal wird mir plötzlich bewußt: all diese blitzblanken US-Klischees, die man mitbringt aus Deutschland: Black Power und Black Panther, die Anti-Vietnam-Kampagnen und Angela Davis, revolutionäre Gewalt – hier ist das doch gar nicht. Hier spielt das doch kaum eine Rolle mehr am Ort. Das war, aber ist jetzt nicht mehr die amerikanische Szene. Wie wir doch in Deutschland immer hinterherhinken[36].« Krügers Geständnisse, die durch die Beschreibung Berkeleys unfreiwillig bestätigt werden, nehmen seinen Amerika-Impressionen den Anstrich des festsitzenden Vorurteiles. Denn Krüger gesteht von Berkeley bis New York, daß er sich wundert, über die Hotels in San Francisco: »So etwas sah ich noch nie. Das sind keine Hotels mehr in unserem Sinne. Das ... sind Kathedralen«[37]; die Hotelzimmer in Las Vegas: »Zunächst ist man einfach verwirrt und verblüfft«[38]; die Stadt Los Angeles: »Ich sah eine so entwickelte Zivilisation noch nie«; über Disneyland: »Ich war verblüfft, wie anders, als wir erwarteten, wie schön Disneyland ist«[39]; die Trostlosigkeit amerikanischer Provinzstädte: »Ich kannte das nicht«[40]; endlich über Amerika selbst: »Amerika ist eine Massengesellschaft. Das ist noch immer ein Schock für uns«[41]. Als Fazit seiner Reise durch die USA gesteht er, den man immerhin zum Establishment deutschsprachiger Schriftsteller zählen muß: »Ach, es wäre natürlich sehr schön, so anheimelnd deutsch, so wunderbar konformistisch, nun nach Hause zu kommen, in Deutschland zu sagen: Amerika ist eben am Ende. So sagt man doch jetzt, nicht wahr? Es ist nur noch Armut und Elend zu sehen drüben. So heißt das doch jetzt überall, nicht wahr? Ich kann das nicht. Ich kann den Stab nicht brechen über diesen Kontinent. Das Land ist mir zu groß, zu vielgestaltig, auch zu fremd geworden, inzwischen. Man weiß einfach zu wenig, hinterher, nach der Reise. Ich habe kein Urteil in dieser Sache. Ich sage nur: täuscht Euch nicht. Seid nicht so schnell fertig mit Euren Urteilen. Das Land ist in einer Krise, natürlich, aber es gibt Krisen, die weiterführen ... Es ist aus mit dem Traum, daß die Welt amerikanisch, daß Amerika einfach die Welt sei. Aber danach? Ich sage nicht: danach beginnt erst Amerika, zeitgenössisch. Ich sage nur: das Stück wird gespielt. Die

Szene ist offen. Es wird nichts geheimgehalten in diesem Lande – wie anderswo. Auch darin liegt Kraft[42].«

»Das Land ist mir zu groß, zu vielgestaltig, auch zu fremd geworden, inzwischen« – dieser Satz aus dem Jahre 1972 verdient erinnert zu werden, nicht so sehr wegen der in ihm enthaltenen direkten Feststellung, sondern aufgrund der impliziten Behauptung, daß es früher anders gewesen sei. Gerade am Beispiel Krügers, der sich bemüht hat, in Amerika mehr als die Fortsetzung eines europäischen Spektakels unter veränderten geographischen Umständen zu sehen, wird der Fall Amerika als Verdrängung so eklatant. Denn angesichts Amerikas bricht nicht nur die vorfabrizierte Klischeewelt des Ressentiments zusammen, Krügers eigenes Amerika-Bild, in dem sich ein 200jähriges falsches Bewußtsein ressentimentfrei abgelagert hat, wird ›inzwischen‹ als zu leicht befunden und deshalb aufgegeben. »[Das] Stück wird gespielt«, heißt es abschließend; es ist immer gespielt worden, auch wenn sich die amerikanischen Akteure und europäischen Zuschauer nie auf eine authentische Textauslegung haben einigen können.

Die europäischen Schwierigkeiten beim Verständnis Amerikas werden durch die zeitgenössischen Ausdrucksformen des Amerikanismus nicht unbedingt erleichtert. Krügers Satz »Es ist aus mit dem Traum, daß die Welt amerikanisch, daß Amerika einfach die Welt sei« zielt zweifelsohne in das Zentrum eines Amerikanismus, der sich durch Rhetorik und Reklame zum oberflächlichen Selbstverständnis der Amerikaner verfestigt hat. Dem europäischen Ressentiment korrespondiert ein amerikanischer Provinzialismus, in der Welt nichts als Amerika oder überall ein potentielles Amerika zu sehen. Dies Amerika des Amerikanismus lastet auf den USA[43]. Warum aber sind Europäer, wenn sie in Amerika nicht nur ein unfertiges Europa zu sehen sich bemühen, auf diesen Traum hereingefallen? In freiwilliger, weil opportunistischer Weise hat der faschistische Renegat und kommunistische Konvertit Curzio Malaparte dem Traum-Amerika in seinem Roman *Die Haut* (1946) Ausdruck verliehen, wenn er

schreibt: »Ich mag die Amerikaner, was immer auch ihre Hautfarbe sein mag, und ich habe es hundertmal während des Krieges bewiesen. Weiße oder Schwarze, ihre Seele ist hell, sehr viel heller als die unsere. Ich mag die Amerikaner gern, weil sie gute Christenmenschen sind, aufrichtige Christenmenschen. Weil sie glauben, daß Christus immer auf der Seite derjenigen ist, die recht haben. Weil sie glauben, daß es eine Schuld ist, unrecht zu haben, daß es unmoralisch ist, unrecht zu haben. Weil sie glauben, daß sie allein Ehrenmänner sind, und daß alle Völker Europas, mehr oder weniger unredlich sind. Weil sie glauben, daß ein besiegtes Volk ein Volk von Schuldigen ist, daß die Niederlage eine moralische Verurteilung ist, ein Akt der göttlichen Gerechtigkeit. Ich mag die Amerikaner, aus diesen und vielen anderen Gründen, von denen ich nicht spreche. Ihr Sinn für Menschlichkeit, ihre Großzügigkeit, die Ehrlichkeit und reine Einfalt ihrer Ideen, ihrer Empfindungen, die Aufrichtigkeit ihres Gebarens gaben in diesem schrecklichen Herbst 1943, der so voller Demütigungen und trauriger Begebnisse für mein Volk war, die Illusion, daß die Menschen das Böse hassen, gaben mir die Hoffnung auf ein besseres Menschsein, die Gewißheit, daß nur die Güte – die Güte und Unschuld dieser prächtigen Jungen von jenseits des Atlantik, die in Europa gelandet waren, um die Bösewichter zu bestrafen und die Guten zu belohnen – die Völker wie den Einzelmenschen von ihren Sünden erlösen könne [44].«
In Malapartes amerikanischer Gralsoper wird die Symbolik des Amerikanismus auf eine komische Spitze getrieben. Der Eindruck der Komik verblaßt jedoch, wenn man die Faszination zu erklären versucht, die Filme, Berichte und Bücher über den zweiten Weltkrieg in den zeitgenössischen USA auszustrahlen scheinen. Weder der Korea- noch der Vietnam-Krieg haben es geschafft, die geradezu mythologische Funktion jenes Krieges im amerikanischen Selbstverständnis zu ersetzen. Sicher, dieser Krieg wurde unterschiedslos von den amerikanischen Mehrheiten und der Intelligenz getragen. Erklärt diese einhellige Unterstützung aber ein Pathos, das Malaparte durchaus zutreffend

eingefangen hat? Die zeitgenössischen Ausdrucksformen des unreflektierten Amerikanismus geben sich zugegebenermaßen nur noch gelegentlich vergleichbaren Rauschausbrüchen hin, wie sie z. B. in den großen Kriegsepen Hollywoods von 1941–45 zu erleben waren. Die Musikgruppe *The New Christy Minstrels* stellt einen solchen Fall dar, als sie 1971 bei einem *rock concert* dem wahren Amerika Gehör zu verschaffen versuchten. In einer Pressemitteilung erklärten sie ihr amerikanisches Anliegen: »Die Aufmerksamkeit Amerikas ist zu lange nur auf eine Seite der Jugendbewegung gerichtet worden... Im Glauben, daß die Mehrheit der jungen Menschen in der Nation nicht lange genug – oder laut genug – gehört worden ist, werden die acht Stimmen der international berühmten *New Christy Minstrels* 12 Stunden lang ununterbrochen singen... *The New Christy Minstrels* werden den Sonnenschein und das Neue Jahr willkommen heißen, indem sie 12 lange Stunden *Everything is Beautiful* und *This Land is Your Land* nonstop singen. Das eine Lied spiegelt die Überzeugung wider, daß wir in Zeiten nationaler Spannung unserem Leben Nachdruck verleihen können, indem wir uns unserer Stärken erinnern – in dem anderen klingt ein patriotisches Thema an, das von vielen gegenwärtig vernachläßigt wird [45].« Kultivierter, aber nicht minder komisch hat der Politikwissenschaftler Arnold Beichman reagiert, um das wahre Amerika vor den »Lügen« der eingeborenen Anti-Amerikaner zu schützen: im Frühjahr 1971 veröffentlichte er in einer kleinen Zeitschrift einen Artikel über *The 5 Big Lies about the US* [46]; im Sommer 1971 hatte er in einer neuen Fassung für das Magazin der *New York Times* den Lügenkatalog bereits auf sechs erweitert [47]; im Frühjahr 1972 entschied er schließlich bei der Buchausgabe, daß es um *Nine Lies about America* ginge.

Der Traum des unreflektierten Amerikanismus ist ausgeträumt. Dies Erwachen charakterisiert das zeitgenössische Amerika und stellt eine Krise des amerikanischen Selbstverständnisses dar. Weder durch die Beschwörung der Tradition, beim Absingen patriotischer Gesänge, noch durch die Widerlegung von Lügen, in der Form positivistischer Faktenkritik, wird diese Krise zu beheben sein. Europäer, die den Anti-Amerikanismus als Produkt des Linksradikalismus sehen, die Krisenelemente aber nicht verkennen, werden dadurch in eine prekäre Position getrieben. Das Amerika der Krise wird von ihnen mit jenem des Traumes ausgesöhnt und in Appelltiteln der Öffentlichkeit vorgeführt. So schreibt z. B. Walter Leisler Kiep in *Good bye Amerika – was dann?* (1972): »Man hat, noch während dieser Krieg weitergeht, einen Kriegsverbrecherprozeß geführt, um die Vorgänge in My Lai zu klären. Das ist ein einmaliger Vorgang in der Weltgeschichte. Noch keine kriegführende Nation hat es fertiggebracht, in Kriegszeiten eine Diskussion um den Sinn eines Krieges mit solcher Offenheit und Härte zu führen [48].« Über den Verlauf dieses Prozesses schweigt er sich aber genauso aus, wie Norbert Muehlen in *Amerika – im Gegenteil* (1972) die Frage nach dem Anteil der Militärhilfe nicht stellt, wenn er amerikanische Hilfsprogramme aufzählt: »Amerika wurde, wie die Vision es verhieß, der gute Samariter, der wieder wirklich glaubt, daß ›Geben seliger sei denn Nehmen‹ – mit Marshallplan, Punkt-Vier-Programm, Entwicklungshilfe, Aufbauhilfe: Leistungen im Gesamtwert von rund 143 Milliarden Dollar! Noch niemals zuvor in der Geschichte hatte eine Nation, Weltmacht oder nicht, den schwächeren Staaten gegeben, statt von ihnen zu nehmen [49].« Ob Europäer nun dem Ressentiment- oder dem Traum-Amerika verfallen sind, Herbert von Borchs resignierende Feststellung ließe sich auf beide Haltungen anwenden: »Es ist unmöglich, gegenwärtig ein zuverlässiges Buch über Amerika zu schreiben [50].«

Das Resümee Herbert von Borchs, dieses besten deutschen Amerika-Korrespondenten, der mit seinem Buch *Die unfertige Gesellschaft* (1960) fertige Amerika-Vorstellungen zu unterlaufen versuchte, kann mit wenigen Ausnahmen auch auf die Presseberichterstattung ausgedehnt werden. Selbst die *Süddeutsche Zeitung*, deren Korrespondent v. Borch ist, verfällt gelegentlich der Groteske, die man seit Hochhuth für eine Tragödie zu halten hat. Wie anders ließe sich z.B. *Das Streiflicht* erklären, in dem nach dem Einmarsch in Kambodscha, im Mai 1970, folgende Analyse zu finden war: »Seitdem hat das Image des Präsidenten solchen Schaden genommen, daß man sich kaum vorstellen kann, wie es sich je wieder kitten ließe... Bollwerke massierter Omnibusse, ein Polizistenheer mußten die erbitterten Menschenmassen von dem Haus des Präsidenten fernhalten, doch ihre drohenden Rufe waren ihm vernehmbar. Welche Gefühle mögen den ›mächtigsten Mann der Welt‹ beschlichen haben, der sich von einem populären Idol schier in die Rolle eines *public enemy*, eines verhaßten Volksfeindes gedrängt sah? Schon vorher hatte er aus Sicherheitsgründen alle Reise- und Urlaubspläne absagen müssen. Wie ein grausamer exotischer Potentat, wie der Diktator einer karibischen Insel, der sich nicht unter seine Untertanen wagen kann, sitzt er in seinem weißen Palast und kann über die Unberechenbarkeit des Schicksalslaufs nachsinnen [51].« Welche Gefühle müssen den Schreiber dieser Zeilen befallen haben, als wenige Tage später Arbeiter in New York Nixon mit *hard hats*, Fahnen und Fäusten zu Hilfe eilten? Sicher, die Ereignisse von 1973 und 1974 scheinen dem Autor prophetische Weitsicht zu bescheinigen – selbst wenn er einige Schwierigkeiten haben müßte, Nixons erstaunliche Wiederwahl 1972 in seiner karibischen Vision unterzubringen. Auch in der *Zeit* können es Sonderkorrespondenten nicht lassen, ihre Vorurteile als Urteile in Druck zu geben. »Nie, so hatten sie geglaubt«, berichtete Gräfin Dönhoff nach einer Reise durch die USA im Dezember 1971, »würden die Menschen des auserwählten Kontinents jener Verbrechen fähig sein, die in der Alten Welt an der Tagesordnung waren – aber dann kam der Schock von My Lai, das Entsetzen über die toten Studenten der Universität Kent, über die ermordeten Häftlinge von Attika, über die Korruption der New Yorker Polizei. Immer hatte man geglaubt, im eigenen Haus sei alles in Ordnung, bis dann die Rassenkämpfe und die Drogensucht deutlich machten, wieviel Zorn sich angespeichert hatte, wieviel Leid und Armut erduldet werden mußte. Verbrechen,

Scham, Erosion, Übergangsphase – das sind die Worte, die man immer wieder hört [52].« Diese Worte in direkte Beziehung zu My Lai, Kent, Attika und Knapp zu setzen, entspringt dem *wishful thinking* des Pro-Amerikanismus, der sich in der Verzeichnung Amerikas vom Anti-Amerikanismus nur durch einen Schuß Sentimentalität unterscheidet. Da lobe ich mir das nackte Vorurteil eines anderen *Zeit*-Reisenden, der nach dem Besuch der Bostoner Theater unter der Überschrift: *Kleine und große Schweinereien – Theater im kriegskranken Boston* im März 1971 zu dem erfreulichen Ergebnis kam: »Boston ist so krank wie ganz Amerika. Die Symptome sind Narkotika, Alkoholismus, Raub, Selbstmord, Lethargie. Der Bazillus ist der Krieg [53].« Die Diagnose ist so prägnant, weil sie universelle Gültigkeit besitzt und deshalb die vergleichbaren Phänomene auch in Europa erklärt. Dieser Universalismus ist auch die Tendenz der US-Berichterstattung im *Spiegel*, mit dem ich die Besichtigung des Amerika-Ressentiments abschließen möchte.

Da man im *Spiegel* wahrscheinlich das profilierteste Presseorgan Europas zu sehen hat, in dem die amerikanischen Tugenden des *muckraking* auf nationaler Ebene sozialwirksam werden, könnte man die anti-amerikanische Tönung seiner Berichterstattung für geradezu pro-amerikanisch halten und ihn in seiner kritischen Haltung als eines der erfreulichsten Ergebnisse der Amerikanisierung nicht nur Deutschlands sondern auch Europas bezeichnen. Da aber diese Zusammenhänge aller Wahrscheinlichkeit nach allein seinem Gründer und Herausgeber Augstein bekannt sein dürften, muß man den *Spiegel* nach den gedruckten Berichten und nicht nach den Intentionen seiner Gründung und den Bedingungen seiner Abstammung beurteilen. Auch hier ziehe ich die gezielt arbiträr wirkende Auswahl einer quantifizierenden Inhaltsanalyse vor, da ich nicht erst beweisen will, daß der *Spiegel* vom Amerika-Ressentiment beherrscht wird, sondern diese Prämisse schlicht voraussetze.

Ich setze sie voraus, da Tatsachen zwar nicht gefälscht, aber übergangen, übersehen oder weggelassen werden. Im *Spiegel* vom 20. März 1972 erschien z.B. ein Bericht über das Thema der Schulbusse, mit denen die rassische Integration an amerikanischen Schulen erreicht werden soll. Dieser Bericht, *Erster Schritt zurück*, begann nicht nur eindeutig: »Nicht Vietnam, Inflation oder Arbeitslosigkeit beherrschen den Vor-Wahlkampf in den USA – ganz vorn fahren die gelben Schulbusse, das Wahlkampf-Thema lautet: Rassismus« – er blieb es auch bis zum Schluß. Hier soll nicht das *busing*-Thema selbst erörtert werden, sondern allein was der *Spiegel* daraus gemacht hat: Rassismus bei der Mehrheit der Weißen. Daß liberale *busing*-Kritiker, wie der Harvarder Erziehungssoziologe Nathan Glazer und sein im selben Monat im jüdischen Monatsjournal *Commentary* erschienener Aufsatz *Is Busing Necessary* nicht erwähnt wurden, mag man ein Versehen nennen. Daß die damals in San Franciscos Chinatown grassierende chinesische *anti-busing*-Kampagne nicht zitiert wurde [54], mag man dem Übersehen nicht-schwarzer Minoritäten zugute halten. Daß aber im *Spiegel* geschrieben wurde: »In einer Volksbefragung, die das Parlament von Florida der Abstimmung über die Popularität der Nixon-Gegner aufgepfropft hatte, stimmten 74 Prozent gegen das Busprogramm – der Appell an die ›finstersten Instinkte, zu denen Menschen fähig sind‹ (Muskie), erwies sich als voller Erfolg.« – daß dies geschrieben und ein anderes Ergebnis unterschlagen wurde, das in derselben Volksbefragung herauskam, erfüllt den Tatbestand der Verdrängung. Denn 79 Prozent der gleichen Wähler stimmten für einen Vorschlag, der »Qualitäts-Erziehung« und »Chancengleichheit« für alle Kinder garantieren und eine Rückkehr zum doppelten, segregierten Schulsystem verhindern sollte [55]. Dies Ergebnis paßte nicht nur nicht in die Tendenz des Artikels, es hätte einer anderen Perspektive bedurft als der des Rassismus, um das Phänomen des *doublethink (Time)* in Florida zu begreifen.

Die Methoden des Versehens, Übersehens und Weglassens werden von der Amerika-Redaktion des *Spiegel* konsequent angewandt, nicht etwa weil sich das *Spiegel*-Personal einem linksradikal motivierten Anti-Amerikanismus verschrieben hätte – diese

Töne gibt es auch, bilden aber eher die Ausnahme –, sondern weil auch das ›Amerika‹ des *Spiegels* eine europäische Projektion ist, die immer wieder bestätigt werden muß. Die eigentümlich amerikanischen Widersprüche werden im *Spiegel* ignoriert, weil Europäer auf diese Widersprüche nicht vorbereitet sind, es niemals waren. Wenn deshalb etwas wie Glazers Essay, das Verhalten der Chinesen von San Francisco und Floridas *doublethink* einer europäischen Erklärung bedarf, sie sich aber nicht findet, übersieht man es oder läßt es einfach weg. Dies ist keine Prärogative des *Spiegel*; ihm gebührt nur das Verdienst, es so unkompliziert und regelmäßig zu demonstrieren. Eine der großartigsten Amerika-Untersuchungen, die je von einem Europäer vorgelegt worden ist, nämlich Gunnar Myrdals *An American Dilemma* (1944), leidet an dieser Perspektiven-Projektion in einer Weise, die Konsequenzen für das amerikanische Selbstverständnis in der Frage der Rassenbeziehungen selbst gehabt hat; denn Myrdal, der sich aufgrund seiner schwedischen Herkunft einfach nicht konkret vorstellen konnte, was es für Schwarze wie Weiße bedeutet, in einer gemischtrassigen Gesellschaft zu leben, hat in seinem Buch die Zukunft Amerikas in der Verlängerung seiner schwedisch gefärbten, liberal-sozialdemokratischen Vorstellungen entworfen. Myrdals *An American Dilemma* hat dazu beigetragen, die amerikanische Verdrängung von Schwarz-Amerika europäisch abzusichern und Amerika in der selbstrügerischen Hoffnung zu bestätigen, daß sich auch hier der amerikanische Traum irgendwie durchsetzen werde. Da der *Spiegel* aber keinen Einfluß in Amerika hat, leiden nur die deutschsprachigen Europäer unter seiner Perspektive.
Die amerikanische Krise, über die Europäer so lange selbstgefällig zu reden und zu schreiben pflegen, bis sie von ihren eigenen Krisen überrascht werden und Narkotika, Alkoholismus, Raub, Selbstmord, Lethargie – zu schweigen von Nordirland, Bomben in Deutschland, Italien und Schweden, Gefängnisrevolten in Frankreich, Bauernaufmärschen, Streiks, Slums etc. – nicht mehr länger dem Krieg in Vietnam, dem amerikanischen Rassis-

mus, Nixon, Agnew oder Reagan so einfach zuschreiben können, diese Krise sieht für den *Spiegel* – ob es sich um die ständige oder touristische Berichterstattung handelt – in Fettdruck eindeutig, in Zwischentexten manchmal mehrdeutig, auf alle Fälle im Gesamturteil äußerst zweideutig aus. Es beginnt mit den Überschriften: *O Gott, was ist los mit uns?* – ein Bericht über das »zerrissene Amerika« [56]; *Euer Schweigen tötet mich* – zu einem *Spiegel*-Report über die studentische Opposition in den USA [57]; *Träume vom amerikanischen Traum* – zum Wahlkampf 1970 [58]; *Oh Babylon, Oh Calcutta* – über den »Niedergang von New York City« [59]; *Rettet Angela vor dem Justizmord!* [60]. Einige der Überschriften stellen amerikanische Zitate dar, der *Spiegel* hat ihnen aber die Bedeutung gegeben, die sie für den Leser besitzen. Der *Spiegel* auch setzt die Titelnuancen, die in einer Nummer, z. B. im Mai 1971, schlagartig die Assoziationen und Plakatwerbungen freisetzen: KUBA: *Castro steuert härteren Kurs;* USA: *Massenarrest von Kriegsgegnern* (pikanterweise gefolgt von dem stolzen Bericht *Deutsche Entwicklungshilfe für Amerika*); TÜRKEI: *Kriegsrecht in elf Provinzen;* PERSIEN: *Polizeiterror gegen Oppositionelle* [61].

Das Amerika des Ressentiments bricht immer dann besonders deutlich hervor, wenn Berichte einen Überblick zu vermitteln versuchen: »Verfallende Städte, explodierende Slums, schießende Schwarze, schießende Weiße, Rebellion, Rauschgift, Krieg und Kriminalität – Amerika, einst eine der ›letzten besten Hoffnungen der Erde‹ (Abraham Lincoln), durchleidet heute die ›dunkelste Phase seiner Geschichte‹ (Coretta King). Fanatismus statt Toleranz, Verfall statt Fortschritt, statt Wohlfahrt Armut im Überfluß – Amerika, von seinen Vätern gepriesen als Heimstatt der Aufrechten und Hort der Gerechtigkeit, ist heute eine kranke Gesellschaft ›am Rande des geistigen und vielleicht sogar physischen Zusammenbruchs‹ (John Lindsay) [62].« Die geradezu vorbildliche Rhetorik des Ressentiments erreichte jedoch ihren Höhepunkt im Heroinenkult um Angela Davis. Der folgende

Auszug aus dem Artikel *Rettet Angela Davis vor dem Justizmord* kann als beste Zusammenfassung der gängigen Klischees des zeitgenössischen Amerika-Ressentiments betrachtet werden, weil der *Spiegel* feine Unterschiede zum Anti-Amerikanismus der Linksradikalen nie verwischt: ». . . Angela Yvonne Davis, Marcuse-Schülerin und Mitglied der amerikanischen KP, ist eine Symbolfigur, eine radikale und eine schöne noch dazu. Doch ungewöhnliche Solidarität für eine ungewöhnliche junge Frau, die von einem gnadenlosen System für die Gaskammern bestimmt scheint – das ist nur die persönlich-subjektive Seite des Falles Angela Davis. Etwas Unerhörtes kommt hinzu: Eine Schwarze, Kommunistin, Philosophin, Bürgerin eines Landes, in dem Schwarze, Kommunisten und Philosophen nicht eben viel gelten, zwingt Amerikas Amerika-Kritiker zu einer Gewissenserforschung neuer Dimension. Doch die Eskalation der niederdrückenden Erkenntnisse über Amerika scheint nicht beendet. Was bislang nur von Ultralinken behauptet und deshalb leichthin abgetan worden war, verdient seit Angela Davis zumindest ernsthafte Diskussion: ob das große Amerika, Heimstatt der Menschenrechte, Unabhängigkeits-Charten und Freiheitsschwüre, andersartige und andersdenkende Bürger so systematisch unterdrückt, wie es bislang nur faschistische Regime getan haben; ob Strafgerechtigkeit *Made in USA* heißt, einen Menschen auszulöschen, wenn dieser das politische System in Frage stellt; ob, in einem Wort, Amerika in den Faschismus treibt. Daß Amerika besonders gute Chancen habe, ein faschistischer, ein totalitärer Staat, eine Diktatur zu werden, wird man ... verneinen müssen. Daß in Amerika aber faschistoide Tendenzen wirken, daß oft Unterdrückung praktiziert wird, wo der Idee nach Freiheit herrscht, ist unbestreitbar. Faschistisch mutet heute in den USA nicht nur die Haltung weißer Rassisten an, die in den Farbigen nach wie vor Untermenschen sehen. Faschistoide Züge sind auch im staatlichen Bereich manifest: Die US-Regierung, Law-and-Order-Abgeordnete und rechte Richter – verketzern Andersdenkende, vor allem linke Demonstranten, und schaffen damit ein Klima militanter Intoleranz; – erweitern die polizeilichen Vollmachten, rechtfertigen brutale Übergriffe der bewaffneten Staatsmacht; – halten den Kampf gegen Kriminelle für wichtiger als die Beseitigung sozialer Brandherde und das Bemühen um soziale Gerechtigkeit. Schon dem Glauben an das Recht des Stärkeren, Tüchtigeren, der Ideologie des Erfolgs, dem Mythos des Geldverdienens, der Gewißheit des Segens für die Gerechten haftet etwas totalitär Erbarmungsloses gegenüber jenen an, die schwach, erfolglos, arm oder ungerecht sind. Das in der Unabhängigkeitserklärung verkündete, von den Naturrechtlern geheiligte ›Streben nach Glück‹ stellt sich für weite Schichten als profaner Zwangskampf ums Überleben dar[63].« Die feinen Unterschiede zum Anti-Amerikanismus der Linksradikalen finden sich nicht allein in der Zurückweisung des generellen Faschismus-Verdachts, im Pathos der sozialen Gerechtigkeit und in der liberalen Rechtsauffassung. Der *Spiegel*-Tourist Gerhard Mauz hat sich bereits gelegentlich des Charles-Manson-Prozesses in Los Angeles (Januar 1971) über die Zustände in amerikanischen Gerichtssälen empört und dem bildungsbürgerlichen, europäischen Unmut über amerikanische Rechtsfindung im besonderen und amerikanische Umgangsformen im allgemeinen freien Lauf gelassen. Das verinnerlichte Europa der Kultur färbt auch das *Spiegel*-Bild Amerikas: »Es brachen jene Vereinigten Staaten aus, die man zu fürchten gelernt hat, eine Tollheit, in deren Überfall man nicht mehr wußte, ob man sich in einem Gerichtsgebäude befand oder am Rand des Boxrings, in dem soeben Clay über Frazier oder Frazier über Clay gesiegt hat. Sieben tote Menschen, vier Menschen, die zum Tode oder zu lebenslänglicher Haft verurteilt werden müssen, nachdem das ›Schuldig‹ der Jury ergangen ist: und der Rummelplatz öffnete seine Schleusen. Blitzlicht und Scheinwerfer, Gebrüll, Schreie, Prügelei um den nächsten Platz zum Ankläger, zu den Verteidigern, Mikrophone in Händen, die sich aus Strudeln recken, und Kommentare, ›erste Stellungsnahmen‹ von einer brutalen Durchsichtigkeit, als wären diese epileptischen Ausbrüche des American Way of Life nicht längst derart Literatur, daß man sie nicht mehr beschreiben kann [64].«

In den kritischen Stellungnahmen der Jungsozialisten zum *Langzeitprogramm* der SPD (1973) gibt es einen Abschnitt, der »ganze Szenen der zukünftigen Wirklichkeit« denkerisch entwirft. In der Szene »Moderner Faschismus« werden dabei auch die USA von 1980 kurz umrissen. Der unsentimentale Entwurf einer möglichen amerikanischen Zukunft läßt das ›Amerika‹ des *Spiegel* als hysterische Rhetorik erscheinen, wenn es heißt: »In den USA hat sich bereits 1984 ein quasi faschistisches Regime installiert und mit ähnlichen [wie in Deutschland, M. H.] Maßnahmen die Gesellschaft stabilisiert. Nachdem der 1978 gewählte Präsident McGovern in den Wahlen von 1983 mit knapper Mehrheit sein Programm des amerikanischen Sozialismus durchgesetzt hatte, fiel er kurz danach einem Autounglück zum Opfer. Dies war vor dem Auftakt zu einem Bürgerkrieg, den die Armee beendete [65].« Bei den Jungsozialisten ist vom Pathos Europas nichts übrig geblieben. Die Projektion des europäischen Geschichtsablaufs wird in ideologischer Nüchternheit abgewikkelt, auch wenn die Akte des Dramas an eine Hochhuth-Aufführung erinnern. Die Verdrängung amerikanischer Wirklichkeit läßt aber gerade die Jungsozialisten über ihre Jahreszahlen stolpern. Denn die nächsten Präsidentschaftswahlen finden 1976 statt und werden von Wahlen in den Jahren 1980 und 1984 gefolgt werden. Diese nüchterne Großzügigkeit im Umgang mit der politischen Wirklichkeit Amerikas haben die Jungsozialisten mit jenen Pariser Mandarinen gemein, die wie sie »ganze Szenen der zukünftigen Wirklichkeit« entwarfen und somit Amerika durch ein ›Amerika der Ideologie‹ ersetzten.

2 *Das Amerika der Ideologie: Die Pariser Mandarine*

Die Debatte über Amerika begann in Paris mit der Befreiung der französischen Hauptstadt durch die amerikanischen Truppen im August 1944. Mit seinem Gespür für die symbolische Repräsentation der Realität hatte sich General de Gaulle an die Spitze des Triumphzuges gestellt, mit dem der Vormarsch der Alliierten seinen krönenden Pariser Abschluß fand. Die Ehre und Größe Frankreichs schien wiederhergestellt, verkörpert durch den General, der die siegreichen Truppen zum *Arc de triomphe* führte. Sartre hat in *La Fin de la guerre* die historische Stimmung dieses Moments und der folgenden Monate eingefangen, als er (im Oktober 1945) schrieb: »Der Friede erschien uns wie eine Rückkehr. Rückkehr zu den verrückten Jahren von 18–25, Rückkehr zur französischen Prosperität, zur französischen Größe [66].« Der Friede, von dem hier die Rede ist, war nicht der Friede der Mandarine, es war jener de Gaulles und eines durch ihn repräsentierten Bürgertums. Camus hatte am Vorabend der Befreiung, dem 24. August 1944, die Erwartungen eines anderen Frankreich formuliert: »Man kann nicht hoffen, daß Menschen, die vier Jahre im Schweigen und ganze Tage unter dem Bersten des Himmels und der Gewehre gekämpft haben, zustimmen, die Kräfte der Abdankung und der Ungerechtigkeit rückkehren zu sehen, unter welcher Form es auch sein mag... Das Paris, das heute Nacht kämpft, will Morgen befehlen. Nicht für die Macht, sondern für die Gerechtigkeit, nicht für die Politik, sondern für die Moral, nicht für die Herrschaft ihres Landes, sondern für dessen Größe [67].« Und einen Tag später, als die Alliierten vor

Paris standen, schlug er das Generalthema an, von dem die Résistance gezehrt hatte und das er für den Frieden zu bewahren suchte: »Vereint im selben Leiden während vier Jahren, finden wir uns in der selben Begeisterung wieder, wir haben unsere Solidarität gewonnen. Und wir erkennen mit Erstaunen in dieser umwälzenden Nacht, daß wir während vier Jahren niemals allein gewesen sind. Wir haben die Jahre der Brüderlichkeit *(fraternité)* gelebt[67a].« An der Auslegung dieses Bewußtseins von Solidarität und seiner Übersetzung in Handlungsmuster für das befreite Frankreich und später Europa entzündete sich eine Debatte, die sich immer mehr von Frankreich und Europa entfernte und sich auf die weltpolitische und welthistorische Funktion der Sowjetunion und der USA zuspitzen sollte. De Gaulles Anspruch, die historische Gestalt Frankreichs mit den Machtmitteln anderer wiederherzustellen, und der Versuch, das Momentum der Résistance für eine alleinige Umgestaltung Frankreichs einzusetzen, erwiesen sich als historisch verfehlt. Die Geschichte der französischen Amerika-Debatte sollte schließlich bestätigen, daß weder de Gaulle noch die Résistance, sondern allein die Amerikaner Paris befreit hatten.

An dieser Debatte, in der sich vor allem die Repräsentanten des linken intellektuellen Establishments engagierten und entzweiten und deren Kolorit Simone de Beauvoir in ihrem Schlüsselroman *Les Mandarins* (1954) plastisch dargestellt hat, zeigte sich indes noch ein anderer Zug, der für die Verdrängung Amerikas symptomatisch ist, die Tendenz zur spekulativen Verdinglichung der USA im System einer europazentrischen Geschichtsphilosophie. Was im Paris der Nachkriegszeit mit Amerika aufgeführt und in der Gegenwart vom Amerika-Ressentiment weniger elegant übernommen wurde, geht allerdings zurück bis zur deutschen Philosophie an der Wende des 18. und 19. Jahrhunderts. Damals begann die apodiktische Ortsbestimmung Amerikas in einem Geschichtssystem, dessen Aufbau und Verlaufsfolgen sich an den Formationen der europäischen Sozialgeschichte orientieren. Im Paris der Mandarine wurde das Erbgut des deutschen Geistes zwar diskutiert, aber selbst in Camus' *L'Homme révolté* (1951), dieser Abrechnung mit den spekulativen Prämissen der revolutionären Tradition, wird man vergeblich nach einer Befreiung Amerikas aus der ideologischen Diktatur Europas suchen. Das Diktum der deutschen Philosophen, Amerika als Anhang zur europäischen Geschichte zu behandeln, wurde auch von den französischen Mandarinen akzeptiert, als sie in ihrer Debatte die beiden Weltmächte als verdinglichte Agenten eines ideologischen Weltdramas einsetzten.

Was den Fall der Mandarine aber so interessant macht, ist, daß sie so selten den Ressentiments und Klischees zum Opfer fallen. Weder der Reporterin des Milieus, Simone de Beauvoir, noch einem seiner prominentesten Vertreter, Jean-Paul Sartre, kann man den Vorwurf machen, ihre Amerika-Reisen mit dem Ziel unternommen zu haben, sich eine europäische Perspektive bestätigen zu lassen. Das Tagebuch der Beauvoir, *L'Amérique au jour le jour* (1955), das ihre Reise durch die USA im Jahre 1947 von New York über den Kontinent und zurück nach New York überliefert, lebt von der direkten Beobachtung, der Schilderung von Begegnungen und den Versuchen, Sozialzustände kritisch im amerikanischen Kontext zu sehen. Europa als Erfahrungsbasis wird nicht verdrängt, es wird Amerika aber nicht als Folie aufgepreßt, sondern als zivilisatorisches Kontrastprogramm entgegengehalten [68]. Noch offenkundiger, weil der biographisch-epischen Saga entkleidet, tritt diese Haltung in den Amerika-Skizzen Sartres hervor, die seine Eindrücke von einer Reise in die USA 1945 wiedergeben. In den wenigen Sätzen z. B., die seinen ersten Streifzug durch New York beschreiben, gibt er eine prägnante phänomenologisch-psychologische Erklärung der europäischen Amerika-Malaise: »Ich suchte New York, und ich konnte es nicht finden. Es schien sich vor mir wie eine Phantom-Stadt zurückzuziehen, je weiter ich in einer Straße voranschritt, die mir irgendwie kalt und ohne Originalität vorkam. Das, was ich suchte, war zweifelsohne eine europäische Stadt. Wir anderen, Europäer, wir leben nach dem Mythos der großen Stadt, den wir im 19. Jahrhundert geschmiedet haben. Die Mythen der Amerikaner sind nicht die unsrigen, und die amerikanische Stadt ist nicht unsere Stadt [69].« Und der Bürger von Paris, das den europäischen Mythos der großen Stadt in den Romanen des 19. und beginnenden 20. Jahrhunderts verkörpert hat, findet die amerikanischen Mythen: »Das, was überrascht, ist die Leichtigkeit, die Zerbrechlichkeit dieser Gebäude. Das Dorf wiegt nichts, es scheint kaum auf dem Boden befestigt ...; es ist provisorisch [70].« – »Wir, wir ändern uns in den unveränderlichen Städten, und unsere Häuser, unsere Wohnungen überleben uns; die amerikanischen Städte verändern sich schneller als ihre Bewohner, und es sind diese, die jene überleben [71].« – »Die Städte sind offen. Offen zur Welt, offen zur Zukunft. Das ist es, was ihnen im ganzen einen abenteuerlichen Zug und, in ihrer Unordnung, selbst in ihrer Häßlichkeit, eine Art bewegender Schönheit gibt [72].«

Es ist nicht allein die Phänomenologie der amerikanischen Stadtsiedlung, in der sich Sartres apperzeptive Offenheit dokumentiert. Der Gang durch New York und die Entdeckung dieser Stadt jenseits des Phantoms eines projizierten Mythos veranschaulicht an einem konkreten Beispiel, wie Sartre Blockierungen des Verstehens zu überwinden vermochte. »Über die Vereinigten Staaten ist alles gesagt worden«, heißt es an einer anderen Stelle. »Aber wer einmal den Atlantik überquert hat, kann sich selbst mit den eindringlichsten Büchern nicht mehr begnügen; nicht, daß er nicht glaubt, was sie sagen, aber seine Übereinstimmung bleibt abstrakt.« Es fehlt die nachvollziehende Erfahrung, die die »wahre Konstruktion« (*construction vraie*) mit der Wahrheit der gelebten Wirklichkeit aussöhnt [73].

Sartre sah sich in diese Wirklichkeit versetzt, als den Amerikanern klar wurde, »daß Amerika die größte Macht der Welt war« [74]. Er versuchte diesem Ereignis auf der Ebene des amerikanischen Selbstverständnisses nahezukommen, als er über den permanenten Prozeß der Amerikanisierung anmerkte: »Das System ist ein großer äußerer Apparat, eine unersetzbare Maschine, die man den objektiven Geist (*l'esprit objectif*) der Vereinigten Staaten nennen könnte und den man drüben Amerikanismus nennt; das ist ein ungeheurer Komplex von Mythen, Werten, Rezepten, Slogans, Chiffren und Riten. Aber man sollte nicht annehmen, daß es im Kopf jeden Amerikaners hinterlegt ist, wie der Gott des Descartes in den ersten Begriffen im menschlichen Denken hinterlegt ist; man sollte nicht glauben, daß es sich in den Köpfen und Herzen ›bricht‹ und daß es in jedem Augenblick die Neigungen oder Gedanken bestimmt, die sein genauer Ausdruck wären. In Wirklichkeit befindet es sich außerhalb; es tritt den Bürgern gegenüber; die geschickteste Propaganda bietet es ihnen ohne Unterlaß an, aber es tut niemals so, als ob es sich ihnen anbietet: nicht es ist es, das in ihnen ist, es sind sie, die in ihm sind; sie kämpfen gegen es oder nehmen es an; sie ersticken an ihm oder übertreten es; sie unterwerfen sich ihm oder sie erfinden es jedes Mal von neuem, sie lassen es gewähren oder machen wütende Anstrengungen, sich ihm zu entziehen; in jedem Fall bleibt es für sie außerhalb, transzendent, denn sie sind Menschen, und es ist eine Sache [75].« Und wie um Mißverständnisse zu vermeiden: »[Der] Amerikanismus ist nicht ein einfacher Mythos, den eine geschickte Propaganda den Schädeln aufzwingt, ... jeder Amerikaner erfindet ihn in jeder Minute blindlings von neuem ... [76]« Die hegelianischen Anklänge, die in dieser analytischen Skizze durchbrechen, sind unverkennbar. Überraschend bleibt jedoch, daß sich der Amerika-Besucher Sartre der marxistischen Kapitalismus-Kritik enthält. Die gelebte Wirklichkeit Amerikas sieht anders aus, im Vergleich zum europäischen Faschismus z. B. ausgesprochen human: »[Die] Besonderheit des Amerikaners ist es, sein Denken für universell zu halten. Man entdeckt dort einen Einfluß des Puritanismus, den ich hier nicht gefunden habe. Aber vor allem gibt es diese konkrete, tägliche Gegenwart einer Vernunft von Fleisch und Blut, einer Vernunft, die man sieht [77].« Sartres amerikanische Reflexionen ruhen auf einem Fundament konkreter Anschauung. Weder die Reflexionen, noch aber die Anschauung sind als

Wissensrealität in die Debatte der Mandarine eingegangen. Das ›Amerika‹ der Debatte, mit dem sich Sartre identifizieren sollte, hat mit dem ›Amerika‹ des phänomenologischen Beobachters Sartre nichts zu tun. Die abstrakten Resultate der großen Bücher, in deren Schatten sich, wie Sartre es in *Les mots* (1963) beschrieben hat, die Sozialisation seiner Person abgespielt hat, ergriffen von ihm wieder Besitz. Nach der Besichtigung Amerikas sah sich das philosophische Ich in eine andere ›Situation‹ versetzt, und es nahm teil an der Verdrängung Amerikas, die in der Form der spekulativen Verdinglichung vollzogen wurde.

Mit der Befreiung Frankreichs und dem Zusammenbruch des nationalsozialistischen Deutschland im Mai 1945 hatten die Amerikaner ihre geburtshelferische Funktion im Dienste des historischen Fortschritts erfüllt. Nach diesem Einschnitt wurde ihnen im geschichtsphilosophischen Drama der Weltgeschichte der Part des Antagonisten zugewiesen, während sich das beifällige Interesse der spekulativ begabten Zuschauer dem anderen Sieger des europäischen Bürgerkrieges, der Sowjetunion, als dem nun eindeutigen Protagonisten des Fortschritts zuwandte. Dieses Interesse wurde jedoch gelegentlich durch nicht eingeplante Regieeinfälle der Geschichte gestört, die den Verdacht erwecken konnten, daß die von Hegel gepriesene ›List der Vernunft‹ einen Gegenkurs zum Fortschritt eingeschlagen hatte. 1945 erschien z. B. in Paris die französische Ausgabe von Arthur Koestlers *Sonnenfinsternis*; geschrieben von Oktober 1938 bis April 1940 in eben jener Stadt, jedoch 1941 aus unangenehmen Gründen – die Deutschen hatten mittlerweile Frankreich besetzt – zunächst in einer englischen Fassung (*Darkness at Noon*) in London und New York veröffentlicht, ist dieses Buch der Erinnerung von Menschen gewidmet, die als Rechtgläubige des Fortschritts dem Fortschritt geopfert worden sind. »Die Personen dieses Buches«, heißt es in der Widmung, »sind fiktiv. Die historischen Umstände, die ihre Handlungen bestimmten, sind wirklich. Das Leben des Mannes N. S. Rubaschow ist eine Synthese aus dem Leben einer Reihe von Menschen, die Opfer der sogenannten

Moskauer Prozesse waren. Einige von ihnen waren dem Autor persönlich bekannt. Dieses Buch ist ihrem Gedächtnis gewidmet [78].« Die fiktiven Personen dieses Buches, die den Leichengeruch des Fortschritts und seiner Verwirklichung in Stalins ›großen Säuberungen‹ verbreiten, wären in Paris möglicherweise fiktiv geblieben, hätten sich ihnen nicht wirkliche Menschen hinzugesellt. Berichte über sowjetische Arbeits- und Todeslager, über Massendeportationen ethnischer Minoritäten, über exekutierte und weiterlaufende Mordprogramme, über den sowjetischen Umgang mit der Macht in okkupierten Gebieten u. a., die in den Westen gelangt waren, konnten nicht als fiktive Behandlung der Wirklichkeit übergangen werden. Je mehr man erfuhr, umso zwingender wurde deshalb die Frage, wie sich der Widerspruch zwischen der Wirklichkeit und dem spekulativen Auftrag der Sowjetunion lösen ließe. Dies war primär ein theoretisches Problem, weil einmal nicht erwartet werden konnte, daß die Sowjetunion selbst den Widerspruch aufheben würde, und zum anderen die reale Gefahr bestand, daß sich der spekulativ namhaft gemachte Gegner des Fortschritts, nämlich Amerika, auf die Wirklichkeit als einer existenten und nicht fiktiven beziehen könnte. Dieses erstaunliche Realitätsverhältnis ist es, das der Debatte der Mandarine bis 1955 ihre abenteuerliche Spannung gegeben hat. Die argumentative Struktur der Debatte unterscheidet sich in den wesentlichen Punkten nur unerheblich von der Debatte, die in den dreißiger und frühen vierziger Jahren in England vor allem zwischen Harold Laski und George Orwell geführt worden ist [79]. Damals wurde die Rolle des Antagonisten des Fortschritts jedoch wechselweise Nazi-Deutschland und Großbritannien zugewiesen.

Am 29. Oktober 1946 trafen sich, wie einer Eintragung in Camus' Tagebuch zu entnehmen ist, Koestler, Sartre, Malraux, Sperber und Camus und unterhielten sich, wie Koestler die Frage formuliert hat, über die »Notwendigkeit, eine minimale politische Moral zu definieren.« Aus Camus' Protokoll seien einige Passagen zitiert, weil sich in ihnen bereits die Tendenz abzeichnet, die die öffentliche Debatte bestimmen sollte: »K.: ›... Wenn der Interviewer von mir wissen will, ob ich Rußland hasse, dann gibt es in mir etwas, das nicht mitmacht. Ich habe mich bemüht. Ich habe gesagt, daß ich das Stalinsche Regime ebenso sehr hasse, wie ich das Hitlersche Regime hasse und aus den gleichen Gründen. Aber es gibt irgendetwas in mir, das sich festgehakt hat.‹ – M.: ›Die gegenwärtige Unmöglichkeit, das Proletariat zu erreichen. Ist das Proletariat der höchste historische Wert?‹ – C.: ›... Glauben Sie nicht, daß wir alle verantwortlich sind für die Abwesenheit der Werte. Und daß, wenn wir, die wir alle vom Nietzscheanismus, vom Nihilismus und historischen Realismus herkommen, öffentlich sagten, daß wir uns getäuscht haben und daß es moralische Werte gibt und daß wir von nun an alles tun werden, um sie zu begründen und zu erklären, glauben Sie nicht, daß das der Anfang der Hoffnung wäre?‹ – S.: ›Ich kann meine moralischen Werte nicht einzig und allein gegen die UdSSR richten. Denn es ist wahr, daß die Deportation von mehreren Millionen Menschen schwerer wiegt als das Lynchen eines Negers. Aber das Lynchen eines Negers ist das Resultat einer Situation, die seit hundert und mehr Jahren dauert und schließlich das Unglück von Millionen Negern über die Zeiten hin repräsentiert, als es Millionen deportierter Tscherkessen gegeben hat.‹ – K.: ›Es muß gesagt werden, daß wir uns als Schriftsteller vor der Geschichte verraten, wenn wir das nicht anprangern [*dénoncer*], was angeprangert werden muß. Die Verschwörung des Schweigens ist unsere Verurteilung in den Augen jener, die uns umgeben.‹ – S.: ›Ja.‹ Etc., etc.[80]« Auch wenn die Abbreviatur »S.«, dem das »›Ja.‹ Etc., etc.« zugeschrieben wird, nicht eindeutig als Sartre entschlüsselt werden kann – es könnte auch Sperber gemeint sein –, bricht in der Zusammenziehung einer Replik zum »›Ja.‹ Etc., etc.« der Camussche Widerwille hervor, die Suada ideologischer Rechtfertigung zu protokollieren, mit der einer Antwort auf seine und Koestlers direkte Fragestellung ausgewichen wurde. Dies Ausweichen brachte Camus dazu, sich vier Jahre mit den Motiven und Prämissen der Frage selbst und der

Antwortverweigerung auseinanderzusetzen. Das Ergebnis seiner Analysen war sein *L'Homme révolté* (1951); und über den Modus des Bewußtseins, aus dem heraus dieses Buch entstanden ist, sagte er 1952 in einem Interview: »Ich bin kein Philosoph, und ich habe niemals vorgegeben, einer zu sein... [Ich] wollte einfach eine Erfahrung zurückverfolgen [*retracer une expérience*], die meine, von der ich weiß, daß sie auch die vieler anderer ist [80a].«

In welche Richtung die Argumentation, die so brutal mit »›Ja.‹ Etc., etc.« abgebrochen wurde, gezielt haben mag, läßt sich nur vermuten. Ein Jahr nach der denkwürdigen Konversation findet sich im Camusschen Tagebuch jedoch eine Notiz, die Aufklärung vermittelt: »Merleau-Ponty. Begreifen zu lesen. Es ist klar, schlecht gelesen – und verstanden zu haben. Das ist die Art von Vorwurf, zu der ich einstmals auch geneigt habe. Jetzt weiß ich, daß er unberechtigt ist. Es gibt kein Mißverständnis. Die tugendhaften Roués mit ihren Prinzipien. Wahr. Aber konkret und im Augenblick ziehe ich einen frivolen Menschen, der keinen tötet, dem Puritaner vor, der alle Welt tötet... M.-P. oder der Typ des gegenwärtigen Menschen: der, der die Schläge zählt. Er erklärt, daß niemand jemals Vernunft hat und daß es nicht so einfach ist (ich hoffe nicht, daß ich es bin, dem er mit solcher Mühe diese Beweisführung widmet). Aber ein bißchen weiter schreibt er, daß Hitler ein Krimineller ist, gegen den aller Widerstand immer Vernunft haben wird. Wenn keiner Vernunft hat, nun, dann sollte er nicht urteilen. Man muß *heute* gegen Hitler sein. Man hat die Schläge gezählt. Man fährt fort [81].« Die Herausgeber des Tagebuchs merken in einer Fußnote an, daß die Veröffentlichung von *Humanisme et terreur* den Bruch der beiden Mandarine provozierte.

Merleau-Pontys *Humanisme et terreur* ist das interessanteste Dokument zum ›kalten Krieg‹, das von einem Intellektuellen vorgelegt worden ist. In dem Buch wird nicht allein das politisch-spekulative Selbstverständnis Merleau-Pontys und seines Freundes Sartre in denkbarer Klarheit entwickelt und damit auch das Programm eines ideologischen Milieus, das sich durch die beiden Herausgeber von *Les Temps Modernes* repräsentiert fühlte. Die Geschichte des Buches selbst weist ihm einen Sonderplatz in den Annalen der Nachkriegszeit an, da es drei Jahre nach der Veröffentlichung durch ein Ereignis der Geschichte für den Autor, nicht aber für Sartre überholt worden ist. Die historische Widerlegung – es handelte sich um den Korea-Krieg – führte zum Bruch zwischen Merleau-Ponty und Sartre, der seine »moralischen Werte nicht einzig und allein gegen die UdSSR richten« konnte und sich durch *Humanisme et terreur* in dieser Haltung bestätigt sah. Diese Haltung wiederum hat Camus nicht nur zum Abbruch der Beziehungen zu Merleau-Ponty, sondern u. a. auch zur Arbeit an *L'Homme révolté* motiviert, dessen Veröffentlichung die Konfrontation Camus' und Sartres auf den Höhepunkt trieb und den Bruch dieser beiden, bis zum Tod von Camus 1960, besiegelte [82]. Merleau-Pontys letztes Wort zur Sache waren *Les Aventures de la dialectique* (1955), das in einem 140 Seiten langen Kapitel »Sartre und der Ultra-Bolschewismus« gipfelte, dem Sartre 1960 die 755 Seiten seiner *Critique de la raison dialectique* entgegensetzte.

In einer Besprechung zur amerikanischen Ausgabe von *Humanisme et terreur* schrieb Leszek Kolakowski, der sich zur Zeit der Veröffentlichung des französischen Originals gerade im Frühstadium des ›Ultra-Bolschewismus‹ befand [83], 1970 in *The New York Review of Books*: »Wenn dieses Buch von jenen gelesen wird, die noch immer naiv genug sind, an die universale Wirksamkeit der Gewalt zu glauben, mag es den kindischen Glauben [*childish beliefs*] bestärken, daß alle politischen Aktivitäten gleichermaßen auf Gewalt beruhen; und daß es keinen ›wesentlichen‹ Unterschied zwischen dem Leben in Gesellschaften gibt, in denen die traditionellen Schutzgarantien des Gesetzes noch ihre Gültigkeit besitzen, trotz aller Korruption und Ungerechtigkeit, und jenen, wo äußerster Despotismus vorherrscht [84].« Von diesem ›kindischen Glauben‹ jedoch war Merleau-Ponty ausgegangen, als er sich daransetzte, das aktuelle Gewaltsyn-

drom mit dem geschichtsspekulativen Auftrag der Sowjetunion auszusöhnen. Keineswegs versucht, der Moskauer Parteilinie nach dem Mund zu reden, die von den französischen Parteiideologen, allen voran Roger Garaudy [85], orthodox vertreten wurde, sondern bemüht, die wahre, d. h. nur ansatzweise verwirklichte Sowjetunion gleicherweise vor Ultra-Bolschewisten und Anti-Kommunisten zu retten, begann er seine »Abenteuer und Mißgeschicke der Dialektik« (R. Aron) [86].
Er begann sie für jene Leser, die Kolakowski »naiv genug« genannt hat: »In der Diskussion über den Kommunismus wird oft der Lüge oder der List die Achtung vor der Wahrheit entgegengehalten, der Gewalt die Achtung vor dem Gesetz, der Propaganda die Achtung vor dem Bewußtsein, dem politischen Realismus schließlich die liberalen Werte. Die Kommunisten antworten darauf, daß in den Demokratien unter dem Deckmantel liberaler Prinzipien List und Gewalt, Propaganda und prinzipienloser Realismus das Wesen der Außenpolitik oder der Kolonialpolitik, ja selbst der Sozialpolitik ausmachen... Die Reinheit der Prinzipien duldet nicht nur Gewalttaten, sie erheischt sie auch. Es gibt also eine liberale Mystifikation [87].« Gegen die Entzauberung eines sich so gerierenden Liberalismus wäre im Grunde nichts einzuwenden, wenn sich in ihm nicht Merleau-Pontys Verständnis westlicher Gesellschaften erschöpfte. Der Vergleich gesellschaftlicher Wirklichkeit kommt über diese Ebene nicht hinaus, subsumiert unter den so definierten Begriff alles, was westlich ist, um schließlich als vorläufiges Ergebnis zu formulieren: »Ein dem Namen nach liberales Regime kann in Wirklichkeit ein repressives Regime sein. Und es könnte sein, daß ein Regime, das seine Gewalt auf sich nimmt, mehr wahre Humanität besitzt [88].« Nach den Gesetzen der formalen Logik aber ergibt die Beweisführung eine Tautologie, wenn angenommen wird, daß ein liberales Regime repressiv ist, es damit qua seiner enthüllten Gewaltstruktur, zusätzlich zur nominellen Humanität, an der möglicherweise ›wahreren‹ Humanität der erklärten Gewaltregime teilhat. Eine solche Widerlegung verfehlt jedoch die

dialektischen Intentionen von *Humanisme et terreur*, deren ›Wahrheit‹ sich für den Denker und sein Milieu in den Obersätzen einer spekulativen Geschichtsphilosophie enthüllt.
So überwindet – in »Syllogismen der falschen Identität« (J. Gabel) [89] – die Wahrheit des spekulativen Bewußtseins Logik und das Wirklichkeitsverständnis jener, die, als ›Liberale‹ denunziert und damit abgeschoben, die ›Schläge‹ des Geschichtsprozesses nicht zu zählen vermögen. »[Jede] Diskussion, die in der liberalen Perspektive steht, verfehlt das Problem, weil es sich für ein Land stellt, das eine Revolution gemacht hat und sie fortzuführen versichert, und der Liberalismus die revolutionäre Hypothese ausschließt.« Jede Diskussion über das Gewaltsyndrom der Sowjetunion, in der Gewalt auch so genannt wird, somit nicht zwischen reaktionärer und revolutionärer Gewalt unterschieden wird, verstößt gegen das Heilswissen des spekulativen Bewußtseins. Die Diskussion über die Moskauer Prozesse, die durch Koestlers *Sonnenfinsternis* ausgelöst wurde, wird deshalb auch von Merleau-Ponty auf diesem Niveau gehalten: »[Die Diskussion] besteht nicht darin zu untersuchen, ob der Kommunismus die Spielregeln des liberalen Denkens einhält ... sondern ob die Gewalt, die er ausübt, revolutionär ist und fähig, zwischen den Menschen menschliche Beziehungen herzustellen [90].« Denn daß wir es mit Gewalt zu tun haben, wird nicht bestritten: »Die marxistische Politik ist ihrer Form nach diktatorisch und totalitär. Doch diese Diktatur ist die Diktatur der Menschen, die am reinsten Menschen sind; diese Totalität ist die Totalität aller Arbeiter, die vom Staat und den Produktionsmitteln Besitz ergreifen [91].« Das Problem des ›fiktiven‹ Rubaschow stellt sich für Merleau-Ponty neu: »Ist Rubaschow also eine fiktive Gestalt und sind seine Probleme imaginär [92]?« Diese Frage wird am Prozeß des ›wirklichen‹ Bucharin erörtert und findet eine befriedigende Antwort: »[Die] Moskauer Prozesse sind der Form und dem Stil nach revolutionär. Denn revolutionär sein heißt, das was ist im Namen dessen, was noch nicht ist, zu beurteilen und es damit für wirklicher zu halten als das Wirkliche. Die revolu-

tionäre Tat tritt zugleich als Schöpfer der Geschichte auf und als wahr in bezug auf die totale Bedeutung dieser Geschichte, und es liegt in ihrem Wesen, anzuerkennen, daß niemanden Unkenntnis dieser Wahrheit schützt, die sie untrennbar bestätigt und schafft, so wie die bürgerlichen Gerichtshöfe postulieren, daß niemanden Unkenntnis des bestehenden Gesetzes schützt. Das bürgerliche Recht nimmt die Vergangenheit als letzte Instanz, das revolutionäre Recht die Zukunft [93].« Auch hier würde der Rekurs auf die Gesetze des richtigen Denkens nichts als den Sachverhalt der Wahnlogik und der falschen Identitäten bestätigen. Gerade dies aber gehört zum *modus operandi* des spekulativen Bewußtseins, der vorausgesetzt und nicht von Fall zu Fall nachgewiesen werden muß.

Interessant wird die Gestalt eines derartigen Bewußtseins allein, wenn seine Entwürfe und gelegentlich auch seine Träger in direkten Kontakt mit der Geschichte geraten. Denn trotz aller Emission von Wechseln auf die Zukunft wird der Mensch Merleau-Ponty nicht aus der Profanität der *condition humaine* entlassen. Als konkreter Mensch, dem das spekulative Bewußtsein detaillierte Einsicht in die Struktur der Zukunft schlicht verweigert, bleibt er sich selbst und der Banalität von Leitartikeln überlassen: »Der Weg, der uns krumm erscheint, wird sich vielleicht, wenn die Zeit vollendet und die totale Geschichte offenbar ist, als der einzig mögliche erweisen und *a fortiori* als der kürzeste, den es gab. Da der Verfasser dieser Zeilen nicht vor der vollendeten Geschichte steht, sondern zu einer besonderen Perspektive gezwungen ist – der eines französischen Intellektuellen im Jahre 1946 – ist seine Bewertung anfechtbar [94].« Zum langen Marsch auf dem krummen Wege, den die UdSSR 1917 angetreten hat und den französische Intellektuelle 1946 zu begutachten gezwungen waren, erklärt er: »Wir befinden uns ... in einer unentwirrbaren Situation. Die marxistische Kritik des Kapitalismus behält ihre Gültigkeit, und es liegt auf der Hand, daß der Antisowjetismus heute all das an Brutalität, Hochmut, Wahnwitz und Angst versammelt, was seinen Ausdruck bereits im Faschismus gefunden hatte. Andererseits ist die Revolution auf einer Rückzugsstellung erstarrt: während sie den diktatorischen Apparat beibehält und verstärkt, verzichtet sie in ihren Sowjets und in ihrer Partei auf die revolutionäre Freiheit des Proletariats und auf die Aneignung des Staates durch den Menschen. Man kann nicht Antikommunist sein, man kann nicht Kommunist sein [95].« Der »Gott«, der für Arthur Koestler, Ignazio Silone, Richard Wright, André Gide, Louis Fisher, Stephen Spender »keiner war [96]«, blieb es für Merleau-Ponty jedoch noch eine Weile. Er folgte seinem krummen Weg bis 1950, auch wenn er nicht alle Umleitungen mitzumachen bereit war. Denn gegen den krummen Weg selbst hatte er nichts einzuwenden, solange die spekulativ anvisierte Richtung noch einigermaßen erkennbar blieb. »Es gibt also Umwege«, versichert er in *Humanisme et terreur*, als er Machiavelli als Kronzeugen aufruft, ihn aber sofort spekulativ auf die Höhe von 1946 zu bringen versucht: »Doch der marxistische Machiavellismus unterscheidet sich vom Machiavellismus insofern, als er den Kompromiß in das Bewußtsein des Kompromisses, die Ambiguität der Geschichte in das Bewußtsein der Ambiguität verwandelt, daß er Umwege macht und dabei weiß, daß es Umwege sind, daß er die Rückzüge Rückzüge nennt, daß er die Besonderheiten der lokalen Politik und die Paradoxien der Taktik wieder in eine Gesamtperspektive rückt [97].« Merleau-Pontys Machiavelli-Verständnis soll uns hier nicht oder nur indirekt interessieren, auch wenn er dem Florentiner unter dem Titel Machiavellismus gerade das abspricht, was ihn im Gegensatz zu Merleau-Ponty zu einem revolutionären Analytiker gemacht hat, nämlich ein originäres Bewußtsein [98]. Die historische Anspielung findet allerdings in einer vorhergehenden Überlegung, die gegen Camus gerichtet sein könnte, eine zeitgeschichtliche Erklärung: »Mögen sie doch lesen«, lesen wir. »Wir haben gesagt, jede Legalität sei anfangs eine faktische Herrschaft. Das heißt jedoch nicht, daß jede faktische Herrschaft legal sei. Wir haben gesagt, eine Politik vermöge sich nicht durch ihre guten Absichten zu rechtfertigen. Durch barbarische Absichten wird sie sich noch weniger rechtfertigen können. Wir haben niemals gesagt, damit eine Politik gut sei, müsse sie Erfolg haben. Wir haben niemals gesagt, der Erfolg sanktioniere alles; sondern wir haben gesagt, daß Niederlage gleich Fehler sei oder daß man in der Politik nicht das Recht habe, sich zu irren, und daß allein der Erfolg definitiv vernünftig mache, was zunächst nur Kühnheit und Glaube war.« Was immer er auch sagen wollte und will, die Rolle, die Hitler in der jüngsten französischen Geschichte gespielt hat, wird thematisch. »Sie rechtfertigen«, hat ihm so auch jemand vorgeworfen, »einen siegreichen Hitler«. Er aber: »Wir rechtfertigen nichts und niemanden. Da wir ein Element des Zufalls auch in der durchdachtesten Politik erkennen und somit ein Element des Betrugs in jedem ›großen Mann‹, sind wir weit entfernt, einen von ihnen freizusprechen. Wir möchten vielmehr sagen, daß sie alle nicht zu rechtfertigen sind. Und Hitler wäre auch als Sieger der Elende geblieben, der er war, und der Widerstand gegen den Nazismus hätte nicht weniger Gültigkeit besessen [99].« Woher aber weiß er, daß Hitler der Elende war, der er auch als Sieger geblieben wäre? Eine Stelle über die französische Kollaboration gibt Aufschluß: »[Was] die Ereignisse von 1940 betrifft, wodurch wissen wir dies alles? Durch die Tatsache des alliierten Sieges. Sie beweist unumstößlich, daß die Kollaboration nicht notwendig war, sie läßt sie als eine Initiative erscheinen und verwandelt sie, was immer sie war oder zu sein glaubte, in den Willen zum Verrat.«

Merleau-Ponty, der vor dem Kriege so wenig wie Sartre »... Interesse an der philosophischen Problematik der Politik« gezeigt hatte [100] und dem deshalb die Entscheidung zwischen Widerstand und Kollaboration und damit auch zum Irrtum erspart geblieben war, läßt sich vom Sieg der Alliierten 1945 die Zukunft von 1940 bestätigen. »Es liegt in der Geschichte eine Art Fluch«, setzt er seine Reflexion über das Verhalten von Menschen fort, die nicht aus der Perspektive des Sieges extrapolierend Maximen des früheren Handelns zu gewinnen vermochten, »sie tritt an die Menschen heran, führt sie in Versuchung, läßt sie glauben, in dieselbe Richtung zu gehen wie sie, und plötzlich entzieht sie sich, das Ereignis verändert sich, beweist in der Tat, daß anderes möglich war. Die Menschen, die sie im Stich läßt und die nichts anderes als ihre Komplizen zu sein meinten, stellen sich plötzlich als die Anstifter des Verbrechens heraus, das sie ihnen eingab. Und sie können sich weder herausreden, noch einen Teil der Verantwortung von sich wälzen [101].« Kann sich aber Merleau-Ponty herausreden, wenn man in ihm einen Anstifter des Verbrechens sieht?

Vom Anfang bis zum Ende seiner Überlegungen gibt er eines nicht auf, die Apologie des Marxismus: »Der Niedergang des proletarischen Humanismus ist keine so entscheidende Erfahrung, als daß sie den gesamten Marxismus annullierte. Als Kritik der bestehenden Welt und der anderen humanistischen Philosophien behält er seine Gültigkeit. Zumindest in dieser Hinsicht kann er nicht überholt sein. Wiewohl unfähig, der Weltgeschichte Form zu verleihen, bleibt er stark genug, alle anderen Lösungen zu diskreditieren. Von nahem betrachtet ist der Marxismus nicht irgendeine Hypothese, die morgen von einer anderen ersetzt werden könnte, er ist das einfache Aussprechen der Bedingungen, ohne die es keine Menschheit im Sinne einer Wechselbeziehung der Menschen und keine Rationalität in der Geschichte gibt. In diesem Sinn ist er nicht irgendeine Geschichtsphilosophie, sondern die Geschichtsphilosophie, und auf sie verzichten heißt die geschichtliche Vernunft zu Grabe tragen. Was bleibt, sind Träumereien und Abenteuer ... Die Geschichte hat nur Sinn, wenn es gleichsam eine Logik des menschlichen Zusammenlebens gibt, die zwar Abenteuer nicht ausschließt, aber durch eine Art natürlicher Auslese letztlich solche Abenteuer beseitigt, die von den permanenten Forderungen der Menschen ablenken [102].« Und: »Der Marxismus ... ist der einzige Humanismus, der seine Konsequenzen zu ziehen wagt [103].« Ist die Apologie des Marxismus grundsätzlich, so zeigt sich in der Verteidigung des Systems, das »mit einer geschichtlichen Mission betraut ist [104]« und »Konsequenzen zu ziehen wagt«, nämlich der UdSSR, eine deutliche Ambivalenz, die dem Autor Kritik von Kommunisten wie Antikommunisten eingetragen hat. Am Ende seines Essays formuliert er deshalb ein Kriterium, von dem seine weitere Parteinahme abhängen wird: »Wenn morgen die UdSSR drohte, Europa zu überfallen und in allen Ländern ein Regime nach ihrer Wahl zu errichten, dann würde sich eine neue Frage stellen und sie müßte überprüft werden. Heute stellt sie sich nicht ... Vielleicht ist das eine gewagte Meinung, aber man muß sich daran halten. Es ist sozusagen das Berufsrisiko des Menschen. Jede andere Haltung nimmt den Krieg vorweg, geht auf die amerikanische Propaganda ein, um der russischen zu entrinnen, und stürzt sich lieber gleich in die Mythen, um nicht später hineinzufallen[105].« Man erinnere sich: die Kollaborateure von 1940 wurden durch den Sieg der Alliierten 1945 als das, was sie immer waren, gefaßt, als Verräter und ›Anstifter des Verbrechens‹. Das »Berufsrisiko des Menschen« ereilte Merleau-Ponty 1950, als der sowjetische Satellit Nord-Korea in Süd-Korea einmarschierte. In *Les Aventures de la dialectique* (1955) zitiert er sein »Wenn morgen ...[106]«; als »Komplize der Geschichte« jedoch, der sich plötzlich als »Anstifter des Verbrechens« sehen mußte, hat er nicht 140 Seiten über sich, sondern über den »Ultra-Bolschewisten« Sartre geschrieben. Dieser Angriff wie der Rest des Buches läßt sich präzise mit Camus' »›Ja.‹ Etc., etc.« zusammenfassen, da uns die abenteuerlich-dialektische Rechtfertigung der existentiellen Verlogenheit selbst nicht weiter interessieren soll.

Was aber hat Merleau-Pontys *Essai sur le problème communiste*, so der Untertitel von *Humanisme et terreur*, mit dem Fall Amerika und seiner Verdrängung zu tun? Merleau-Ponty entwirft in seinem Buch ein geschichts-spekulativ fundiertes Szenario gegenwärtiger und zukünftiger Weltpolitik, aus dem Amerika *per definitionem* des Geschichtsprozesses, nicht aber aufgrund unsortierter Klischees und Ressentiments verdrängt wird. Als Existenzialist, der er ist, wehrt er sich zwar – wie es sein Herausgeberkollege von *Les Temps Modernes*, Sartre, 1946 in dem Essay

Matérialisme et révolution getan hat – gegen die strikte Basisdetermination des Bewußtseins und der Geschichte, wenn er z. B. schreibt: »Alles in allem ist die Wahrheit ... daß der Mensch keine Rechte über die Welt hat, daß er, um mit Sartre zu reden, kein ›Mensch göttlichen Rechts‹ ist, daß er in ein Abenteuer geworfen ist, dessen glücklicher Ausgang nicht verbürgt ist, daß die Übereinstimmung von Geist und Willen nicht prinzipiell gesichert ist [107].« Als Marxist, der er aber sein will, übernimmt er den marxistischen Entwurf der Weltgeschichte: »Wenn das Proletariat die Kraft ist, auf der die revolutionäre Gesellschaft gründet, und wenn das Proletariat jene ›universelle Klasse‹ ist, als die wir es, Marx folgend, beschrieben haben, dann tragen die Interessen dieser Klasse die menschlichen Werte in die Geschichte hinein, und die Herrschaft des Proletariats bedeutet die Herrschaft der Menschheit [108].« Und als Marxist kann er mit Amerika nichts anderes anfangen, als es in den Formationen der europäischen Sozialgeschichte unterzubringen, die von Marx und seinen Erben zu Kategorien der Weltgeschichte erhoben worden sind: Amerika wird zum Repräsentanten der bürgerlichen Gesellschaft verdinglicht.

Als Repräsentant der bürgerlichen Gesellschaft verdient Amerika kein besonderes Interesse. Denn nicht nur die Gegenwart dieser Gesellschaft, sondern auch ihre Zukunft werden in der Perspektive der Geschichtsphilosophie Modi der Vergangenheit, überholte Formationen eines menschheitlichen Sozialprozesses, der, um eine Metapher Merleau-Pontys zu gebrauchen, einer »Logik« der Organisation folgt, an der sich der Fortschritt der Entwicklung ablesen läßt. Merleau-Ponty hängt nicht dem Ressentiment an und anerkennt deshalb generös offenbare Unterschiede, wenn er die UdSSR den USA gegenüberstellt: »Gewiß, niemand liebt Restriktionen oder die Polizei, kein Vernünftiger hat jemals in Zweifel gezogen, daß es angenehmer ist, in Ländern zu leben, die mit Hilfe ihres geschichtlichen Vorsprungs und dank ihren natürlichen Reichtümern und den Einkünften des Wucherstaates ihren Bürgern einen Lebensstandard und eine Freiheit garantieren, die eine im Aufbau begriffene kollektive Wirtschaft den ihren versagt. Doch das ist nicht die Frage. Selbst wenn morgen die Vereinigten Staaten die Herren der Welt wären, so liegt doch auf der Hand, daß weder ihr Wohlstand noch ihr Regime sich deshalb überall ausbreiten würden[109].« Wenngleich Merleau-Ponty vernünftig genug ist, Unterschiede der Sozialverfassung zu sehen, so widerspricht die Kategorie des »geschichtlichen Vorsprungs« keineswegs jenem Verständnis einer progressiven Sinnenthüllung, als deren Träger das Proletariat vom marxistisch uminterpretierten Weltgeist als »universelle Klasse« eingesetzt worden ist. Der »geschichtliche Vorsprung« des Westens und vor allem auch der USA mag das Leben zwar »angenehmer« gestalten, fortschrittlicher im Sinn spekulativ definierter Menschenwesentlichkeit wird es dadurch nicht. Und dieser Fortschritt in der Realisation eines Gesamtplanes menschheitlicher Geschichte ist es allein, in dessen Perspektive die konkreten Gesellschaften gesehen werden müssen. In der Perspektive des Gesamtplans auch hat man das Phänomen der Gewalt zu sehen: »Für einen, der nicht glaubt, die Herrschaft des Proletariats könne sich etablieren oder sie könne das herbeiführen, was der Marxismus von ihr erwartet«, schreibt Merleau-Ponty weiter, »mögen die kapitalistischen Zivilisationen, die, so unvollkommen sie auch sind, das Verdienst haben zu existieren, das am wenigsten Schreckliche sein, was die Geschichte hervorgebracht hat; aber zwischen ihnen und den anderen Zivilisationen oder zwischen ihnen und dem sowjetischen Unternehmen besteht nicht ein Unterschied wie zwischen Himmel und Hölle oder wie zwischen Gut und Böse: es handelt sich nur um unterschiedliche Anwendung der Gewalt[110].« Daß die kapitalistischen Gesellschaften jedoch für jemanden, der den Gesamtplan spekulativ vor Augen hat, auch wenn er sich immer wieder auf krummen Wegen in dialektische Abenteuer verwikkelt, keineswegs das »am wenigsten Schreckliche« sind, wird man verstehen, wenn man liest: »[Jede] Politik, die nicht die rivalisierenden Gesellschaften in ihrer Totalität zu ›verstehen‹

trachtet, dient einzig der Maskierung des Problems des Kapitalismus, zielt in Wirklichkeit auf die Existenz der UdSSR selbst und muß als eine Kriegshandlung betrachtet werden. In der UdSSR sind Gewalt und List offiziell, die Menschlichkeit findet sich im täglichen Leben; in den Demokratien hingegen sind die Prinzipien human, aber List und Gewalt in der Praxis zu finden ... Ein Vergleich ist nur zwischen Ganzheiten sinnvoll, unter Berücksichtigung der Situation. Es ist müßig, unsere Gebräuche und Gesetze mit einem Fragment der sowjetischen Geschichte zu konfrontieren[111].« Jeder Intellektuelle, der in den Überlegungen eines langen Essays nicht die »rivalisierenden Gesellschaften in ihrer Totalität zu ›verstehen‹ trachtet«, macht sich der Maskierung seiner eigenen Interessen schuldig, mystifiziert die Wirklichkeit willentlich und erklärt den Krieg. Da Merleau-Ponty in *Humanisme et terreur* über die Wirklichkeit des Westens und vor allem der USA nichts weiter zu sagen vermag, als sie mit den verdinglichten Abziehbildern einer spekulativen Ersatzwirklichkeit zu bekleben, hat man in seinem Essay den interessantesten Beitrag zu sehen, den ein Intellektueller zum ›kalten Krieg‹ geleistet hat. Merleau-Ponty fiel dem »Berufsrisiko des Menschen« zum Opfer und sah sich 1950 in die Rolle des Brandstifters gedrängt, der nach der Feuerwehr ruft. Sartre blieb den Reflexionen von *Humanisme et terreur* bis zur Gegenwart treu. In seiner Haltung ließe sich jedoch, wenn man die Parabelsymbolik aus Max Frischs *Biedermann und die Brandstifter* auch auf ihn überträgt, eher das Virtuosentum eines Feuerwehrmanns erkennen, der von Fall zu Fall nach Brandstiftern ruft. In seiner schärfsten Attacke gegen die offizielle Politik der Sowjetunion, *Le Fantôme de Staline* (1956/57), schrieb er z. B. nach der Niederschlagung des Aufstandes in Ungarn im Herbst 1956 u.a. auch über die Ausgangsposition des ›kalten Krieges‹. Die sowjetische Weigerung, Mittel des Marshall-Planes auch für den Wiederaufbau der osteuropäischen Gesellschaften in Anspruch zu nehmen, wurde von ihm kongenial nachvollzogen: »Im Prinzip war ihre Politik richtig: durch den Druck, den sie auf ihre Alliierten ausübten, retteten sie den Frieden, den Aufbau des Sozialismus in der UdSSR, sie konnten auch für Mitteleuropa die Chancen der Sozialisierung erhalten [112].« Die spekulative Periodisierung der Weltgeschichte bildete auch hier die Basis der Beurteilung; denn dem geschichtlichen Vorteil, über amerikanische Kapital- und Technologieprogramme den Wiederaufbau Osteuropas zu beschleunigen, wurde das Ereignis der Sozialisierung als Akt des historischen Fortschritts im Drama der Menschheitsgeschichte entgegengesetzt. Frisch läßt seinen Chor bei derartigen Ausbrüchen der Wahnlogik deklamieren: »Sinnlos ist viel, und nichts / Sinnloser als diese Geschichte: / Die nämlich, einmal entfacht, / Tötete viele, ach, aber nicht alle / Und änderte gar nichts [113].« Die Sinnlosigkeit dieser Geschichte aus dem Milieu der Pariser Mandarine geht aber weiter, wie es Raymond Aron, ein Jugend- und Studienfreund Merleau-Pontys und Sartres, in *Die heiligen Familien des Marxismus* beschrieben hat. Aron hat zudem Camus' Suche nach den existentiell-spekulativen Prämissen auf die ökonomisch-soziologischen Grundlagen des revolutionären Denkens hin erweitert. Die geschichtsphilosophische Denunziation des ›bürgerlich-kapitalistischen‹ Westens wird mit der Frage unterlaufen, die milieubedingt nie gestellt wird: »Wenn man die Gesellschaften nach dem beurteilen muß, was sie sind, und nicht nach dem, was sie zu sein beanspruchen, warum muß man dann das kommunistische Unternehmen durch das Ziel definieren, das es anzustreben vorgibt, und nicht durch die Regime, die es – wenigstens vorübergehend – ins Leben gerufen hat [114]?« Warum Merleau-Ponty und Sartre gerade dies tun, läßt sich primär aus der obsessiven Bewußtseinsmodalität erklären, die Camus im *L'Homme révolté* analysiert hat und die ihre Träger gegen andere Fälle zivilisatorischer Artikulation abdichtet. Nicht minder bedeutsam macht sich jedoch die Übernahme eines historisch obsoleten Ökonomieverständnisses bemerkbar, das die ökonomisch-technologische Wirklichkeit in der zweiten Hälfte des 20. Jahrhunderts mit Kategorien beurteilt, die von Marx an der Wirklichkeit des 19. Jahrhunderts entwickelt worden sind. Bereits Marx hat in Amerika nicht mehr sehen wollen – auch wenn er mehr gesehen hat –, als die erfolgreiche Fortsetzung eines Kapitalismus, dessen Gestalt er primär aus einem englischen Datengerüst rekonstruierte. Den Mandarinen von Paris jedoch fehlt selbst dieser direkte Realitätsbezug: sie übernehmen Marxens ökonomische Oberbegriffe, ohne sie auch nur im Ansatz mit zeitgenössischen Daten und Analysen zu beleben. Sie denken und schreiben über ökonomische Probleme als Orthodoxe reinsten Wassers; sie sind sogar, wenn man ihre Thesen an dem Marxschen Begriff des ökonomischen Fortschritts mißt, der sich auf die Entwicklung der Produktivkräfte bezieht, als reaktionär zu klassifizieren. In diesem Sinne stellt sich Arons Ansatz einer historisch vergleichenden Analyse als der allein revolutionäre dar: »Wenn man sich auf die Phasen des wirtschaftlichen Wachstums beruft, wäre die Planwirtschaft sowjetischen Typs ein grobschlächtiger Prozeß, um die fortgeschrittenen oder die fortschrittlichsten Länder einzuholen, selbst wenn man der Bevölkerung Opfer auferlegen muß, die noch viel härter sind als die, die ihr die Industrialisierung in Westeuropa im Laufe der ersten Hälfte des 19. Jahrhunderts auferlegte. Eine solche Kritik, die den Primat der Produktivkräfte wieder aufgreift, würde die verschiedenen wirtschaftlich-sozialen Regime in eine Perspektive bringen, die zu einem Regime westlichen Stils führen würde, wobei der Liberalismus des europäischen 19. Jahrhunderts und der Sowjetismus des 20. zwei Abarten einer überholten Etappe sind. Selbst wenn man diese Kritik nicht billigt, bleibt auf jeden Fall die Tatsache bestehen, daß man nicht einen Sozialismus, der unter Reduzierung des Lebensniveaus der Massen eine enorme Industrie aufgebaut hat und einem Kapitalismus, der das Lebensniveau gehoben, die Arbeitszeit verkürzt und die Festigung der Gewerkschaften ermöglicht hat, behandelt, als ginge es dabei um dieselben Realitäten, die Marx vor einem Jahrhundert vor sich hatte oder die er sich im voraus aufgrund eines nunmehr durch die Ereignisse widerlegten Schemas vorstellte. Man muß also zwischen der Alternative Sozialismus/Kapitalismus einerseits und der Alternative Sowjetismus/Gesellschaft westlichen Typs andererseits unterscheiden und die Frage nach Reformen, die in den westlichen Gesellschaften mit rascher Ausdehnung (Vereinigte Staaten), in den Gesellschaften mit einer verlangsamten Ausdehnung (Frankreich) und in den verschiedenen unterentwickelten Gesellschaften vorzunehmen sind, getrennt sehen [115].« All dies haben Merleau-Ponty und Sartre jedoch nicht getan. Sie haben sich neben den Syllogismen der spekulativen Identität auch noch den falschen historischen Identitäten überlassen und dabei Amerika mit einer verdinglichten Wirklichkeit des europäischen 19. Jahrhunderts gleichgesetzt.

Kolakowski hat Merleau-Pontys *Humanisme et terreur* »obsolet, deshalb instruktiv« genannt [116]. Ein anderer ehemaliger Ultra-Bolschewist, der Jugoslawe Vladimir Dedijer, hat 1971 in einem offenen Brief in der *New York Times* [117] versucht, Sartre nicht minder deutlich auf die Wirklichkeit zu stoßen. Sein Brief reproduziert jedoch in der genuin europäischen Ideologie-Besessenheit das verdinglichte Perspektivenbewußtsein in einer Anschaulichkeit, die zeigt, daß man das konventionell ›falsche‹ Amerika-Bewußtsein durchaus durch ein neues ›falsches‹ Bewußtsein ersetzen kann. Der Schluß von Dedijers Brief demonstriert das Ideologie-Syndrom der permanenten Verdinglichung in vorzüglicher Weise und bietet sich deshalb als natürlicher Schluß für dieses Kapitel an: »Die Zukunft der Welt hängt so sehr von der amerikanischen *New Left* ab. Nirgendwo sind die sozialen Widersprüche tiefer, und nirgendwo besitzt ein Rebell eine größere Gelegenheit, die Stärke seiner Überzeugungen zu beweisen, als hier. Deshalb ist es das größte Land der Welt.«

3 *Das Amerika der Philosophie: Von Hegel zu Marx und Engels*

Der Anti-Amerikanismus der Gegenwart, der sich dem Ressentiment ergibt und im Milieu der Mandarine auf falsche Identitäten beruft, hat eine Vorgeschichte, die nicht mehr und nicht weniger als die Geschichte Europas selbst ist. Die Strukturen und der Verlauf der europäischen Geschichte haben den Anti-Amerikanismus der Gegenwart in zweifacher Weise geprägt. Einmal haben bestimmte Ereignisse der europäischen Geschichte den Zivilisationsprozeß Amerikas so sehr überschattet, daß nichts als bruchstückhafte Momentaufnahmen der amerikanischen Geschichte im europäischen Bewußtsein haften geblieben sind. Diese fragmentarische Kenntnis Amerikas, die die europäische Perspektive im allgemeinen bestimmt, bildet auch den Hintergrund des Anti-Amerikanismus. Weitaus einschneidender und verhängnisvoller für die negativen Akzentsetzungen haben sich jedoch die sozialwirksamen Geschichtsphilosophien des 19. Jahrhunderts bemerkbar gemacht; denn hier wird das bruchstückhafte Wissen um Amerika in einen Gesamtentwurf des Geschichtsprozesses eingebracht. Verglichen mit der europäischen Entwicklung, in der diese totalen Sinnentwürfe kulminieren, wird Amerika als historisch zwar zukunftsträchtiges, gegenwärtig aber unterentwickeltes Sozialfeld abgedrängt oder verdrängt. Das Modell der europäischen Geschichte wird an Amerika angelegt, um auf diese Weise Aussagen über Sinn und Richtung des amerikanischen Sozialexperiments machen zu können. Herausragende Beispiele dieser Amerika-Interpretation stellen die Werke von Hegel, Marx und Engels dar. Das europazentrische

Modell, das ihren Werken zugrunde liegt und von den hegelianischen und marxistischen Schulen übernommen worden ist, läßt sich jedoch auch in spekulativ weniger eindeutigen Geschichtsbildern nachweisen. Die Verdrängung Amerikas im europäischen Bewußtsein ist ein zivilisatorisches Syndrom, dessen Entstehung bis zur französischen Revolution zurückreicht.

Die französische Revolution als Zäsur der Moderne hat das Interesse Europas an der amerikanischen Entwicklung nicht nur verblassen lassen. Mit der Revolution in Frankreich wurde zugleich ein grundsätzlicher Modellwechsel vorgenommen. Hatte man in Europa bis zu den revolutionären Ausbrüchen in Frankreich hoffnungsvoll nach Amerika geblickt, um sich aus dem Schauspiel des revolutionären Aufstands gegen das englische Mutterland und der folgenden Etablierung einer amerikanischen Republik politische Erwartungen für vergleichbare Prozesse in Europa bestätigen zu lassen [118], wurde die amerikanische Revolution und Gesellschaft in Zukunft am französischen Modell gemessen und das Vorbild Amerikas von den Europäern durch das französische Modell ersetzt. Dieser Modellwechsel wurde zwar wiederholt – wenn auch nicht sozialwirksam – im 19. und 20. Jahrhundert rückgängig gemacht, das Schwanken zwischen den revolutionären Modellen Amerikas und Frankreichs aber spätestens mit der Oktober-Revolution in Rußland (1917) endgültig für Frankreich entschieden. Denn die russischen Revolutionäre interpretierten ja ihr Unternehmen in dem von Marx entwickelten Geschichtsverständnis, das von den hypostasierten Phasen der europäischen Sozialgeschichte lebt und in dem die französische, nicht aber die amerikanische Revolution als epochales Ereignis zelebriert wird. Marx ist sich zwar durchaus über die Bedeutung der amerikanischen Revolution im klaren gewesen. Doch diese Bedeutung ist bei ihm immer eine europäische geblieben. Daß die französische Revolution als Modell mit der Oktober-Revolution 1917 endgültig siegte, sollte für das europäische Amerika-Verständnis im 20. Jahrhundert verhängnisvolle Konsequenzen haben. Denn als Amerika mit dem Eintritt in den ersten Weltkrieg im April 1917 auf der europäischen Bühne und damit auch im europäischen Bewußtsein erschien, war über das Schicksal der sozialdominanten europäischen Amerika-Bilder bereits entschieden worden – eben nicht zuletzt mit der Rückkehr Lenins aus dem Schweizer Exil im Monat der amerikanischen Kriegserklärung an Deutschland. Amerika wurde zwar als mächtiges, nichtsdestotrotz genuines Abbild Europas betrachtet. Die Überwindung eines ursprünglich europäischen Fragment-Charakters, die durch die Revolution des 18. Jahrhunderts, die internen gesellschaftlichen Prozesse und die imperiale Expansion im 19. Jahrhundert geleistet worden war, ist als historisches Wissen nicht in die Amerika-Bilder eingegangen. Die historische Unabhängigkeit der USA wurde nicht verstanden.

Am Anfang des europäischen Amerika-Verständnisses steht ein Satz von John Locke: »So war im Anbeginn aller Welt *Amerika* [119].« Dieser Satz, von Locke im zweiten *Treatise of Government* geschrieben, um seinen Begriff des Naturzustands durch eine historische Illustration mit Wirklichkeit zu füllen, reflektiert nicht nur auf die Ausgangssituation der amerikanischen Geschichte [120] und deren Eindruck auf Europäer. An ihm läßt sich vielmehr eine anfängliche Möglichkeit ablesen, Amerika zu verstehen. Denn Locke sieht Amerika primär nicht als ein unfertiges Europa. Er versucht gerade umgekehrt, die Geschichte Europas aus den Erfahrungen dieses neuen Sozialexperiments zu begreifen. Locke aber geht über diesen Metaphern-Satz nicht hinaus. Und auch in den folgenden Jahrhunderten bleibt diese Umkehrung einer historischen Analogie ungenutzt. Die europäische Geschichte behält in allen Vergleichen ihre dominante Bedeutung. Selbst während des revolutionären Prozesses im 18. Jahrhundert, als die Europäer nach Amerika blicken, sucht man europäische Erwartungen zu bestätigen. Die amerikanische Revolution wird gleichsam als Antizipation europäischer Ereignisse, nicht aber als ein Sozialprozeß eigener Art verstanden, an dem die Abwesenheit spezifisch europäischer Bedingungen in die Augen sticht. Die Welt mag zwar am Anfang Amerika sein, danach aber – kann man Locke paraphrasieren – wird selbst Amerika Europa.

Daß die französische Revolution die amerikanische »im europäischen Bewußtsein verdunkelte«, wie Palmer schreibt [121], kam so nicht von ungefähr, hat auch nur sekundär mit der geographischen Entfernung zu tun. In der französischen Revolution kristallisierte sich vielmehr eine Konfliktsituation heraus, die genuin europäische Strukturen repräsentierte. Auf Amerika konnten zwar Erwartungen projiziert werden, mit dem Beginn der Revolution in Frankreich wurden jedoch diese Projektionen zurückgenommen, da sie sich in den französischen Ereignissen zu erfüllen schienen. Politische Schriftsteller, wie z.B. Friedrich Gentz [122], konnten zwar im Zuge einer sich ausbreitenden Ernüchterung angesichts französischer Zustände gelegentlich auf die eigentlich erfolgreiche Revolution, nämlich die amerikanische hinweisen. Aber auch diese Vergleiche wurden mit europäischen Absichten unternommen, ließen nicht die unabhängige Gestalt Amerikas hervortreten. Das Scheitern der französischen Revolution im Terror der Jakobiner und später im Napoleonischen Kaiserreich führte so auch keineswegs zur Entdeckung Amerikas als eines Modells eigener Art. Als die deutschen Philosophen das Erbe der französischen Revolution übernahmen und eine Revolution des Geistes als Fortsetzung proklamierten, blieb die französische Sozialsituation die prototypische historische Vorlage. Den deutschen Revolutionären des Geistes fiel zu Amerika nichts oder nur Europäisches ein.

Bereits unter den Klassikern fällt auf, wie wenig die amerikanischen Ereignisse deren politische Phantasie inspiriert haben. Abgesehen von gelegentlichen privaten Notizen sucht man vergeblich nach prononcierten Kommentaren etwa Goethes oder Schillers [123]. Von Goethe ist zwar bekannt, daß ihn die französische Revolution in seinem historischen Verständnis politischer Wirklichkeit irritiert [124] und er die Lage in Amerika deshalb für besser gehalten hat. Auch die Widmung, mit der er seine gesammelten Werke 1819 an die *Harvard University* geschickt hat, bringt diese Haltung zum Ausdruck: »Möge mir hierdurch das Vergnügen und der Vorteil werden, immer näher mit dem wundervollen Land bekannt zu werden, welches die Augen aller Welt auf sich zieht, durch einen feierlichen gesetzlichen Zustand, der ein Wachstum befördert, welchem keine Grenzen gesetzt sind [125].« Schiller hat sich sogar vorübergehend (1783) mit dem Gedanken an Auswanderung getragen: »Wenn Nordamerika frei wird, so ist es ausgemacht, daß ich hingehe. In meinen Adern siedet etwas – ich möchte gern in dieser holperichten Welt Sprünge einige machen, von denen man erzählen soll [126].« Die Sprünge sind jedoch unterblieben. Trotz der zitierten sowie positiver Bemerkungen von Herder und Wieland und einer Ode von Klopstock, *Der jetzige Krieg* (1781), bleibt Amerika für die Klassiker ein politisch unbekanntes Land.

Dieser Mangel an Interesse kann jedoch ihre latente Sympathie für die Amerikaner nicht verdecken, die man in Kundgebungen der Romantiker, sofern es sie gibt, völlig vermißt. In Friedrich Schlegels Anmerkungen zu Amerika z.B., die sich in seinen Vorträgen zur *Philosophie der Geschichte* (1828) finden, bricht das totale Mißverständnis durch, wenn es im anti-revolutionären Jargon der Restaurationszeit heißt: »Es ist eigentlich wohl eine Ungerechtigkeit, wenn man diese Revolution immer nur die französische nennt, oder ausschließend als eine solche betrachtet; es war eine politische Krankheit, ein epidemisches Völker-Übel des ganzen Zeitalters... Die eigentliche Pflanzschule aller dieser zerstörenden Principien, die revolutionäre Erziehungs-Anstalt für Frankreich und das übrige Europa war Nord-Amerika gewesen [127].« Fünf Jahre später kann Nikolaus Lenau dann auf einer kurzen Amerika-Reise in Briefen dem platten Ressentiment huldigen, das ihm einen Platz in der konventionell-naiven Amerika-Literatur garantiert: »Amerika ist das wahre Land des Unterganges, der Westen der Menschheit. Das atlantische Meer aber ist der isolierende Gürtel für den Geist und alles höhere

Leben [128].« Heinrich Heine steht Lenau in dieser Hinsicht in nichts nach, wenn er 1830 aus Helgoland schreibt und es 1840 im zweiten Buch seines *Ludwig Börne* unterbringt: »Oder soll ich nach Amerika, nach diesem ungeheuren Freiheitsgefängnis, wo die unsichtbaren Ketten mich noch schmerzlicher drücken werden, als zu Hause die sichtbaren, und wo der widerwärtigste der Tyrannen, der Pöbel, seine rohe Herrschaft ausübt! Du weißt, wie ich über dieses gottverfluchte Land denke, das ich einst liebte, als ich es nicht kannte... Und doch muß ich es öffentlich loben und preisen, aus Metierpflicht... Ihr lieben deutschen Bauern geht nach Amerika! dort gibt es weder Fürsten noch Adel, alle Menschen sind dort gleich, gleiche Flegel ... mit Ausnahme freilich einiger Millionen, die eine schwarze oder braune Haut haben und wie die Hunde behandelt werden.« Wenngleich Heines Anmerkungen über die Sklaverei und eine systemimmanente »Heuchelei«, die sie duldet, keineswegs als Ressentiment übergangen werden sollen, so sind sie nicht konstitutiv für sein Amerika-Argument, geben diesem vielmehr eine andere Richtung [129]. Zentral ist der bürgerlich-aristokratische *dégoût*, daß in Amerika selbst den »lieben deutschen Bauern« die Gleichheit gewährt und damit die Herrschaft des Pöbels institutionalisiert wird. Es war der andere Exponent des jungen Deutschland, Ludwig Börne, der in seinen Briefen aus Paris gerade diese revolutionäre Seite der europäischen und vor allem auch deutschen Emigration betonte, als er 1833 schrieb: »Schon zweitausend Süd-Deutsche sind diesen Winter nach Amerika ausgezogen, und das waren ›nicht verarmte heimatlose Leute, nein wohlhabende, tüchtige und rüstige Männer.‹ Dieser Stimme darf man glauben, sie ist keine liberalen Unwillens, denn sie kommt aus dem Hannoverschen, wo die Freiheit taubstumm ist... [Ich] kenne ... Kinder von freisinnigen Männern, die über diese Auswanderungen frohlockten, weil sie meinen, die Fürsten müssen sich darum schämen. Die sich schämen! Eher würde die Nacht rot, als ein König. Unsere Fürsten, die sich jetzt alles erlauben, weil die Furcht vor ihrem Adel sie gegen das Volk beherzt macht

– würden sie denn die Auswanderung der deutschen Patrioten dulden, wenn sie ihrer Tyrannei keinen Vorteil brächte? Wer wandert aus? Der, dem die Knechtschaft am unerträglichsten ist, der die Freiheit am herzlichsten liebt und darum am tüchtigsten wäre für sie zu kämpfen... Ist es nicht eine bejammernswerte Torheit, daß Deutsche mit Mühen und Gefahren Amerika hinter dem Meere suchen, statt bequemer und sicherer sich Amerika in das Haus zu schaffen [130]?« Heine hat diese Zusammenhänge nicht gesehen, die Marx und Engels später vorübergehend im Sinne einer deutsch-sozialistischen Avantgarde in Amerika auszunutzen versuchten. Auf ihn ließe sich sogar jene einprägsame Formel anwenden, die Börne für die Haltung des restaurativen Establishments gefunden hat: »Ja, dieses Amerika tut ihnen wehe wie ein hohler Zahn und stört sie im Schlafe. Wenn es nur zu plombieren wäre [131].« Heines anti-demokratische Amerika-Invektive nahm zudem ein weiteres Klischee vorweg, das sich bis heute im Arsenal der Anti-Amerikaner findet. »Der weltliche Nutzen«, merkte er auf eine Weise an, die Anti-Amerikanismus und Antisemitismus als geradezu austauschbar erscheinen lassen, »ist ihre eigentliche Religion, und das Geld ist ihr Gott, ihr einziger, allmächtiger Gott. Freilich, manches edle Herz mag dort im stillen die allgemeine Selbstsucht und Ungerechtigkeit bejammern. Will es aber dagegen ankämpfen, so harret seiner ein Märtyrertum, das alle europäischen Begriffe übersteigt [132].« Eine Briefnotiz Lenaus fügt sich hier nahtlos an, um die historisch frühe Fixierung des Amerika-Ressentiments zu zeigen: »Hier lebt der Mensch in einer sonderbaren kalten Heiterkeit, die ans Unheimliche streift ... die Bildung der Amerikaner ist bloß eine merkantile, eine technische. Hier entfaltet sich der Mensch in seiner furchtbarsten Nüchternheit... Man meine ja nicht, der Amerikaner habe ein Vaterland, was wir so nennen, ist hier bloß eine Vermögensassekuranz [133].«
Die Kontinuität eines fehlenden, falschen oder schlicht vom Ressentiment diktierten Amerika-Verständnisses läßt sich für die deutschsprachige Literatur des 19. und 20. Jahrhunderts als

Regel behaupten, die in Heine und Lenau ihre frühen Zeugen und in Börne ihre Ausnahme findet. Im 20. Jahrhundert wird dieses zivilisatorische Unverständnis durch direkten Kontakt eher verstärkt, als aufgehoben. Der Exodus der deutschen Literatur nach 1933 in die USA war zugleich der Exodus eines Bewußtseins, das direkt oder indirekt durch die Schule der großen Geschichtsphilosophien gegangen war und deshalb in Amerika nichts als eine Fortsetzung Europas erwartete [134]. Unter dieser falschen Identität sollten vor allem jene Intellektuellen leiden, die die Strukturen von Weimar mit der Welt verwechselten. Ein Historiker hat diesen Tatbestand der deutschen Emigration peripher gestreift, wenn er schreibt: »Ganz allgemein war es von entscheidender Bedeutung für das Verschwinden des Linksradikalismus in der USA-Emigration, daß man nicht mehr den alten Feinden unmittelbar konfrontiert war. Jene Typen von Offizieren, Junkern, Spießbürgern, Bürokraten, Untertanen und Oberlehrern, auf die die Linke in Deutschland ›eingeschossen‹ war, gab es nicht in der gleichen Form in den USA. Die Gegner der amerikanischen Linken sahen anders aus ...[135]« So richtig diese Anmerkung auch sein mag, so sehr zeigt die Sprache der Links/Rechts-Orientierung, die auf die Sitzordnung der revolutionären französischen Nationalversammlung zurückgeht, wie stark das französische Modell selbst die konventionelle politische Sprache ideologisiert hat. Die Intellektuellen wie ihr Historiker sind gleichermaßen einer falschen historischen Identität aufgesessen, die ihren grandiosen Ausdruck in den Geschichtsphilosophien von Hegel und Marx gefunden hat.

Das sympathisierende Desinteresse großer Deutscher an der amerikanischen Revolution wirkt um so auffälliger, wenn man es mit ihren frankophilen Kundgebungen vergleicht. Kant (1798): »Die Revolution eines geistreichen Volks, die wir in unseren Tagen haben vor sich gehen sehen, mag gelingen oder scheitern; sie mag mit Elend und Greueltaten dermaßen angefüllt sein, daß ein wohldenkender Mensch, wenn er sie, zum zweitenmale unternehmend, glücklich auszuführen hoffen könnte, doch das Experiment auf solche Kosten zu machen nie beschließen würde – diese Revolution, sage ich, findet doch in den Gemütern aller Zuschauer... eine Teilnehmung dem Wunsche nach, die nahe an Enthusiasmus grenzt, und deren Äußerung selbst mit Gefahr verbunden war, die also keine andere, als eine moralische Anlage im Menschengeschlecht zur Ursache haben kann [136].« – Schiller (1795): »Erwartungsvoll sind die Blicke des Philosophen wie des Weltmanns auf den politischen Schauplatz geheftet, wo jetzt, wie man glaubt, das große Schicksal der Menschheit verhandelt wird... So nahe dieser große Rechtshandel, seines Inhalts und seiner Folgen wegen, jeden, der sich Mensch nennt, angeht, so sehr muß er, seiner Verhandlungsart wegen, jeden Selbstdenker insbesondere interessieren. Eine Frage, welche sonst nur durch das blinde Recht des Stärkeren beantwortet wurde, ist nun, wie es scheint, vor dem Richterstuhle reiner Vernunft anhängig gemacht... [137]« – Hegel: »Solange die Sonne am Firmamente steht und die Planeten um sie herumkreisen, war das nicht gesehen worden, daß der Mensch sich auf den Kopf, d.i. auf den Gedanken stellt und die Wirklichkeit nach diesem erbaut. Anaxagoras hatte zuerst gesagt, daß der *noûs* die Welt regiert; nun aber erst ist der Mensch dazu gekommen, zu erkennen, daß der Gedanke die geistige Wirklichkeit regieren solle. Es war dieses somit ein herrlicher Sonnenaufgang. Alle denkenden Wesen haben diese Epoche mitgefeiert. Eine erhabene Rührung hat in jener Zeit geherrscht, ein Enthusiasmus des Geistes hat die Welt durchschauert, als sei es zur wirklichen Versöhnung des Göttlichen mit der Welt nun erst gekommen [138].« Ob Kant, Schiller oder Hegel, der ›Sonnenaufgang‹ in Frankreich führte zur totalen Eklipse Amerikas. Während Kants und Schillers Kommentare jedoch noch im unmittelbaren Bann der Ereignisse formuliert worden sind, stammt Hegels Äußerung aus den zwanziger Jahren. Er hielt seine *Vorlesungen über die Philosophie der Geschichte*, in denen die Revolutionspassage zu finden ist, fünfmal vom Wintersemester 1822/23 bis zum Wintersemester 1830/31. Und es spricht für die List – oder Komik – der Vernunft, daß sich gerade zu jener Zeit Amerikaner, einige selbsternannte Hegelianer unter ihnen, daranmachten, die »wirkliche Versöhnung des Göttlichen mit der Welt« in Amerika zu verkünden und den »amerikanischen Adam« als Prototyp des neuen Menschen gegen den korrupten Adam Europas ins Feld zu schicken [139]. Diesen Flug der Eule Minerva mit der einbrechenden Morgendämmerung hat aber nicht nur Hegel verpaßt. Er ist bis heute als welthistorisches Ereignis unterschätzt worden [140].

Hegels revolutionärer Enthusiasmus in der *Philosophie der Geschichte* ist retrospektiv. Dennoch stehen – wie Joachim Ritter feststellt – »(die) Begegnung mit der Revolution und der Enthusiasmus für sie in der Tübinger Zeit (1788–1793)... am Anfang des geistigen Weges Hegels. Von diesem Enthusiasmus ist alles ausgegangen ... [141]«, und »das Ereignis, um das sich bei Hegel alle Bestimmung der Philosophie im Verhältnis zur Zeit, in Abwehr und Zugriff das Problem vorzeichnend, sammeln, ist die französische Revolution, und es gibt keine zweite Philosophie, die so sehr und bis in ihre innersten Antriebe hinein Philosophie der Revolution ist wie Hegels [142].« Was ursprünglich als Kopfstand der Menschheit begrüßt wurde, wird 1807 in der *Phänomenologie des Geistes* als der »reine Schrecken des Negativen« verstanden, das »nichts Positives, nichts Erfüllendes« enthält [143]. In den *Grundlinien der Philosophie des Rechts* (1821) wird diese Negativität als »Freiheit der Leere« bestimmt, in der sich »der Fanatismus der Zertrümmerung aller bestehenden gesellschaftlichen Ordnung und die Hinwegräumung der einer Ordnung verdächtigen Individuen wie die Vernichtung jeder sich wieder hervortun wollenden Organisation« ausbreitet. »Nur indem er etwas zerstört, hat dieser negative Wille das Gefühl seines Daseins; er meint wohl etwa irgendeinen positiven Zustand zu wollen, z.B. den Zustand allgemeiner Gleichheit oder allgemeinen religiösen Lebens, aber will in der Tat nicht die positive Wirklichkeit desselben, denn diese führt sogleich irgendeine Ordnung, eine Besonderung sowohl von Einrichtungen als von Individuen herbei...« Die Vorstellungen bleiben aber abstrakt und können sich nur in der »Furie des Zerstörens« verwirklichen [144]. Diese Furie wurde zwar vorübergehend von der ›Weltseele zu Pferde‹, nämlich Napoleon, gebannt [145]. Die Überlegenheit des philosophischen Bewußtseins bei der Schaffung einer Weltordnung artikuliert sich jedoch in der *Phänomenologie*, diesem Hauptwerk der deutschen Revolution des Geistes. Bereits 1804 hat Friedrich Schlegel in seinem *Ernst und Falk* die Verlagerung des revolutionären Zentrums von Frankreich nach Deutschland in Worte gefaßt, die Hegels messianisches Selbstverständnis vorwegnehmen und die erstaunliche Apperzeptionsverweigerung deutscher Philosophen gegenüber Amerika nicht als Spezialfall erscheinen lassen. »Falk: ›Du warst ein Augenzeuge und genauer Beobachter der Revolution; mir schien sie in der Einsamkeit der Spekulation nicht sehr bedeutend, wenigstens bei weitem nicht so wichtig, als eine andere größere, schnellere, umfassendere Revolution, die sich unterdessen im Innersten des menschlichen Geistes selbst ereignet hat.‹ – Ernst: ›Und die wäre?‹ – Falk: ›Die Erfindung des Idealismus [146].‹« Hegel hat den weltrevolutionären Auftrag der deutschen Philosophie in der Kontinuität der Entfaltung des Geistes gesehen, die die Geschichte der Menschheit strukturiert: »Wie das Reich der wirklichen Welt in das Reich des Glaubens und der Einsicht übergeht, so geht die absolute Freiheit aus ihrer sich selbst zerstörenden Wirklichkeit [Frankreich, M. H.] in ein anderes Land des selbstbewußten Geistes über [Deutschland, M. H.], worin sie in dieser Unwirklichkeit als das Wahre gilt, an dessen Gedanken er sich labt, insofern er Gedanke ist und bleibt und dieses in das Selbstbewußtsein eingeschlossene Sein als das vollkommene und vollständige Wissen weiß [147].« Mit diesem Übergang der Revolution von Frankreich nach Deutschland tritt die Geschichte des Geistes in ihr Endstadium ein, um schließlich im ›absoluten Wissen‹ des weisen Mannes, den Kojève als Hegel identifiziert hat, zu kulminieren.

In der revolutionären Retrospektive der *Philosophie des Rechts* nun hat Hegel strukturelle Gründe für die notwendige *translatio* der Revolution genannt, die in der *Phänomenologie* noch verschlüsselt als »nichts Positives, nichts Erfüllendes« bezeichnet werden. Der Fanatismus der Revolutionäre ergehe sich zwar in den abstrakten Vorstellungen z. B. einer allgemeinen Gleichheit oder eines allgemeinen religiösen Lebens, könne deren positive Wirklichkeit aber nicht wollen, da das zu irgendeiner Ordnung, einer »Besonderung sowohl von Einrichtungen als von Individuen« führen müsse. Wenn irgendetwas den Prozeß und den Erfolg der amerikanischen Revolution vom Prozeß und Scheitern der französischen – zu schweigen von den desolaten deutschen Zuständen – unterschieden hat, dann könnte man es gerade die Konsolidierung nicht ›irgendeiner‹, sondern einer sehr bestimmten Ordnung nennen, in der ein Fanatismus der Zertrümmerung nicht zum Tragen kam. In den welthistorischen Situationen von 1807, 1821 oder 1822 – den Jahren der *Phänomenologie*, der *Rechtsphilosophie* und der *Geschichtsphilosophie* – wäre es also naheliegend gewesen, sich nicht nur auf die gescheiterte sondern auch auf die erfolgreiche Revolution zu beziehen. Hegel hat dies auch getan. Die Form und der Inhalt seiner Amerika-Überlegungen machen deutlich, warum er das amerikanische Sozialexperiment nicht als ebenbürtiges Ereignis akzeptieren konnte.
Hegels Betrachtungen zu Amerika stehen in den *Vorlesungen über die Philosophie der Geschichte*. Im strengen Aufbau dieser Geschichte der Menschheit, der die Phasen des Selbstentfaltungsprozesses des Geistes widerspiegelt, wird Amerika bereits ein besonderer Platz angewiesen. Es findet sich nicht in den vier Hauptteilen der Vorlesung, die sich im ersten mit der »orientalischen Welt«, im zweiten mit der »griechischen Welt«, im dritten mit der »römischen Welt« und im vierten mit der »germanischen Welt« beschäftigt. Die Vorlesung über die germanische Welt wird mit dem Kapitel »Die Aufklärung und die Revolution« beschlossen. Amerika wird aus dem Prozeß der Hegelschen Weltgeschichte, die einen spezifischen Sinn besitzt, verdrängt. Es

erscheint dafür in einem einleitenden Teil – oder, folgt man der Hoffmeisterschen Textgliederung, im Anhang –, der »Geographische Grundlage der Weltgeschichte« überschrieben und in die beiden Kapitel »Die Neue Welt« und »Die Alte Welt« unterteilt ist. Auf den acht Seiten, die der Neuen Welt gelten, werden Australien und die Inselwelt Südostasiens kurz gestreift, drei Seiten Südamerika und vier Seiten Nordamerika gewidmet. Die Vorlesungen haben in ihrer jetzigen Form 540 Seiten.

Einleitend und abschließend bricht sich in den Marginalien des deutschen Philosophen zur Neuen Welt das Selbstverständnis der Alten Welt Bahn: »Die Welt wird in die Alte und Neue geteilt, und zwar ist der Name der Neuen daher gekommen, weil Amerika und Australien uns erst spät bekannt geworden sind. Aber diese Weltteile sind nicht nur relativ neu, sondern überhaupt neu, in Ansehung ihrer ganzen physischen und geistigen Beschaffenheit. Ihr geologisches Altertum geht uns nichts an. Ich will ihr die Ehre nicht absprechen, daß sie nicht auch gleich bei Erschaffung der Welt dem Meere enthoben worden sei [148].« Dieses generöse Zugeständnis vorausgeschickt, wird die Neue Welt einer Besichtigung unterzogen, die schließlich in die Feststellung mündet: »Nachdem wir die Neue Welt und die Träume, die sich an sie knüpfen können, abgetan, gehen wir nun zur Alten Welt über, das heißt zum Schauplatze der Weltgeschichte ...[149]« Amerika hatte also 1822 diesen Schauplatz noch nicht betreten.

Die amerikanische Unfähigkeit zur Weltgeschichte wird von Hegel in zweifacher Weise verstanden. Einmal gibt es die amerikanische Urbevölkerung: »Physisch und geistig ohnmächtig hat sich Amerika immer gezeigt und zeigt sich noch so. Denn die Eingeborenen sind, nachdem die Europäer in Amerika landeten, allmählich an dem Hauche der europäischen Tätigkeit untergegangen. In den nordamerikanischen Freistaaten sind alle Bürger europäische Abkömmlinge, mit denen sich die alten Einwohner nicht vermischen konnten, sondern zurückgedrängt wurden.« Im Süden besitzt die Ohnmacht der Eingeborenen zivilisatorisch

noch abstoßendere Züge: »Sanftmut und Trieblosigkeit, Demut und kriechende Unterwürfigkeit gegen einen Kreolen und mehr noch gegen einen Europäer sind dort der Hauptcharakter der Amerikaner, und es wird noch lange dauern, bis die Europäer dahin kommen, einiges Selbstgefühl in sie zu bringen. Die Inferiorität dieser Individuen in jeder Rücksicht, selbst in Hinsicht der Größe, gibt sich in allem zu erkennen...« »Die Schwäche des amerikanischen Naturells«, fügt er in europäisch-imperialer Selbstverständlichkeit hinzu, »war ein Hauptgrund dazu, die Neger nach Amerika zu bringen, um durch deren Kräfte die Arbeiten verrichten zu lassen; denn die Neger sind weit empfänglicher für europäische Kultur als die Indianer...[150]« Und da die Empfänglichkeit für europäische Kultur der Gradmesser ist, an dem die weltgeschichtliche Bedeutung von Menschen, ihre instrumentelle Funktion im graduellen Prozeß der Sinnentfaltung, allein erkannt werden kann, hat Hegel für das Schicksal der Indianer nur einen knappen Satz parat. Der Kontext, in dem dieser Satz steht, verdient in der Hoffmeister-Fassung von *Die Vernunft in der Geschichte* zitiert zu werden, weil der Begriff der Hegelschen Weltgeschichte hier mehr Farbe besitzt als im Lassonschen Text: »Wie man versichert, sind die Tiere selbst nicht so nahrhaft wie die Lebensmittel, die aus der Alten Welt gezogen werden. Es gibt dort unermessliche Mengen von Hornvieh; europäisches Rindfleisch aber gilt dort für einen Leckerbissen. Was das Menschengeschlecht betrifft, so sind von den Nachkommen der ersten Amerikaner wenige mehr übrig, indem gegen sieben Millionen Menschen ausgerottet worden sind[151].«
Diesen Kommentar zum Völkermord, der auf den importierten Leckerbissen des europäischen Rindviehs folgt, sollte man nicht allein humaner Abstumpfung zugute halten, die aus einem Denken in historischen Millennien resultiert. Nein, Hegel ist sich durchaus bewußt, absolut bewußt, in welchem Sinne man diese und ähnliche Phänomene zu verstehen hat, wie wir an anderer Stelle der Vorlesung erfahren: »Aber auch indem wir die Geschichte als die Schlachtbank betrachten«, erklärt er und bringt

somit Hornvieh und sieben Millionen Indianer in einen direkten blutigen Zusammenhang, »auf welcher das Glück der Völker, die Weisheit der Staaten und die Tugend der Individuen zum Opfer gebracht worden, so entsteht dem Gedanken notwendig auch die Frage, wem, welchem Endzwecke diese ungeheuersten Opfer gebracht worden sind[152].« Die Arroganz europäisch-imperialer Geschichtsspekulation, Amerika von der sinnvollen Weltgeschichte auszunehmen, die indianischen Hekatomben europäischer Eroberung aber *en passant* zu erwähnen, gleichsam als ob man in ihnen den natürlichen Blutzoll Amerikas zum Eintritt in die Weltgeschichte zu sehen habe, diese Hegelsche Arroganz sucht ihresgleichen, läßt die Schlächter selbst geradezu human erscheinen. Denn ihnen war ja der Endzweck ihres Mordens nicht bekannt; sie mordeten meist aus weniger endzeitlichen Motiven. Hegel aber, im Besitz des ›absoluten Wissens‹, vermag diesen Endzweck zu artikulieren, um dessentwillen sieben Millionen – so seine (übertriebene) Schätzung – bereits ausgerottet werden mußten und weitere Millionen zu folgen haben, bis die Empfänglichkeit der Neuen Welt für die Kultur der Alten jenen Punkt erreicht hat, sie an der Weltgeschichte teilnehmen zu lassen. »Die Weltgeschichte«, so enthüllt Hegel den Endzweck, »ist die Darstellung des göttlichen, absoluten Prozesses des Geistes in seinen höchsten Gestalten, dieses Stufenganges, wodurch er seine Wahrheit, das Selbstbewußtsein über sich erlangt. Die Gestaltungen dieser Stufen sind die welthistorischen Volksgeister, die Bestimmtheiten ihres sittlichen Lebens, ihrer Verfassung, ihrer Kunst, Religion und Wissenschaft. Diese Stufen zu realisieren, ist der unendliche Trieb des Weltgeistes, sein unwiderstehlicher Drang ...[153]« Sollten sich diesem Drang Individuen entgegenstellen oder ihm nur Indianer im Wege stehen, nun, als Repräsentant des Weltgeistes schickt sich Hegel in die Notwendigkeit, diesem Drang geburtshelferisch zu assistieren. »Es kann auch sein, daß dem Individuum Unrecht geschieht; aber das geht die Weltgeschichte nichts an, der die Individuen als Mittel in ihrem Fortschreiten dienen[154].« In Hegels Versuch über die indianische Geschichte Amerikas erreicht die gewalttätige Bewußtlosigkeit jenes zivilisierten Bewußtseins vollendeten Ausdruck, Völkermord mit einem Sinn der Geschichte in Einklang zu bringen. Es besteht deshalb kein Grund, zwischen Hegel und jenen weißen Amerikanern, die z. B. in Dee Browns *Bury My Heart at Wounded Knee* die mörderischen Hauptrollen spielen, einen großen Unterschied zu machen. Hegel kann als Interpret ihres Bewußtseins charakterisiert werden und für sich das Wort in Anspruch nehmen, das er auf die Geschäftsführer des Weltgeistes gemünzt hat: »Eine große Gestalt, die da einherschreitet, zertritt manche unschuldige Blume, muß auf ihrem Wege manches zertrümmern [155].« Denn unschuldigen Blumen gleichen die Indianer nun einmal, wenn ihnen Hegel begegnet: »So stehen die Amerikaner da als unverständige Kinder, die von einem Tag zum andern fortleben, fern von höhern Gedanken und Zwecken [156].« Wie aber versteht Hegel das neue, zweite Amerika? »Da nun die ursprüngliche Nation geschwunden oder so gut wie geschwunden ist, so kommt die wirksame Bevölkerung meist von Europa her, und was in Amerika geschieht, geht von Europa aus.« Daß die Afrikaner nach Amerika gebracht worden sind, »um durch deren Kräfte die Arbeiten verrichten zu lassen«, wird von Hegel, wie wir gelesen haben, durchaus erkannt, kann seiner europazentrischen Perspektive aber nichts anhaben. Die Afrikaner sind ja »weit empfänglicher für europäische Kultur als die Indianer« und werden deshalb ihr europäisches Schicksal auf sich nehmen, sich über kurz oder lang zu schwarzen Europäern zu entwickeln. Allein entscheidend ist deshalb, daß sich »der Überfluß von Europa ... nach Amerika hinübergeworfen« hat [157]. Und diese Auswanderung biete viele Vorteile: »[Denn] die Auswandernden haben vieles abgestreift, was ihnen in der Heimat beengend sein konnte, und bringen den Schatz des europäischen Selbstgefühles und der europäischen Kultur mit ohne die Lasten desselben; und für die, welche anstrengend arbeiten wollen und in Europa die Quellen dazu nicht fanden, ist in Amerika allerdings ein Schauplatz eröffnet [158].«

Hegel umreißt in knappen Zügen den südamerikanischen und nordamerikanischen Schauplatz der europäischen Gründung und betont dabei im wesentlichen jene Faktoren, die auch im 20. Jahrhundert von Autoren der Fragment-These [159] über Amerika hervorgehoben werden: »Vergleichen wir ... Südamerika, indem wir auch Mexiko dazurechnen, mit Nordamerika, so werden wir einen erstaunlichen Kontrast wahrnehmen. In Nordamerika sehen wir das Gedeihen sowohl durch ein Zunehmen von Industrie und Bevölkerung, durch bürgerliche Ordnung und eine feste Freiheit; die ganze Föderation macht nur einen Staat aus und hat ihre politischen Mittelpunkte. Dagegen beruhen in Südamerika die Republiken nur auf militärischer Gewalt; die ganze Geschichte ist ein fortdauernder Umsturz...« Die Ursprünge dieser entscheidenden Differenz zwischen den beiden Hälften des amerikanischen Kontinents werden von ihm, ähnlich den Fragment-Historikern, auf die Formen und Umstände der europäischen Besitznahme zurückgeführt: Südamerika wurde von südeuropäischen, und zwar iberischen, Katholiken erobert, Nordamerika wurde von nordeuropäischen, nämlich englischen, Protestanten kolonisiert. Erst Max Weber sollte 1904/06 in *Die protestantische Ethik und der Geist des Kapitalismus* die radikalen Schlußfolgerungen aus einer Einsicht ziehen, die andeutungsweise bereits von Hegel vorweggenommen wurde, als dieser die politischen, religiösen, geistigen u.a. Elemente des Unterschieds zwischen den beiden Fragmenten Europas zu identifizieren versuchte. »Da in England Puritaner, Episkopalen und Katholiken in beständigem Widerstreit begriffen waren und bald die einen, bald die anderen die Oberhand hatten, wanderten viele aus, um in einem fremden Weltteile die Freiheit der Religion zu suchen.

Es waren industriöse Europäer, die sich des Ackerbaues, des Tabak- und Baumwollbaues usw. befleißigten. Bald trat eine allgemeine Richtung auf die Arbeit ein; und die Substanz des Ganzen waren die Bedürfnisse, die Ruhe, die bürgerliche Gerechtigkeit, Sicherheit, Freiheit und ein Gemeinwesen, das von den Atomen der Individuen ausging, so daß der Staat nur ein Äußerliches zum Schutze des Eigentums war. Von der protestantischen Religion ging das Zutrauen der Individuen gegeneinander aus, das Vertrauen auf ihre Gesinnung; denn in der protestantischen Kirche sind die religiösen Werke das ganze Leben, die Tätigkeit desselben überhaupt. Dagegen kann bei den Katholiken die Grundlage eines solchen Zutrauens nicht stattfinden; denn in weltlichen Angelegenheiten herrscht nur die Gewalt und freiwillige Unterworfenheit, und die Formen, die man hier Konstitutionen nennt, sind nur eine Nothilfe... So sind denn die Elemente, die sich in Nordamerika niedergelassen haben, von ganz anderer Art als in Südamerika ... Das Prinzip der Industrie kam von England hinüber, und Industrie enthält in sich das Prinzip der Individualität [160].« Es bleibt erstaunlich, daß nicht nur Hegel nicht diesen Ansatz einer Sozialanalyse Amerikas ausgebaut hat. Überraschend vielmehr ist, daß er auf Marx überhaupt keinen Eindruck gemacht zu haben scheint. Denn Marx' Verständnis der protestantischen Reformation – in den einleitenden Sätzen der *Kritik der Hegelschen Rechtsphilosophie* (1843) –, daß nämlich ihre geistig und sozial explosiven Implikationen in der radikalen Kritik Hegels und seiner Schüler zu ihrer wahren Erfüllung gekommen seien und erst danach von der Veränderung der Welt gesprochen werden könne – dies Verständnis des Protestantismus hätte am Beispiel Amerika ohne den Umweg des deutschen Idealismus diskutiert werden können. Es gehört zur Ironie der europäischen Amerika-Perspektive, daß Max Weber auf einer Reise in die USA auf diesen Zusammenhang gestoßen wurde und ihn gegen den sozio-ökonomischen Reduktionismus von Marx auszuspielen wußte. Im Grunde aber entwickeln Webers Thesen zum Ursprung des Kapitalismus eine Interpretation, die von Hegel ansatzweise am adäquaten Fall Amerika begonnen und von Marx am inadäquaten Fall Deutschland fortgesetzt worden ist.

Dies Steckenbleiben im Ansatz kennzeichnet jedoch durchgehend Hegels Amerika-Analyse und macht sich auch bei Marx und Engels bemerkbar. Für alle drei gilt, daß sie sich die originellen Einsichten in den amerikanischen Gesellschaftsprozeß, die sie haben, durch die europäische Modellanleihe verderben. Bei Hegel heißt es an einer Stelle: »Vergleichen wir Nordamerika noch mit Europa...«; dies ist sein methodisches Prinzip par excellence. Ob er das plurale Feld der Religionsgemeinschaften, die sozio-ökonomische Struktur oder die politische Verfassung analytisch zu begreifen versucht, die Abwesenheit europäischer Verhältnisse wird grundsätzlich als Mangel empfunden, der im historischen Prozeß behoben werden muß, bevor letzte Aussagen über Amerika gemacht werden können. Die historischen Ursprünge und gesellschaftlichen Folgen des amerikanischen Protestantismus werden von Hegel in ihrer Bedeutung durchaus gewürdigt. Trotzdem ist sein abschließendes Urteil negativ, wenn er den Pluralismus der Religionsgemeinschaften auf das »Gelten des Gefühlsmoments, das in das mannigfaltigste Belieben übergehen darf«, reduziert und zusammenfassend feststellt: »In Nordamerika herrscht die ungebändigste Wildheit aller Einbildungen, und es fehlt jene religiöse Einheit, die sich in den europäischen Staaten erhalten hat, wo die Abweichungen sich nur auf wenige Konfessionen beschränken.« Über die sozio-ökonomische Struktur lautet sein Urteil: »Allgemeiner Schutz des Eigentums und beinahe Abgabenlosigkeit sind Tatsachen, die beständig angepriesen werden. Damit ist zugleich der Grundcharakter angegeben: er besteht in der Richtung des Privatmannes auf Erwerb und Gewinn, in dem Überwiegen des partikulären Interesses, das sich dem Allgemeinen nur zum Behufe des eigenen Genusses zuwendet.« Die richtige Beschreibung eines Phänomens wird nicht nur durch die folgende Bemerkung wieder aufgehoben, in der von der amerikanischen »Rechtlichkeit« als einem Verhalten ohne »Rechtschaffenheit« gesprochen wird, das den üblen Ruf der amerikanischen Kaufleute erkläre. Hegel verbaut sich vielmehr das Verständnis des amerikanischen »Grundcharakters«, indem er den Begriff des europäischen Privatmannes einführt, dessen ausgesprochen politische Qualität in Amerika aber nicht erkennt. So kann er denn auch zu dem Ergebnis kommen, das man im Marx-Engelsschen Werk wiederfinden wird: »Was nun das Politische in Nordamerika betrifft, so ist der allgemeine Zweck noch nicht als etwas Festes für sich gesetzt, und das Bedürfnis eines festen Zusammenhaltens ist noch nicht vorhanden; denn ein wirklicher Staat und eine wirkliche Staatsregierung entstehen nur, wenn bereits ein Unterschied der Stände da ist, wenn Reichtum und Armut sehr groß werden und ein solches Verhältnis eintritt, daß eine große Menge ihre Bedürfnisse nicht mehr auf eine Weise, wie sie es gewohnt ist, befriedigen kann. Aber Amerika geht dieser Spannung noch nicht entgegen; denn es hat unaufhörlich den Ausweg der Kolonisation in hohem Grade offen... Durch diese Mittel ist die Hauptquelle der Unzufriedenheit geschwunden, und das Fortbestehen des jetzigen bürgerlichen Zustandes wird verbürgt.« So richtig auch hier die Beobachtung der kontinentalen Unerschlossenheit Amerikas und der *frontier*-Mentalität des amerikanischen politischen Bewußtseins sein mag, Hegel kann sich die territoriale Schließung Amerikas – die sich ungefähr 70 Jahre nach den Vorlesungen ereignen sollte – nicht anders als im europäischen Rahmen vorstellen. Er wartet auf den amerikanischen ›Staat‹, der, mit dem Monopol auf politische Autorität versehen, über den amerikanischen ›Ständen‹ residieren wird. Folgerichtig für sein europäisches Bewußtsein versichert er deshalb, als er den amerikanischen Fall als Beispiel einer funktionierenden großstaatlichen Republik zurückweist: »... Nordamerika ist noch nicht als ein gebildeter und ausgereifter, sondern als ein Staat zu betrachten, der noch im Werden ist; er ist noch nicht soweit vorgerückt, um das Bedürfnis des Königtums zu haben [161].«

So absurd diese konkreten Erwartungen auch klingen mögen, sie haben Methode und machen deutlich, warum Amerika an der Weltgeschichte noch nicht teilnehmen darf. Die Europäisierung Amerikas muß abgewartet werden. »Erst wenn wie in Europa die bloße Vermehrung der Ackerbauer gehemmt ist«, malt er die Analogie aus, »werden sich die Bewohner, statt hinaus nach Äkkern zu drängen, zu städtischen Gewerben und Verkehr in sich hineindrängen, ein kompaktes System bürgerlicher Gesellschaft bilden und zu dem Bedürfnis eines organischen Staates kommen. Eine Vergleichung der nordamerikanischen Freistaaten mit europäischen Ländern ist daher unmöglich...« Dieser Vergleich sei außerdem unangebracht, weil die europäischen Gesellschaften territorial geschlossen seien. »[Hätten] die Wälder Germaniens noch existiert, so wäre freilich die französische Revolution nicht ins Leben getreten. Mit Europa könnte Nordamerika erst verglichen werden, wenn der unermeßliche Raum, den dieser Staat darbietet, aufgefüllt und die bürgerliche Gesellschaft in sich zurückgedrängt wäre.« Das Wort von den Wäldern Germaniens, die das Momentum der französischen Revolution hätten auffangen können, verrät, warum Hegel nie von der amerikanischen Revolution spricht. Sie kann, um es metaphern-gerecht zu formulieren, niemals stattgefunden, sondern muß sich in der waldreichen Wildnis Amerikas verlaufen haben. Denn von den mythischen Wäldern der germanischen Vergangenheit bis zum ›Sonnenaufgang‹ der französischen und schließlich deutschen Gegenwart hat ja die Weltgeschichte ihren europäischen Lauf genommen. Und diese Weltgeschichte muß sich in Amerika wiederholen, bevor jener Kontinent ernstgenommen werden kann. »Also kann man mit Amerika noch nichts für ein republikanisches Staatswesen beweisen. Deshalb auch geht uns dieser Staat nichts an, auch nicht die anderen amerikanischen Staaten, die noch im Kampfe wegen ihrer Selbständigkeit stehen. Nur sein äußerliches Verhältnis zu Europa kommt in Betracht, daß Amerika ein Annexum ist, das den Überfluß von Europa aufgenommen hat ... Amerika ist somit das Land der Zukunft ... es ist Land der Sehnsucht für alle die, welche die historische Rüstkammer des alten Europa langweilt.« Und endlich: »Amerika hat von dem Boden auszuscheiden, auf welchem sich bis heute die Weltgeschichte begab. Was bis jetzt sich hier ereignet, ist nur der Widerhall der Alten Welt und der Ausdruck fremder Lebendigkeit; und als ein Land der Zukunft geht es uns überhaupt hier nichts an [162].« Die Verdrängung des Falls Amerika könnte nicht perfekter begründet werden. Nach mehr als 200 Jahren nordamerikanischer Geschichte und einem Revolutionsprozeß, der sich zur Zeit der Hegelschen Vorlesungen in Berlin gerade einem neuen Stadium näherte, hatte Amerika noch immer auf eine Zukunft zu warten.

Das Warten auf die Zukunft bestimmt auch Marx' und Engels' Haltung gegenüber den Vereinigten Staaten. Nur ist es eine Zukunft eigener Art, die mit der Hegelschen allerdings eines gemeinsam hat: auch sie stellt eine Extrapolation der europäischen Geschichte dar. Vergleicht man jedoch die historische und zeitgenössische Wissensbasis, auf die Hegel, Marx und Engels ihre jeweiligen amerikanischen Kommentare gründen, so fällt das intensive Interesse auf, mit dem die letzteren den Prozeß der amerikanischen Gesellschaft verfolgt haben. Marx und Engels muß man zweifelsohne zur Handvoll analytisch begabter und zugleich wohlmeinender Interpreten rechnen, die Amerika im 19. Jahrhundert in Europa gefunden hat. Dies wirkt umso überraschender, wenn man die europäische Geschichte des Marxismus überblickt, in der die negative Charakterisierung in der Amerika-Kommentierung vorherrscht. Diese Beurteilung Amerikas im Marxismus kann sich auf den geschichtsspekulativen Ansatz von Marx und Engels berufen. Beide haben aber mehr über Amerika zu sagen gehabt, als im orthodoxen Kanon des Marx-Engelsschen Gesamtwerks, auf den sich die Marxisten berufen, zu erkennen ist. Es gehört z. B. zur europäischen Bewußtseinssoziologie des Marxismus, daß *Der Bürgerkrieg in Frankreich* (1871), diese Schrift über ein weiteres französisches Revolutionsdesaster, zu den klassischen Schriften von Marx gezählt wird, *The Civil War in the United States* von »Karl Marx and Frederick Engels« jedoch nicht als selbständige Schrift in das Corpus des Gesamtwerks aufgenommen worden ist. Wohlgemerkt, dieses Buch haben Marx und Engels nie geschrieben. Amerikanische Marxisten haben es 1937 aus der Korrespondenz und Journalistik der beiden zusammengestellt und damit der Bedeutung, die dieser Krieg im Denken von Marx und Engels nachweisbar eingenommen hat, ein editorisches Denkmal gesetzt [163]. Die Zukunft Amerikas als Zukunft der Welt zu begreifen und ihre Ankunft durch direkte Aktion zu beschleunigen, diesem visionären Programm hatten sich französische, englische und deutsche Utopisten verschrieben, als sie sich in den zwanziger, dreißiger und vierziger Jahren des 19. Jahrhunderts in die Neue Welt begaben. Nach der Immigration der radikal-reformatorischen Engländer im 17. Jahrhundert, sektiererischer deutscher Religionskommunen und revolutionsbegeisterter europäischer Intellektueller im 18. Jahrhundert, aber noch vor dem Einströmen der deutschen Liberalen und Sozialisten im Gefolge der gescheiterten 1848er Revolution und schließlich der deutschen und russischen Anarchisten am Ende des 19. Jahrhunderts haben vorübergehend die europäischen Utopisten Amerika benutzt, um eigene Existenzentwürfe auf die Probe zu stellen. Die radikal-sektiererische Tradition christlicher Kommuneorganisation in Amerika ließ dieses Unternehmen keineswegs als absonderlich erscheinen. Im Gegenteil, ein Wortführer der europäischen Utopisten, Robert Owen, wurde im Februar 1825 zu Vorträgen in den amerikanischen Kongreß geladen und durfte den noch amtierenden Präsidenten Monroe wie den neugewählten Präsidenten John Quincy Adams zu seinen Zuhörern zählen [164]. Die Erneuerung einer autochthonen christlichen Kommunebewegung in den zwanziger Jahren hatte das Interesse am europäischen Utopismus mitausgelöst. Und von beiden Bewegungen sollten in den folgenden zwei Jahrzehnten Impulse zur Gründung kommunistischer Gemeinschaften in Amerika ausgehen, die allerdings meist nach mehr oder weniger langer Lebensdauer skandalumwittert zusammenbrachen [165]. Engels und Marx haben Amerika zuerst aus dem Blickwinkel dieses christlichen und utopischen Kommunismus kennengelernt.

Lewis S. Feuer, der das utopisch-amerikanische Kapitel in den Biographien von Engels und Marx rekonstruiert hat, geht zwei-

felsohne zu weit, wenn er nicht nur die Ursprünge des europäischen Sozialismus, sondern auch die sozialistische und ökonomische Wende im Denken von Marx auf amerikanische Quellen zurückzuführen versucht [166]. Einmal ist das Interesse an Problemen der politischen Ökonomie konstitutiv für die politische Philosophie Hegels wie die Diskussionen der Junghegelianer gewesen. Zum anderen aber blieb auch nach dem Scheitern der französischen Revolution die Aufmerksamkeit auf Frankreich gerichtet, wo sich die revolutionären Hoffnungen in der Literatur über revolutionäre soziale Bewegungen entluden [167]. Auch wenn man das Erbe der politischen Ökonomie und der französischen Literatur über soziale Bewegungen als primäre Quellen für den Ökonomismus und Sozialismus von Marx nennen muß, bleiben die amerikanischen Einflüsse nicht marginal. Vor allem für Engels, der Marx durch Reportagen und Analysen zuerst auf die kommunistischen Gemeinschaften Amerikas gestoßen hat, trifft zu, daß »... Amerika 1845 das Versuchsfeld des Kommunismus war [168]«. Mit wahrem Enthusiasmus konsumierte Engels in den frühen 40er Jahren alle Informationen über die amerikanischen Gründungen und ließ sich darüber – wie Feuer im einzelnen belegt hat – in Artikeln und Briefen aus, um den anti-kommunistischen Pessimismus der europäischen Intelligenzija zu bekämpfen. Diese amerikanische Propaganda ist auch auf Marx nicht ohne Einfluß geblieben, wie entsprechende positive Anspielungen auf amerikanische Sozialexperimente in seinen Frühschriften beweisen. Die Wendung gegen den utopischen Sozialismus, die in der *Deutschen Ideologie* (1845/46) vollzogen wird, hat dieses amerikanische Vorspiel in den intellektuellen Biographien von Marx und Engels nicht zu einem Ende gebracht. Amerikaner werden von dem Bannstrahl, der Franzosen und Deutsche trifft, ausgenommen.
Diese freundliche Zurückhaltung gegenüber Amerika hatte aber noch andere Motive. Aus dem in Europa weitverbreiteten Buch des Engländers Thomas Hamilton, *Men and Manners in America* (1833; die deutsche Übersetzung erschien 1834) hatte Marx

erfahren, daß die erste Arbeiterpartei in der Geschichte der Menschheit, die *Working Men's Party of New York*, 1829 in Amerika gegründet worden war und in den *Assembly*-Wahlen desselben Jahres in New York City 31 % aller abgegebenen Stimmen erhalten hatte [169]. Dieses Datum spielte er in der Zukunft wiederholt gegen die Europäer aus, die im Bewußtsein zivilisatorischer Überlegenheit, das von den Führern des europäischen Sozialismus – gelegentlich sogar von Marx und Engels – geteilt wurde, auf die theoretische Zurückgebliebenheit der Amerikaner herabblickten. Neben der eher mythischen Bedeutung der Parteigründung – nach dem spektakulären Anfangserfolg sank die Partei zur Wirkungslosigkeit herab [170] – war es eine persönliche Bekanntschaft, die Marx' pro-amerikanische Haltung mitbestimmt hat. Während seiner Redakteurszeit an der *Neuen Rheinischen Zeitung* war ihm 1848 in Köln der Chefredakteur von *The New York Daily Tribune*, Charles A. Dana, vorgestellt worden. Dana hatte zusammen mit seinem Kollegen Horace Greeley die angesehene New Yorker Tageszeitung zum Sprachrohr utopischer und sozialistischer Vorstellungen gemacht. Trotz dieser radikalen und anti-kapitalistischen Grundhaltung der Zeitung hatte sie eine nationale Auflage von 250000 erreicht und war damit ein öffentliches Medium von einzigartigem Einfluß geworden, als Dana schließlich im August 1851 Marx bat, eine Serie von Artikeln zu schreiben. Diese Artikel fanden eine so gute Aufnahme, daß Marx ab 1852 als ständiger Korrespondent für die Zeitung zu schreiben begann und bis 1861 nicht weniger als 487 Artikel aus seiner – oder Engels' – Feder abgedruckt wurden [171]. Die Notwendigkeit, für ein amerikanisches Publikum zu schreiben, hat Marx und Engels gezwungen, sich über die Entwicklung in Amerika auf dem Laufenden zu halten. Während des amerikanischen Bürgerkrieges schließlich begann Marx in der Wiener *Presse* eine europäische Leserschaft über Amerika aufzuklären. Seine damaligen Artikel zeichneten sich im allgemeinen Klima der europäischen öffentlichen Meinung durch eine originelle Unabhängigkeit aus. Denn Marx hat

zu den wenigen europäischen Meinungsmachern gehört, die nicht die Südstaaten unterstützten.
Entscheidend für Marx' und Engels' Einstellung gegenüber den USA waren aber auch die persönlichen Beziehungen, die sie zu sozialistischen deutschen Immigranten unterhielten. Geht man das Personenregister der Marx/Engels-Korrespondenz mit Amerikanern durch, so begegnen einem fast ausnahmslos Namen deutscher Genossen [172]. Zu den genuin amerikanischen Adressaten gehörten neben Dana allerdings zwei amerikanische Präsidenten, Lincoln und sein Nachfolger Johnson. In den deutschamerikanischen Briefpartnern sahen Marx und Engels vor allem eines: die theoretischen Vermittler des Sozialismus in der Neuen Welt. Daß es einer unter den Korrespondenten, Joseph Weydemeyer, während des Bürgerkriegs zum Oberst in der Armee der Nordstaaten brachte, wurde von Marx und Engels nicht ungern gesehen, weil sie auf diese Weise direkte Frontimpressionen für ihre Artikel zu erhalten hofften. Lewis Feuer wird wahrscheinlich auch hier von seiner Phantasie überwältigt, wenn er auf die von Marx vorübergehend ins Auge gefaßte Emigration nach Amerika anspielt und schreibt: »Wenn er es getan hätte, wer weiß? Vielleicht würde er sich als General Marx in Lincolns Armee wiedergefunden haben ... [173]« Dies ist sicher eine Übertreibung, da Marx' organisatorische Unfähigkeit und seine erfolgreichen Versuche, dem Militärdienst zu entkommen, bekannt sind [174]. Diese Karriere hätte allerdings Engels absolvieren können, der als passionierter Militärwissenschaftler den Bürgerkrieg von Manchester aus in Briefen und Artikeln bis in die unwesentlichsten taktischen Manöver nachgekämpft hat. Aber auch Engels ist nicht emigriert. Er hat die USA erst 1888 auf einer kurzen Ferienreise in Augenschein genommen.
In der ausgedehnten Korrespondenz, die Marx und Engels mit Deutschamerikanern unterhalten haben, paart sich die Hoffnung, die sie auf die Deutschen als Vermittler eines theoretischen Sozialismus setzen, mit einer nicht minder starken Verachtung für das sektiererische Getto-Bewußtsein, das sie in den deut-

schen Gruppen zu erkennen glaubten [175]. In einem Brief an Sorge, dem führenden Marxisten Amerikas jener Zeit, faßt Engels am 29. April 1886 zusammen, was sich im amerikanischen Briefwechsel vom Anfang bis zum Ende findet: »Aber bei alledem geht doch in Amerika die Sache mächtig voran«, schreibt er, indem er auf eine Massenstreikbewegung anspielt, die allerdings wenige Tage später, im Haymarket-Massaker von Chicago, blutig zusammenbrechen sollte. »Zum ersten Mal existiert eine wirklich massenhafte Bewegung unter den Englischsprechenden. Daß diese noch tastend verfährt, ungeschickt, unklar, unwissend, ist unvermeidlich. Das wird sich alles klären, die Bewegung wird und muß sich an ihren eigenen Fehlern fortentwikkeln. Theoretische Unkenntnis ist Eigenschaft aller jungen Völker, aber auch praktische Raschheit der Entwicklung. Wie in England hilft alles Predigen nichts auch in Amerika, bis die tatsächliche Notwendigkeit da ist. Und diese ist in Amerika vorhanden und kommt zum Bewußtsein. Das Eintreten der eingeborenen Arbeitermassen in die Bewegung in Amerika ist für mich das eine der großen Ereignisse von 1886. Was die dortigen Deutschen angeht, so mag die jetzt florierende Sorte sich allmählich an die Amerikaner anschließen, sie wird diesen immer noch etwas voraus sein; und schließlich bleibt unter den dortigen Deutschen doch immer noch ein Kern, der die theoretische Einsicht in die Natur und den Gang der Gesamtbewegung behält und den Gärungsprozeß in Gang hält und schließlich wieder obenauf kommt [176].« An einen anderen Briefpartner [177] schreibt er im November desselben Jahres: »In Amerika geht, außer New York, die wirkliche Bewegung über den Köpfen der Deutschen vor sich. Die wirkliche Organisation der Amerikaner sind die *Knights of Labor*, die so konfus wie die Massen selbst. Aber aus diesem Chaos wird sich die Bewegung entwickeln, nicht aus den Sektionen der Deutschen, die seit 20 Jahren nicht imstande waren, aus der Theorie das für Amerika Nötige herauszuarbeiten. Aber sehr aufklärend können die Deutschen grade jetzt wirken, wenn sie nur – Englisch gelernt hätten!« Und wenige Tage später, wieder an Sorge: »Die Deutschen haben nun einmal nicht verstanden, von ihrer Theorie aus den Hebel anzusetzen, der die amerikanischen Massen in Bewegung setzen konnte; sie verstehen die Theorie großenteils selbst nicht und behandeln sie doktrinär und dogmatisch als etwas, das auswendig gelernt werden muß, dann aber auch allen Bedürfnissen ohne weiteres genügt. Es ist ihnen ein Credo, keine Anleitung zum Handeln [178].« Die Kritik an den Deutschen führte schließlich dazu, daß Engels ihnen die Entartung zur »Glaubenssekte« voraussagte, die als Leute, »die ihre eigenen Grundsätze nicht verstehen, beiseite geschoben« würden [179]. An Sorge gerichtet, formulierte er 1887 seine rein amerikanischen Erwartungen: »Die Geschichte ist bei Euch endlich einmal im Gang, und ich müßte meine Amerikaner schlecht kennen, wenn sie uns nicht alle in Erstaunen setzen durch die Großartigkeit ihrer Bewegung, aber auch durch die Riesenhaftigkeit der Böcke, die sie schießen und vermittelst deren sie sich endlich zur Klarheit durcharbeiten werden. Praktisch allen voraus und theoretisch noch in den Windeln – so ist es einmal und kann nicht anders sein. Aber dabei ein Land ohne Tradition (außer der religiösen), und das von der demokratischen Republik ausgegangen ist, und ein Volk voll Energie wie kein andres. Der Gang der Bewegung wird keineswegs die klassische grade Linie verfolgen, sondern arg im Zickzack gehn und stellenweise rückläufig scheinen, aber das macht dort viel weniger als bei uns [180].« Am rückläufigen Zickzack der amerikanischen Bewegung waren aber mehr als die theoretischen Windeln schuld, wie Engels drei Jahre später hellsichtig und bewundernd vermutete: »Selbständige Völker gehn ihren eignen Weg, und von allen sind die Engländer und ihre Sprößlinge doch die selbständigsten. Der insulanermäßige, bockbeinige Starrsinn ärgert einen oft genug, aber er garantiert auch die Durchführung, wenn's einmal losgeht [181].«

Auf dieses ›Losgehen‹ haben Marx und Engels zeit ihres Lebens vergeblich warten müssen. Die Vergeblichkeit trifft zwar auch viele ihrer europäischen Erwartungen. Im Falle Amerikas aber kommt hinzu, daß sie trotz aller Offenheit gegenüber dem amerikanischen Sozialprozeß diesen letztlich in europäischen Kategorien begriffen haben. Das ›letztlich‹ verdient dabei besonders betont zu werden, denn beiden sind die grundlegenden Unterschiede in einer Weise bewußt gewesen, die erstaunlich wirkt. Es gehört zum Scheitern des Marxismus in Amerika, daß Marx und Engels aus dem Wissen um jene Unterschiede keine theoretischen Konsequenzen gezogen, sondern sich eben letztlich für das europäische Modell als ausschließliches Modell sozio-ökonomischer Entwicklungsphasen entschieden haben. Die Offenheit von Marx und Engels gegenüber Amerika, die sich bereits in ihren Äußerungen über das revolutionäre Personal dokumentiert, zeigt sich aber vor allem in ihrer Beschäftigung mit dem nicht-sozialistischen Amerika. Ihre Reaktion auf den Bürgerkrieg kann als besonders gutes Beispiel herangezogen werden.

Den öffentlichen Kommentaren zum Bürgerkrieg müssen die privaten Diskussionen zur Seite gestellt werden, die Marx und Engels in ihrer Korrespondenz miteinander geführt haben. Denn in diesen Briefen von Marx aus London und Engels aus Manchester spiegelt sich ein Konflikt wider, den man in den öffentlichen Stellungnahmen nur andeutungsweise erkennt. Für Engels, den Militärwissenschaftler aus Leidenschaft, drängte sich beständig die militärische Seite des Krieges in den Vordergrund, und es war Marx, der ihn immer wieder an den politischen und sozio-ökonomischen Kern erinnern mußte. Denn Engels war zwar wie Marx für den Sieg des Nordens, glaubte den Krieg aber wiederholt durch die Südstaaten für militärisch gewonnen. »Deine Ansichten über den *American civil war*«, schrieb er an Engels im August 1862, »teile ich nicht ganz. Ich glaube nicht, *that all is up* [182].« Einen Monat später wiederholte er die Kritik: »Es scheint mir, daß Du Dich *a little too much* durch den militärischen *aspect* der Dinge bestimmen läßt [183].« Und wieder im November: »Es scheint mir, daß Du zu sehr nur die eine Seite der amerikanischen Krakeels betrachtest [184].« Marx stimmte Engels Kritik an der dilettantischen Kriegsführung der Nordstaaten durchaus zu, die dieser in brutaler Weise bloßlegte: »Die Niederlagen stacheln die Yankees nicht auf, sie erschlaffen sie. Wenn es schon dahin gekommen, daß man, um nur Rekruten zu bekommen, sich bereit erklärt, sie nur auf 9 Monate zu nehmen, so heißt das nichts anders als: wir sind im Arsch, und wir wollen bloß noch eine Scheinarmee als Demonstrationsmittel während der Friedensverhandlungen. Diese 300000 Freiwilligen, das war das Kriterium, und indem der Norden sich weigert, diese zu stellen, erklärt er, daß ihm *au fond* die ganze Sache Scheiße ist. Dazu, welche Feigheit in Regierung und Kongreß. Man fürchtet sich vor Konskription, vor resoluten Finanzschritten, vor Angreifen der Sklaverei, vor allem, was dringend nötig ist, man läßt alles bummeln, wie es will, und wenn irgendeine Scheinmaßregel endlich durch den Kongreß [ist], so verklausuliert Ehren-Lincoln sie noch so, daß auch gar nichts mehr dranbleibt. Diese Schlaffheit, dies Zusammenfallen wie eine angestochene Schweinsblase vor dem Druck von Niederlagen, die eine Armee, die stärkste und beste, vernichtet und Washington faktisch bloßgelegt haben, diese totale Abwesenheit jeder Elastizität in der ganzen Masse des Volks – das beweist mir, *that it is all up* ... Dabei der totale Mangel an Talenten. Ein General dümmer als der andere[185].«

Im Gegensatz zu Engels verzweifelte Marx nie endgültig am Norden: »Was die Yankees angeht, so bin ich sicher nach wie vor der Ansicht, daß der Norden schließlich siegt ...[186]« Ihn nämlich faszinierte die Psychologie Lincolns als Reflex amerikanischer Verhaltenskultur. »Die Wut«, so schrieb er Engels im Oktober 1862, »womit die Südlichen Lincolns Akte aufnehmen, beweist die Wichtigkeit derselben. Lincolns Akte haben alle das Aussehen engherzig klausulierter Bedingungen, die ein Anwalt seinem Gegenanwalt zustellt. Dies hindert aber nicht ihren historischen Gehalt und amüsiert mich in der Tat, wenn ich dagegen die Draperie betrachte, womit der Frenchman das Unbedeutendste umwickelt. Ich sehe natürlich wie andre das Widerliche an der Form der Bewegung bei den Yankees; finde das aber aus der Natur einer ›bürgerlichen‹ Demokratie erklärlich. Dennoch sind die dortigen Ereignisse weltumwälzend...[187]« In einem Artikel der Wiener *Presse* vom 12. Oktober 1862 hat er dieses Porträt auf eine Weise abgerundet, die einen Großteil der Lincoln-Biographien in wenigen Sätzen zusammenfaßt: »Lincoln's Figur ist ›*sui generis*‹ in den Annalen der Geschichte. Keine Initiative, keine idealistische Schwungkraft, kein Kothurn, keine historische Draperie. Er tut das Bedeutendste immer in der möglichst unbedeutendsten Form. Andere, denen es sich um Quadratfüße Land handelt, proklamieren den ›Kampf für eine Idee‹. Lincoln selbst, wo er für die Idee handelt, proklamiert ihre ›Quadratfüße‹. Zögernd, widerstrebend, unwillig singt er die Bravour-Arie seiner Rolle, als ob er um Verzeihung bäte, daß ihn die Umstände nötigen, ›Löwe zu sein‹. Die furchtbarsten, geschichtlich ewig merkwürdigen Dekrete, die er dem Feind entgegenschleudert, sehen alle aus und bestreben sich auszusehen wie alltägliche Ladungen, die ein Anwalt dem Anwalt der Gegenpartei zustellt, Rechtsschikanen, engherzig verklausulierte *actiones juris*. Denselben Charakter trägt seine jüngste Proklamation, das bedeutendste Aktenstück der amerikanischen Geschichte seit Begründung der Union, die Zerreißung der alten amerikanischen Verfassung, sein Manifest für die Abschaffung der Sklaverei. Nichts leichter als das ästhetisch Widerliche, logisch Unzulängliche, formell Burleske und politisch Widerspruchsvolle an Lincolns Haupt- und Staatsaktionen nachzuweisen, wie es die englischen Pindars der Sklaverei tun, die *Times*, die *Saturday Review* und *tutti quanti*. Und dennoch wird Lincoln in der Geschichte der Vereinigten Staaten und der Menschheit unmittelbar Platz nehmen nach Washington! Ist es denn heutzutage, wo das Unbedeutende diesseits des Atlantischen Ozeans sich melodramatisch aufspreizt, so ganz ohne Bedeutung, daß in der neuen Welt das Bedeutende im Alltagsrocke einherschreitet?« Mit einem Pathos, das in seinen anti-europäischen Obertönen selbst von Amerikanern nicht übertroffen werden kann, beschwört er die Verhaltensmuster der amerikanischen Republik: »Lincoln ist nicht die Ausgeburt einer Volksrevolution. Das gewöhnliche Spiel des allgemeinen Stimmrechts, unbewußt der großen Geschicke, über die es zu entscheiden, warf ihn an die Spitze, einen Plebejer, der sich vom Steinklopfer bis zum Senator in Illinois hinaufgearbeitet, ohne intellektuellen Glanz, ohne besondere Größe des Charakters, ohne ausnahmsweise Bedeutung – eine Durchschnittsnatur von gutem Willen. Niemals hat die neue Welt einen größeren Sieg errungen als in dem Beweis, daß mit ihrer politischen und sozialen Organisation Durchschnittsnaturen von gutem Willen hinreichen, um das zu tun, wozu es in der alten Welt der Heroen bedürfen würde [188].« Der Heros im Alltagsrock hatte in den Augen von Marx eine Leistung vollbracht, die dieser in einem Artikel vom 9. August in der *Presse* angekündigt hatte: »Wir haben bisher nur dem ersten Akt des Bürgerkrieges beigewohnt – der konstitutionellen Kriegsführung. Der zweite Akt, die revolutionäre Kriegsführung, steht bevor [189].«

Marx hatte bereits im ersten Jahr des Bürgerkrieges das Dilemma des Nordens erkannt. Provoziert durch die offene Parteinahme für den Süden, die er nicht nur in England, sondern auch auf dem Kontinent bei den jeweiligen Regierungen und der Presse feststellen konnte – und die vom Sohn des damaligen amerikanischen Legaten in England, Henry Adams, in Marx-ähnlicher Weise angeprangert worden ist [190], schrieb er am 11. Oktober 1861 in der *New York Daily Tribune* unter der Überschrift *Die amerikanische Frage in England*: »Der Krieg ist nicht mit der Absicht unternommen worden, die Sklaverei aufzuheben, und die Regierung der Vereinigten Staaten hat sich selbst die größte Mühe gegeben, gegen jeden Gedanken dieser Art zu protestieren. Doch dabei sollte man sich erinnern, daß es nicht der Norden war, der diesen Krieg begann, sondern der Süden; ersterer verteidigte sich nur. Wenn es wahr ist, daß der Norden nach langem Zögern und nachdem er eine Nachsicht gezeigt hatte, wie sie in den Annalen der europäischen Geschichte unbekannt ist, schließlich das Schwert zog, nicht um die Sklaverei zu brechen, sondern um die Union zu schützen, so begann der Süden seinerseits den Krieg mit der lauten Proklamation, daß die ›spezielle Institution‹ das alleinige und hauptsächliche Ziel der Rebellion sei. Der Süden bekannte, für die Freiheit zu kämpfen, andere Menschen zu versklaven ...[191]« Engels' bisweilen defätistische Äußerungen und Marx' Warten auf die »revolutionäre Kriegsführung« sind aus dieser Sicht zu erklären, die den späteren Verlauf des Bürgerkrieges antizipierte. Denn Marx hielt am 25. Oktober 1861 in der Wiener *Presse* unter dem Titel *Der nordamerikanische Bürgerkrieg* den Kriegsgrund klar fest: »Der entscheidend wichtige Punkt ... war, daß der Sklaverei kein Fußbreit neues Terrain eingeräumt, sie vielmehr ein für allemal in die Grenzen der Staaten gebannt bleiben sollte, wo sie bereits gesetzlich bestand. Die Sklaverei sollte förmlich interniert werden ... Die ganze Bewegung [Marx diskutiert hier Gesetze des Kongresses, die seit den 20er Jahren zur Eindämmung der Sklaverei im Süden erlassen worden waren, M. H.] beruhte und beruht ... auf der Sklavenfrage. Nicht in dem Sinne, ob die Sklaven innerhalb der bestehenden Sklavenstaaten direkt emanzipiert werden sollten oder nicht, sondern ob die 20 Millionen Freien des Nordens sich länger einer Oligarchie von 300000 Sklavenhaltern unterordnen sollten; ob die ungeheuren Territorien der Republik Pflanzstätten freier Staaten oder der Sklaverei werden sollten; endlich, ob die nationale Politik der Union bewaffnete Propaganda der Sklaverei über Mexico, Zentral- und Südamerika zu ihrem Wahlspruch machen sollte [192].« Prägnanter noch lautet die Formel, die er einen Monat später, am 7. November, im *Presse*-Artikel *Der Bürgerkrieg in den Vereinigten Staaten* wählte: »Der Krieg der südlichen Konföderation ist also kein Verteidigungskrieg, sondern ein Eroberungskrieg, ein Eroberungskrieg zur Ausbreitung und Verewigung der Sklaverei [193].«

Marx schrieb hier als nüchterner politischer Analytiker, der es verstand, eine historische Konstellation mit knappen Strichen in ihren wesentlichen Zügen zu skizzieren. Als Moralist hätte er sich auf Grund bestimmter Vorurteile nicht so recht geeignet, wie eine etwas peinliche Notiz über den »jüdischen Nigger« Fer-

dinand Lassalle in einem Brief an Engels vom 30. Juli 1862 zeigt: »Es ist mir jetzt klar, daß er, wie auch seine Kopfbildung und sein Haarwuchs beweist, von den Negern abstammt, die sich dem Zug des Moses aus Ägypten anschlossen (wenn nicht seine Mutter oder Großmutter von väterlicher Seite sich mit einem *nigger* kreuzten). Nun, diese Verbindung von Judentum und Germanentum mit der negerhaften Grundsubstanz müssen ein sonderbares Produkt hervorbringen. Die Zudringlichkeit des Burschen ist auch niggerhaft [194].« Diese Sätze, während des Bürgerkrieges geschrieben, erinnern an die humane Abstumpfung Hegels gegenüber den Indianern. Bei Marx schimmert aber noch so etwas wie Menschlichkeit durch, da der Brief von einem fehlgeschlagenen Versuch berichtet, vom ›jüdischen Nigger‹ Lassalle einen Kredit zu bekommen. Auf ›Allzumenschliches‹ muß man wahrscheinlich auch plädieren, wenn Marx am 21. Februar 1863 Engels mitteilt, daß ihm Ernst Dronke ein größeres Stipendium versprochen habe [195] (das Marx auch erhält), und Engels am 8. April 1863 enthüllt, daß eben dieser Dronke Konterbandgeschäfte für die Südstaaten in England abwickelt [196]. Weder Engels noch Marx haben zwischen diesen beiden Tatsachen eine Verbindung hergestellt – sie haben aber weiterhin ausgesprochen mutig über die Heuchelei der europäischen Kriegsgewinnler geschrieben.
Allein der Analytiker Marx spricht so auch aus der Grußadresse der *Internationale*, die er zur Wiederwahl von Lincoln Ende 1864 verfaßte, die dem amerikanischen Legaten Adams in London überreicht und die von Lincoln höflich beantwortet wurde (seltsamerweise ist dem Privatsekretär und Sohn des Legaten, Henry Adams, dieser historische Moment entgangen [197]). Der Marx der Grußadresse registriert aber nicht nur mehr politische Prozesse im Kontext der amerikanischen Gesellschaft. Amerika wird in Kategorien eingeordnet, die der europäischen Sozialgeschichte entlehnt sind. »Vom Anfang des amerikanischen Titanenkampfes«, so heißt es, »fühlten die Arbeiter Europas instinktmäßig, daß an dem Sternenbanner das Geschick ihrer Klasse

hing. Der Kampf um die Territorien, welcher die furchtbar gewaltige Epopöe eröffnete, hatte er nicht zu entscheiden, ob der jungfräuliche Boden unermeßlicher Landstrecken der Arbeit des Einwanderers vermählt oder durch den Fuß des Sklaventreibers befleckt werden sollte?« Die Geschichte der amerikanischen Revolution, des Bürgerkrieges, die Interventionsgelüste europäischer Regierungen für die Südstaaten und Sympathien für die Nordstaaten auf seiten der Unterschichten rekapitulierend, stellt er schließlich fest: »Solange die Arbeiter, die wahren Träger der politischen Macht im Norden, es erlaubten, daß die Sklaverei ihre eigene Republik besudelte; solange sie es dem Neger gegenüber, der ohne seine Zustimmung einen Herrn hatte und verkauft wurde, als das höchste Vorrecht des weißen Arbeiters rühmten – solange waren sie unfähig, die wahre Freiheit der Arbeit zu erringen oder ihre europäischen Brüder in ihrem Befreiungskampfe zu unterstützen... Die Arbeiter Europas sind von der Überzeugung durchdrungen, daß, wie der amerikanische Unabhängigkeitskrieg eine neue Epoche der Machtentfaltung für die Mittelklasse einweihte, so der amerikanische Krieg gegen die Sklaverei eine neue Epoche der Machtentfaltung für die Arbeiterklasse einweihen wird. Sie betrachten es als Wahrzeichen der kommenden Epoche, daß Abraham Lincoln, dem starksinnigen, eisernen Sohn der Arbeiterklasse, das Los zugefallen ist, sein Vaterland durch den beispiellosen Kampf für die Erlösung einer geknechteten Race und für die Umgestaltung der sozialen Welt hindurchzuführen [198].« Die amerikanische Geschichte, vor allem aber der Bürgerkrieg, den Marx in seiner amerikanischen Publizistik so präzise beschrieben hat, wird in europäische Kategorien übersetzt. Wie Hegel, so kann auch Marx amerikanische Zäsuren nur in den theoretischen Griff bekommen, wenn er sie mit europäischen Ereignissen parallelisiert.

Dieser Ansatz zum Verständnis Amerikas findet sich bereits im *Achtzehnten Brumaire* (1852). Obgleich sich Marx mit dem theatralischen Aspekt der französischen Revolutionen auseinandersetzt und deren Scheitern auf den Wiederholungszwang des ideologischen Ablaufplans der ›Großen Revolution‹ zurückführt, wird er selbst zum Opfer dieses Zwangs. Über die revolutionäre Unfähigkeit der Franzosen sagt er: »[Die soziale Revolution des 19. Jahrhunderts] kann nicht mit sich selbst beginnen, bevor sie allen Aberglauben an die Vergangenheit abgestreift hat. Die früheren Revolutionen bedurften der weltgeschichtlichen Rückerinnerungen, um sich über ihren eigenen Inhalt zu betäuben. Die Revolution des 19. Jahrhunderts muß die Toten ihre Toten begraben lassen, um bei ihrem eigenen Inhalt anzukommen [199].« Die Toten Europas werden aber als historische Richter über Amerika eingesetzt, wenn der Zustand amerikanischer Entwicklung zur Sprache kommt: »[Die Niederlage der Juni-Insurgenten] hatte offenbart, daß bürgerliche Republik hier die uneingeschränkte Despotie einer Klasse über andre Klassen bedeute. Sie hatte bewiesen, daß in altzivilisierten Ländern mit entwickelter Klassenbildung, mit modernen Produktionsbedingungen und mit einem geistigen Bewußtsein, worin alle überlieferten Ideen durch jahrhundertlange Arbeit aufgelöst sind, die Republik überhaupt nur die politische Umwälzungsform der bürgerlichen Gesellschaft bedeutet und nicht ihre konservative Lebensform wie z. B. in den Vereinigten Staaten von Nordamerika, wo zwar schon Klassen bestehn, aber sich noch nicht fixiert haben, sondern in beständigem Flusse fortwährend ihre Bestandteile wechseln und aneinander abtreten, wo die modernen Produktionsmittel, statt mit einer stagnanten Überbevölkerung zusammenzufallen, vielmehr den relativen Mangel an Köpfen und Händen ersetzen, und wo endlich die fieberhaft jugendliche Bewegung der materiellen Produktion, die eine neue Welt sich anzueignen hat, weder die Zeit noch die Gelegenheit ließ, die alte Geisterwelt abzuschaffen [200].« Zwischen der »konservativen Lebensform« und »alten Geisterwelt« auf der einen Seite und den Charakteristika des Lincoln-Porträts auf der anderen Seite ist eine Vermittlung nicht möglich. Zwar drängt sich in beiden Amerika-Ansätzen die Offenheit des Geschichtsprozesses als spezifische Qualität in den Vordergrund. Die Größe der Neuen

Welt wird im *Achtzehnten Brumaire* aber gerade auf ihre Unfertigkeit reduziert, auf einen Entwicklungszustand also, der sich noch in Erwartung einer europäischen Zukunft befindet, die nicht nur die Klassenfixierung bringen, sondern auch die Herrschaftsfunktion eines sich bis dahin amerikanisierten Überbaus enthüllen wird. »Konservative Lebensform« und »alte Geisterwelt« werden dann vom Proletariat als überbauliches Herrschaftswissen erkannt werden.

Diese Sicht aus dem Jahre 1852 ist von Engels und Marx trotz ihrer Beschäftigung mit Amerika nicht aufgegeben worden. Sie gehört zur langfristigen spekulativen Perspektive, aus der die Menschheitsgeschichte gesehen wird – eine Geschichte, die, wie es im Vorwort zum ersten Band des *Kapital* lautet, mit der »... Entwicklung der ökonomischen Gesellschaftsformationen als [einem] naturgeschichtlichen Prozeß« gleichgesetzt wird [201]. Engels hat 1886 in einem Brief an Sorge das amerikanische ›Überbau‹-Problem marxistisch einfach definiert: »In einem so naturwüchsigen Land wie Amerika, das ohne alle feudale Vergangenheit rein bürgerlich sich entwickelt hat, dabei aber einen ganzen Haufen aus der Feudalzeit überkommene Ideologie unbesehn mit aus England übernommen, als da ist englisches gemeines Recht, Religion, Sektentum, und wo die Notdurft des praktischen Arbeitens und Kapitalkonzentrierens eine allgemeine, erst jetzt in den gebildetsten Gelehrtenschichten abkommende Verachtung aller Theorie erzeugt hat – in einem solchen Land müssen die Leute über ihre eignen gesellschaftlichen Interessen dadurch ins Klare kommen, daß sie Böcke über Böcke machen [202].« Es ist nicht die Verachtung aller amerikanischen Praxis, die Engels – und Marx – zu diesem Schluß kommen läßt. In ihrem Respekt vor der zivilisatorischen Leistung der Amerikaner können sie schwerlich übertroffen werden. Das europäische Geschichtsmodell bildet jedoch die Vorlage zur ›Theorie‹, an der zivilisatorische ›Praxis‹ gemessen werden muß. Das politische und historische Wissen um Amerika hätte diese ›Theorie‹ durchaus verändern können. Während der Arbeit am *Kapital* hat sich nämlich ein Einbruch amerikanischer Wirklichkeit in das theoretische Denken von Marx ereignet. Im *Kapital* selbst ist dieser Einbruch abgedichtet worden, aber er läßt sich in der Schrift *Lohn, Preis und Profit* erkennen, die allerdings erst 1898 aus dem Nachlaß veröffentlicht worden ist.

Der Schrift *Lohn, Preis und Profit* liegt ein Vortrag zugrunde, den Marx am 20. Mai 1865 vor dem Generalrat der *Internationale* in London gehalten hat, um zwei Fragen des englischen Vertreters, John Weston, programmatisch zu beantworten. Die Fragen lauteten: 1) Kann die Erhöhung des Arbeitslohns die sozialen und materiellen Aussichten der Arbeiterklasse verbessern? 2) Wirken nicht die Bemühungen der Gewerkschaften, den Arbeitslohn zu erhöhen, schädlich auf die anderen Industriezweige?« Marx' vernichtende Kritik am ökonomischen Dilettantismus Westons ist ein Meisterwerk wissenschaftlicher Polemik [203]. Hier soll uns allerdings nur ein Punkt in der Antwort interessieren, der kritisch das »soziale Lohngesetz« genannt worden ist [204]. Im ersten Band vom *Kapital*, zwei Jahre nach dem Vortrag, hat Marx auf relativ eindeutige Weise die Frage nach dem Lohn mit der Bestimmung des ›Wertes der Arbeitskraft‹ beantwortet. Dort schreibt er: »Die Arbeitskraft existiert nur als Anlage des lebendigen Individuums. Ihre Produktion setzt also seine Existenz voraus. Die Existenz des Individuums gegeben, besteht die Produktion der Arbeitskraft in seiner eigenen Reproduktion oder Erhaltung. Zu seiner Erhaltung bedarf das lebendige Individuum einer gewissen Summe von Lebensmitteln. Die zur Produktion der Arbeitskraft notwendige Arbeitszeit löst sich also auf in die zur Produktion dieser Lebensmittel notwendige Arbeitszeit, oder der Wert der Arbeitskraft ist der Wert der zur Erhaltung ihres Besitzes notwendigen Lebensmittel.« Übersetzt in die *common sense*-Sprache bedeutet dieses Subsistenz-Prinzip des Lohns: »Die Summe der Lebensmittel muß also hinreichen, das arbeitende Individuum als arbeitendes Individuum in seinem normalen Lebenszustand zu erhalten.« Diese Summe der Lebensmittel – erweitert um die Summe, die zur Erhaltung einer Familie und damit zukünftiger Arbeitskräfte nötig ist – bildet nach Marx den Kern des Lohns in allen kapitalistischen Gesellschaften. Und doch gibt es Schwankungen: »Die natürlichen Bedürfnisse selbst, wie Nahrung, Kleidung, Heizung, Wohnung usw. sind verschieden je nach den klimatischen und anderen natürlichen Eigentümlichkeiten eines Landes. Andererseits ist der Umfang sogenannter notwendiger Bedürfnisse, wie die Art ihrer Befriedigung, selbst ein historisches Produkt und hängt daher großenteils von der Kulturstufe eines Landes, unter anderem auch wesentlich davon ab, unter welchen Bedingungen, und daher mit welchen Gewohnheiten und Lebensansprüchen die Klasse der freien Arbeiter sich gebildet hat[205].« Interessant an dieser Passage ist nicht allein der Ausdruck »Kulturstufe«, die sich jenseits des »naturgeschichtlichen Prozesses«, dem das *Kapital* gewidmet ist, gebildet haben muß oder zumindest einen hohen Grad von »naturgeschichtlicher« Unabhängigkeit andeutet. Interessant ist vor allem, daß Marx diesen Ausdruck und das Phänomen, das er bezeichnet, im *Kapital* nicht weiter expliziert. Zwei Jahre vorher, in *Lohn, Preis und Profit*, hat er den historischen Erfahrungshintergrund seiner Lohn-Überlegungen noch mitgeteilt, wenn er bemerkt: »Nun wißt ihr ja alle, daß der Durchschnittslohn der amerikanischen Landarbeiter sich auf mehr als das Doppelte von dem der englischen beläuft, obgleich die Preise landwirtschaftlicher Produkte in den Vereinigten Staaten niedriger sind als im Vereinigten Königreich, obgleich in den Vereinigten Staaten das gesamte Verhältnis zwischen Kapital und Arbeit das gleiche ist wie in England und obgleich der jährliche Betrag der Produktion in den Vereinigten Staaten viel geringer ist als in England[206].« Diese empirische Beobachtung, die er gegen Weston und ein ehernes Lohngesetz mobilisiert, führt ihn zu einer theoretischen Feststellung, die im *Kapital* nicht mehr zu finden ist: »Der Wert der Arbeitskraft wird aus zwei Elementen gebildet – einem rein physischen und einem historischen oder gesellschaftlichen.« Das physische Element wird ganz im Sinne der Ausführungen im *Kapital* umschrieben. Dem historischen oder gesellschaftlichen Element aber gelten diese erstaunlichen Sätze: »Außer durch dies rein physische Element ist der Wert der Arbeit in jedem Land bestimmt durch einen traditionellen Lebensstandard. Er betrifft nicht das rein physische Leben, sondern die Befriedigung bestimmter Bedürfnisse, entspringend aus den gesellschaftlichen Verhältnissen, in die die Menschen gestellt sind und unter denen sie aufwachsen... Dies historische oder gesellschaftliche Element, das in den Wert der Arbeit eingeht, kann gestärkt oder geschwächt, ja ganz ausgelöscht werden...« Diese gesellschaftliche Variabilität des Lohnes, besonders aber den amerikanischen Fall zu erklären, setzt er hinzu: »Was die Grenzen des Werts der Arbeit angeht, so hängt seine faktische Festsetzung immer von Angebot und Nachfrage ab, ich meine die Nachfrage nach Arbeit von seiten des Kapitals und das Angebot von Arbeit durch die Arbeiter. In Kolonialländern begünstigt das Gesetz von Angebot und Nachfrage den Arbeiter. Daher der relativ hohe Lebensstandard in den Vereinigten Staaten. Das Kapital kann dort sein Äußerstes versuchen. Es kann nicht verhindern, daß der Arbeitsmarkt ständig entvölkert wird durch die ständige Verwandlung von Lohnarbeitern in unabhängige, selbstwirtschaftende Bauern. Die Tätigkeit eines Lohnarbeiters ist für einen sehr großen Teil des amerikanischen Volks nur eine Probezeit, die sie sicher sind, über kurz oder lang durchlaufen zu haben [207].« Kurz und gut: das gesamte Verhältnis zwischen Kapital und Arbeit in den USA ist grundsätzlich verschieden von der Situation in Europa, wo sich Lohnarbeiter nicht nur auf eine Probezeit verdingen, um schließlich unabhängige Bauern zu werden. Die amerikanische »Kulturstufe«, um den Ausdruck des *Kapital* zu gebrauchen, kehrt das europäische Modell eines sozialhistorischen Phasenablaufs um. Weil Amerika – um die europäische Modellanleihe einmal bis zu ihrer absurden Grenze zu treiben – sozialhistorisch zurückschreitet, nämlich Arbeiter zu Bauern werden und damit das Kapital bedrohen, ist der amerikanische Lebensstandard so hoch.

Marx hat diese Aporien nicht überwunden. Er hat sie, wie Browder gezeigt hat [208], verdrängt. Das amerikanische Modell, das ihn in *Lohn, Preis und Profit* sichtbar zu faszinieren scheint, kommt im *Kapital* nicht mehr zur Sprache. Das europäische Modell ist die ausschließliche Materialgrundlage seiner Analysen geblieben und hat ihn auch dahingebracht, koloniale Expansion in einem so europäisch einseitigen Lichte zu sehen, daß man ihn guten Gewissens unter die intellektuellen Apologeten des Kolonialismus rechnen kann [209]. Die europazentrische Fixierung seines Geschichtsbildes hätte durch die Kenntnis außerwestlicher Gesellschaften nicht überwunden werden können. Amerika hätte das aber beinahe geschafft. In *Lohn, Preis und Profit* spürt man nämlich deutlich, wie er mit Amerika fertig zu werden versucht, wie ihn jene Gesellschaft irritiert. Und es gibt eine Stelle, an der er geradezu greifbar die Lösung des Problems vor Augen hat, die dem *Kapital* eine andere Richtung hätte geben können. Marx versucht dort, die historische Frage nach der Genesis frühkapitalistischer Gesellschaftsstrukturen zu klären und spricht von der »sonderbaren Erscheinung«, daß »die eine Gruppe ständig kauft, um Profit zu machen und sich zu bereichern, während die andre ständig verkauft, um ihren Lebensunterhalt zu verdienen? Die Untersuchung dieser Frage wäre eine Untersuchung über das, was die Ökonomen ›Vorgängige oder ursprüngliche Akkumulation‹ nennen, was aber ursprüngliche Expropriation genannt werden sollte. Wir würden finden, daß diese sogenannte ursprüngliche Akkumulation nichts anderes bedeutet als eine Reihe historischer Prozesse, die in einer Auflösung der ursprünglichen Einheit zwischen den Arbeitenden und seinen Arbeitsmitteln resultieren. Solch eine Untersuchung fällt jedoch außerhalb des Rahmens meines jetzigen Themas [210].« Auf vergleichender Basis hat sich Marx mit diesem Thema auch später nicht beschäftigt. Hätte er es getan, wäre er auf den Sachverhalt gestoßen, daß jene historischen Prozesse in Amerika nicht stattgefunden haben, eine »ursprüngliche Expropriation«, wenn man diesen Terminus benutzen will, in Amerika auf die schwarzen Sklaven beschränkt geblieben ist, die zu keinem Zeitpunkt mehr

als 19,3 % (1790) der amerikanischen Bevölkerung gebildet haben. Marx hätte sich wieder dem Problem der »Kulturstufe« zuwenden müssen. Das hegelianische Erbe hat das jedoch verhindert.
Mit dem Hinweis auf das Erbe Hegels soll nicht allein an die geschichtsspekulative Rechtfertigung einer Verdrängung Amerikas erinnert werden. Die Bemerkungen Hegels über die strukturelle Unfertigkeit der amerikanischen Gesellschaft werden zwar von Marx allgemein geteilt, auch wenn für beide die historische Überwindung dieser Unfertigkeit etwas anders aussieht. Denn während Hegel noch in Erwartung einer gegliederten Ständegesellschaft mit amerikanischem Königtum als Krönung der gesellschaftlichen Neugründung lebt, geht Marx immerhin soweit, den Modus der ›bürgerlichen Gesellschaft‹ in Amerika für gegeben zu halten. Aus dem europäischen Ständekonzert vermißt er eigentlich nur noch die deutlichere Formierung jenes Teils, den Hegel noch »Pöbel« genannt hat [211], während er bei Marx als Proletariat zum Träger des Geschichtsprozesses aufgestiegen ist. Dieses Warten auf das amerikanische Proletariat ist eine spekulative Fixierung geblieben, die allein aus dem europäischen Geschichtsmodell zu erklären ist. Denn die Marxsche Empirie hat sich ja, wie wir gesehen haben, nicht gegen die uneuropäische Entwicklung Amerikas abzuriegeln vermocht. Die Empirie hat allerdings die geschichtsspekulativen Hypostasen nicht auflösen können. Sie hat es nicht können, weil zum Hegelschen Modell der Weltgeschichte nicht nur das Modell europäischer Entwicklungsphasen gehört, deren zeitgenössische Phase die Aufhebung der bürgerlichen Gesellschaft und ihrer Antagonismen im ›Staate‹ als der »Wirklichkeit der sittlichen Idee« vorbereitet [212]. Der sozialen Konkretisierung des ›Weltgeistes‹ im Staate läuft ja das Wissen voraus, daß es so sein wird; ein Wissen, das sich im Schlußkapitel der *Phänomenologie* absolut nennt und damit beansprucht, die Spannung zwischen Theorie und Praxis endgültig überwunden zu haben. Diese Spannung ist aber für alle vor-Hegelschen Bewußtseinsgestalten konstitutiv. Sie ist es somit auch

für jene »alte Geisterwelt«, die die Amerikaner aus England bezogen und vom *Mayflower Compact* (1620) bis zur Gegenwart von Marx und Engels als ›Überbau‹ mit sich herumgeschleppt haben. Da Marx und Engels in der Fortsetzung Hegels ihre Thesen zur ›Veränderung‹ der Welt formuliert und dessen Umkehrung der historischen Theorie/Praxis-Beziehung übernommen haben, konnten sie dem Fall Amerika natürlich keine weltgeschichtliche Sonderstellung einräumen oder etwa gar durch dessen zivilisatorische Entwicklung zu einer Revision der spekulativen Prämisse motiviert werden.

Vor allem die Radikalisierung der Hegelschen Theorie/Praxis-Umkehrung hat Marx daran gehindert, seine amerikanische Empirie theoretisch zu erfassen. Denn die Abwesenheit der europäischen Sozialstrukturen hat es der »alten Geisterwelt« ermöglicht, sich praktisch zu verwirklichen. Die ›Veränderung‹ der Welt, an der Marx und Engels als nach-Hegelsche Theoretiker interessiert sind, hat mit der Eroberung der amerikanischen Wildnis durch die radikale protestantische Reformation begonnen und sich in der Erfolgsgeschichte des amerikanischen Sozialexperiments bis zur Gegenwart von Marx und Engels fortgesetzt.

Die ganze amerikanische Malaise von Marx wird deutlich, wenn man sich die frühen Formulierungen zur geschichtsspekulativen Funktion des deutschen Proletariats im Emanzipationsprozeß der Menschheit anschaut. In der *Kritik der Hegelschen Rechtsphilosophie* (1843) wird bereits im ersten Satz der Kontext zur Reformation hergestellt, deren emanzipatorisches Momentum mit der Hegelschen Philosophie und den Junghegelianern zum Abschluß gekommen sei, wenn es heißt: »Für Deutschland ist die Kritik der Religion im wesentlichen beendigt, und die Kritik der Religion ist die Voraussetzung aller Kritik.« Zwar ist die ›Kritik‹ für Deutschland beendet, die revolutionäre Politik steht aber noch bevor. Am Ende seiner Auseinandersetzung mit Hegel, die eben keine Umkehrung, sondern eine Fortsetzung Hegelscher Denkmotive ist [214], lesen wir deshalb:

»Wie die Philosophie im Proletariat ihre materiellen, so findet das Proletariat in der Philosophie seine geistigen Waffen, und sobald der Blitz des Gedankens gründlich in diesen naiven Volksboden eingeschlagen ist, wird sich die Emanzipation der Deutschen zu Menschen vollziehen. Resumieren wir das Resultat: Die einzig praktisch mögliche Befreiung Deutschlands ist die Befreiung auf dem Standpunkt der Theorie, welche den Menschen für das höchste Wesen des Menschen erklärt. In Deutschland ist die Emanzipation von dem Mittelalter nur möglich als die Emanzipation zugleich von den teilweisen Überwindungen des Mittelalters. In Deutschland kann keine Art der Knechtschaft gebrochen werden, ohne jede Art der Knechtschaft zu brechen ... Die Emanzipation des Deutschen ist die Emanzipation des Menschen. Der Kopf dieser Emanzipation ist die Philosophie, ihr Herz das Proletariat[215].« Diese Sätze fassen die ›theoretischen‹ wie geschichtsspekulativen Motive des frühen Marxschen Denkens zusammen, auf dem auch die späteren ökonomischen Studien fundiert sind. Und nirgends wird deutlicher, wie stark die europäischen Fixierungen in Marx gewesen sind und warum er niemals einen schlichten, aber revolutionären Sachverhalt erkannt hat: nämlich die Abwesenheit des Mittelalters und den Erfolg der radikalen Reformation in Amerika. Übersetzt man die historische Wirklichkeit Amerikas in die Marxschen Kategorien, dann hat in Amerika die Emanzipation bereits stattgefunden, bevor sie in Europa überhaupt artikuliert worden ist. Sie hat sich in Amerika verwirklicht als Übersetzung von ›Kopf und Herz‹ der Reformation. Eine Spaltung zwischen Philosophie und Proletariat in Amerika hätte deshalb die Einführung des Mittelalters verlangt. Marx' Bemerkungen über die Arbeiter, die in Amerika Bauern werden, deuten an, daß er die Aporien zumindest geahnt hat. Daß er nach dem Vortrag *Lohn, Preis und Profit*, in dem er dieses Phänomen streift, nicht mehr theoretisch auf Amerika zurückgekommen ist, hat so auch einen prinzipiellen Grund: er hätte nicht nur die ökonomischen Prozesse Amerikas theoretisch in einem Alternativmodell erfassen müssen, er hätte zudem das Erbe des Hegelianismus vollkommen über Bord werfen müssen. Dazu aber war es 1865 zu spät.

Unter den Folgen dieser Sequenz von Verdrängungen, die mit der Französischen Revolution beginnt, in der deutschen Revolution des Geistes ihre spekulative Rechtfertigkeit erhält und in Marx einen ambivalenten Höhepunkt erreicht, der unter den späteren Marxisten allerdings seine Ambivalenz verliert und der totalen europäischen Anpassung weicht, – unter diesen Folgen haben die Amerika-Bilder Europas bis zur Gegenwart zu leiden. Denn Französische Revolution, Hegelianismus und Marxismus bilden die Matrix politischer Ideologien in Europa – und der Anti-Amerikanismus gehört zum Nebenprodukt dieser Ideologien.

II. TEIL

Die Entdeckung Amerikas

Der Fall Amerika war im europäischen Bewußtsein nicht vorgesehen und wurde deshalb verdrängt. So überzeugend diese These auch durch das Ressentiment der zeitgenössischen Anti-Amerikaner, die Spekulationen der Pariser Mandarine und die Reflexionen der deutschen Geschichtsphilosophen illustriert werden kann, scheint sie sich unter dem Aspekt eines offenkundig gegenläufigen Prozesses in nichts aufzulösen. Diesen Prozeß möchte ich kurz die ›Entdeckung Amerikas‹ nennen.

Mit der Entdeckung, von der in den folgenden drei Kapiteln die Rede sein wird, hat es allerdings eine besondere Bewandtnis. Sie hat weder mit Kolumbus, noch mit der protestantisch-englischen Besiedelung und der prä-revolutionären Entwicklung Amerikas zu tun. Es handelt sich um die Entdeckung eines Amerika, das von 1820 bis 1924 Millionen europäischer Einwanderer aufgenommen hat, das von Alexis de Tocqueville 1831/32 bereist und in *De la Démocratie en Amérique* (1835/1840) vorgestellt worden ist und das im 20. Jahrhundert zum bevorzugten Exil der Opfer des gesamteuropäischen Bürgerkriegs gehört hat. Keine politische Gesellschaft in der bekannten Geschichte der Menschheit kann sich einer vergleichbaren Zuwanderung erfreuen. Keine historische Gesellschaft hat sich so bereitwillig dem europäischen Beobachter geöffnet und – neben Tocqueville als dem einflußreichsten unter ihnen – so viele engagierte Berichterstatter gefunden. Und keine Gesellschaft auch hat sich so uneingeschränkt der politischen Flüchtlinge Europas angenommen. Amerika ist, so sollte man wenigstens angesichts dieser transatlantischen Wanderung annehmen, nicht verdrängt, sondern von Europa permanent entdeckt worden.

Die Entdeckung Amerikas, von der hier gesprochen wird, hat die Tendenzen zur Verdrängung aber nicht nur nicht aufheben können, sie hat sie entweder nicht berührt oder sogar verstärkt. Die millionenfache Auswanderung von 1820 bis 1924 beleuchtet dabei eine sozio-ökonomische Seite der Verdrängung. Denn primär handelte es sich ja um die Angehörigen der europäischen Unterschichten, die es nach Amerika trieb. Die Unfähigkeit Europas, mit seinen Sozialproblemen fertig zu werden, sie gleichsam millionenfach nach Amerika abzuschieben, wurde im politischen Bewußtsein verdrängt. Der Kontrast zwischen den Marginalien Heines und Börnes gibt einen plastischen Einblick in diesen Zusammenhang. Er läßt sich aber vor allem in den sozialen Verhaltensmustern der Auswanderung und ihrer Rückwirkungen auf die europäischen Gesellschaften beobachten. Denn Auswanderung provozierte weitere Auswanderung. Sie führte weder zu Änderungen in Europa, noch zu einer Revision des Amerika-Bildes: wer in Europa Amerika nicht verdrängte, wanderte aus.

Neben den Einwanderern gab es die Amerika-Reisenden, die Europa mit Amerikana versorgten. Während die amerikanischen Einwanderer mit den potentiellen europäischen Auswanderern eine Art Subkultur bildeten und damit bereits aus der europäischen Geschichte ausgeschieden waren, lieferten die Amerika-Reisenden ein zivilisatorisches Feuilleton, um Europa mit Berichten aus der Neuen Welt exotisch zu unterhalten oder gebildet zu belehren. Nur in seltenen Fällen waren diese Kultur-Touristen bereit oder fähig, die amerikanische Gesellschaft und ihre Strukturen jenseits ihrer jeweiligen europäischen Positionen zu beschreiben. Geschah es doch, behielt Europa die Oberhand. Alexis de Tocqueville gehörte zu den wenigen Amerika-Reisenden im 19. Jahrhundert, die Europa mit einem Gegenmodell des amerikanischen Sozialprozesses konfrontiert haben. Aber auch diesem Gegenmodell hafteten, trotz seiner historisch-analytischen Überlegenheit gegenüber allen anderen Amerika-Interpretationen, deutliche Mängel an. Denn Tocquevilles Buch war nicht nur eine Analyse der amerikanischen Gesellschaft; es war zugleich ein Beitrag zur politischen Debatte im Frankreich der 30er und 40er Jahre, deren Frontstellungen die kritische Perspektive dieses bedeutenden Amerika-Werkes entscheidend beeinflußt haben. Amerika wurde von Tocqueville nicht verdrängt. Es wurde als Antizipation der europäischen Zukunft verstanden, auch wenn dem Autor durchaus bewußt war, daß zwischen der damaligen amerikanischen und europäischen Vergangenheit wie Gegenwart nur sehr äußerliche Verwandtschaften bestanden, der Möglichkeit der Extrapolation also deutliche historische Grenzen gesetzt waren. Das Tocquevillsche Verständnis Amerikas als einer Antizipation zukünftiger europäischer Strukturen ging somit von der Prämisse einer tendenziell gemeinsamen amerikanisch-europäischen Entwicklung aus. Es verdeckte das Zukunftsbild Europas durch die amerikanische Gegenwart und kehrte damit das gängige Verdrängungsverhältnis um. Die Folgen dieser Umkehrung für das Verständnis Amerikas wurden von Tocqueville allerdings übersehen. Er begriff nicht, daß auch er letztlich Amerika auf einen europäischen Nenner zu bringen versuchte.

Mit der Emigration der europäischen Eliten im 20. Jahrhundert erreichen wir die Schlußphase in der Entdeckung Amerikas. Nicht nur hatten sich die inneren Strukturen der USA mittlerweile verfestigt; der amerikanische Eintritt in eine bislang von Europa beherrschte Weltpolitik tat ein übriges, um die Mechanismen der Verdrängung zu verunsichern. Die Begegnung des europäischen Geistes mit der amerikanischen Gesellschaft läßt die Skala der bisherigen Amerika-Bilder noch einmal Revue passieren, um schließlich in einem Prozeß der Bewußtmachung durch ein neues Verständnis ersetzt zu werden, das die Amerika-Bilder und die europäischen Selbstbildnisse transzendiert.

1 *Amerika als Asyl der europäischen Unterschichten: Die europäische Einwanderung im 19. und 20. Jahrhundert*

»In diesem großen amerikanischen Asyl haben sich die Armen Europas ... getroffen... [Zwei] Drittel von ihnen hatten kein Heimatland. Kann ein Verdammter, der umhertreibt, der arbeitet und hungert, dessen Leben ein beständiges Schauspiel äußerster Mühsal und drückender Not ist; kann ein solcher Mann England oder irgendein anderes Königreich sein Heimatland [*country*] nennen? Ein Land, das kein Brot für ihn hatte, dessen Felder ihm keine Ernten bescherten; der mit nichts als den mürrischen Blicken der Reichen, der Schwere der Gesetze, mit Gefängnissen und Strafen zusammentraf; der nicht einen einzigen Fußbreit dieses weiten Planeten sein eigen nannte?« – Diese Zeilen über die Verdammten der europäischen Erde, die in Amerika Zuflucht gefunden haben, stammen aus dem Jahre 1782. Michel-Guillaume Jean de Crèvecoeur schrieb sie unter dem Pseudonym Hector St. John im dritten Brief seiner *Letters from an American Farmer* [1], dem ersten bedeutenden Versuch eines Europäers über Amerika. Der Brief trug die einfache Überschrift »Was ist ein Amerikaner?«

Wenngleich sich Crèvecoeurs soziologische These über Amerika als Asyl der europäischen Unterschichten schwerlich für die ersten beiden Jahrhunderte der amerikanischen Geschichte empirisch bestätigen läßt, man wahrscheinlich eher von den Einwanderern als Angehörigen der mittleren und unteren Mittelschichten Europas sprechen muß, so gewinnt sie für das 19. Jahrhundert an Bedeutung. Ein Blick auf die Jahre 1790, 1820 und 1920 als Markierungspunkte in der amerikanischen Bevölkerungssta-

tistik enthüllt in nüchternen Zahlen eine Dynamik, gegenüber der selbst die Metapher der Bevölkerungsexplosion harmlos wirkt. Die Bevölkerung der Vereinigten Staaten wird 1790 mit 3929214, 1820 mit 9638453 und 1920 mit 105710620 Einwohnern beziffert[2]. Zwischen dem Jahrzehnt, in dem Crèvecoeur die Frage nach dem Amerikaner mit Hinweis auf die europäische Immigration beantwortet hatte, und dem Beginn der zwanziger Jahre in unserem Jahrhundert, als die offene Immigrationspolitik Amerikas auch für Europäer zu einem Ende kam und nationale Quoten eingeführt wurden, hatte sich die amerikanische Bevölkerung mehr als 25fach vergrößert. Amerika hatte sich als Asyl Europas bewährt.
Aber Amerika war nicht nur das Asyl Europas. Aus den Ziffern der offiziellen Statistiken, die so offenkundig das historische Elend Europas und die zivilisatorische Größe Amerikas quantitativ widerspiegeln, läßt sich z.B. nicht entnehmen, daß Amerika auch die Schlachtbank für Indianer war. Die ›ersten Amerikaner‹ fehlen in den frühen Statistiken; ihr statistischer Nullwert entspricht gleichsam ihrem Schicksal, erst nach dem Blutbad des 18. und 19. Jahrhunderts, das die Abdrängung in die unfruchtbaren Reservationen besiegelte, geduldet und damit auch statistisch gezählt zu werden (einigermaßen verläßliche Zahlen tauchen zum ersten Mal im Zensus von 1910 auf)[3]. Daß Amerika das Gefängnis Afrikas war, versteht sich von selbst, auch wenn die schwarzen Amerikaner bereits als Sklaven, also nicht erst nach Ende des Bürgerkrieges mitgezählt worden sind: 1790 waren 19,3 % der Bevölkerung oder 757000 Afrikaner, 1820 waren es 18,4 % oder 1772000 und 1920 schließlich 9,9 % oder 10463000[4]. Die Eindimensionalität ihrer Situation wird aber statistisch erst deutlich, wenn man das Phänomen der europäischen Masseneinwanderung im 19. und 20. Jahrhundert mit dem der afrikanischen Einwanderung nach Ende der Sklaveneinfuhr in die USA (1808) vergleicht. In der Zeitspanne von 1820–1970 sind 35914584 Europäer und 76473 Afrikaner eingewandert. Dieser institutionalisierte Rassismus wird etwas durch

die Einwanderung aus West-Indien – Haiti einbegriffen – korrigiert, die von 1820 bis 1970 mit 558 500 angegeben wird (von denen die meisten allerdings erst seit 1950 eingewandert sind); er erhält jedoch eine globale Note, wenn man die Gesamtziffer für Asien für die genannte Periode hinzufügt, die sich auf 1 308 953 beläuft[5]. Amerika ist eben wirklich das Asyl Europas gewesen und von den europäischen Einwanderern für Europa offen gehalten worden. Die amerikanische Erfolgsgeschichte als Asyl sollte vor diesem Hintergrund einer europazentrischen Exklusivität verstanden werden. Denn dieser Erfolg hat die historische Tragik der USA perpetuieren helfen, das Institut der Sklaverei zwar zu überwinden, die rassische Verdinglichung aber nicht nur fortzusetzen, sondern auf andere nicht-europäische Völkerschaften auszudehnen.

Daß Amerika nicht das Asyl der Menschheit gewesen ist, kann seiner europäischen Bedeutung nichts anhaben. Crèvecoeur glaubte bereits am Ende des 18. Jahrhunderts, Amerika die Zuflucht der europäischen Unterschichten nennen zu können. Nun spricht nicht nur die Bevölkerungszahl Amerikas gegen diese generelle These, die nach dem ersten Bundeszensus von 1790 erst knapp die Viermillionengrenze – davon 19,3 % Afrikaner – erreicht hatte. Die steigende Einfuhr afrikanischer Sklaven seit der zweiten Hälfte des 17. Jahrhunderts bezeugt ja gerade, daß Amerika von den Europäern noch nicht als Ziel einer Masseneinwanderung entdeckt war. Ob eine früher einsetzende europäische Einwanderung die Masseneinfuhr afrikanischer Sklaven hätte verhindern können, soll an dieser Stelle nicht diskutiert werden. Die Sklaveneinfuhr soll hier nur als Indiz einer permanenten Übernachfrage auf dem amerikanischen Arbeitsmarkt angeführt werden, die erst im 19. Jahrhundert aus dem gesamteuropäischen Reservoir gedeckt zu werden begann. Denn auch dies gehört zu den unhaltbaren Verallgemeinerungen Crèvecoeurs, daß er nämlich von Europa spricht, anstatt regional zu differenzieren. Zwar finden sich unter den Einwanderern der ersten beiden amerikanischen Jahrhunderte größere Kontingente holländischer, französischer, deutscher und schweizerischer Siedler [6], es dominieren aber die Einwanderer aus dem Vereinigten Königreich von England, Schottland und Irland. Die zwei Jahrhunderte angelsächsischer Einwanderung gehen keineswegs im 19. Jahrhundert zu Ende. Im Gegenteil, an der Einwanderungsexplosion sind die Engländer, Schotten und Iren prozentual dem übrigen Europa in nichts nachgestanden. Was sich ändert, ist die kontinental-europäische Beteiligung an der Wanderung.

An dieser Wanderung wirken nicht allein die absoluten Ziffern der verschiedenen Nationalitäten überraschend. Die zeitlichen Verschiebungen zwischen den jeweiligen Einwanderungsschüben lassen ein deutliches regionales Gefälle in der zivilisatorischen Entdeckung Amerikas erkennen. Beides, der Nationalitäts- wie der Zeitfaktor, sollte in der Zukunft einen nachhaltigen Einfluß auf die innere Gestalt der USA ausüben. Blicken wir zunächst auf die Ziffern selbst, so könnte man von einem absoluten Übergewicht der angelsächsischen Einwanderer von 1820–1970 sprechen. Denn neben den 4792416 Engländern und 4713868 Iren müßte man die nordamerikanische Binnenwanderung von Kanada, die sich auf 3968708 beläuft, hinzurechnen. So fragwürdig diese einfache angelsächsische Addition aber bereits für Kanada ist – weil Kanada nicht erst im 20. Jahrhundert vielfach als Zwischenstation zur Einwanderung in die USA betrachtet wurde –[7], sie verfehlt das irische Problem vollkommen, das sich eben in der irischen ethnischen Identität in den USA bis in die 70er Jahre des 20. Jahrhunderts gehalten hat. In jedem Fall reicht die deutsche Immigration im selben Zeitraum an die englischen, kanadischen und irischen Ziffern heran. Sie wird mit 6917097 angegeben, müßte sich aber nicht nur durch die Aufschlüsselung der kanadischen, sondern auch der russischen Einwanderung, die sich auf 3346815 beläuft, erheblich erhöhen. Denn besonders im 19. Jahrhundert hat sich die russische Einwanderung sehr stark aus deutschen Siedlungsgebieten rekrutiert [8]. Da aber außerdem in den deutschen Ziffern – wie in den russischen und österreichischen – die polnische Immigration des 19. Jahrhunderts mitgerechnet wird, somit also auch in der deutschen Gesamtziffer andere ethnische Gruppen figurieren, beschränke ich mich in meiner Erörterung auf die unspezifierten amerikanischen Angaben. Dies macht allerdings eine differenzierte Interpretation der österreichischen Immigration (4 301 867) unmöglich, da in ihr nicht nur Deutsch-Österreicher, Böhmen, Tschechen, Slowaken, Polen, Italiener, Jugoslawen zusammengehen, sondern vor allem auch die Ungarn – zumindest bis 1867 – ein starkes Gewicht besessen haben. Gesagt werden kann somit nur, daß das deutschsprachige Element durch Österreicher verstärkt worden ist und damit weit über der prozentualen Grenze von 15,3 % der offiziellen Einwanderungsquote liegen muß. Die nicht-angelsächsische Einwanderung aus Europa – die Prozentzahlen für denselben Zeitraum von 1820–1970 lauten für Großbritannien 10,6 und für Irland 10,4 – gewinnt aber erst ihre volle Bedeutung, wenn man das gesamteuropäische Spektrum betrachtet. Mit Ausnahme Frankreichs (730 154) und Spaniens (225 574), deren Auswanderung primär nach Nordafrika und Südamerika ging, und vielleicht noch Portugals (359 119), Hollands (351 500) und Belgiens (198 161), die ihre eigenen Kolonialgebiete mit Einwanderern versorgten, haben alle europäischen Gesellschaften zum Massenexodus in die USA beigetragen. Ob man die 360 603 Dänen, die 853 395 Norweger oder die 1 266 926 Schweden nimmt, die 342 355 Schweizer, 485 830 Polen, 573 143 Griechen oder schließlich die 5 176 488 Italiener (11,5 %) betrachtet, die angelsächsische Einwanderung verliert angesichts dieser kontinentalen Repräsentanz ihr Übergewicht. Die genannten Zahlen beziehen sich auf die Periode von 1820–1970 [9]. Sie gewinnen jedoch ihre gesellschaftliche Brisanz, wenn man sie zeitlich etwas näher fixiert [10]. Dann nämlich wird die zivilisatorische Leistung eines angelsächsischen Amerika deutlich, sich gegenüber diesem Ansturm des europäischen Kontinents – und Irlands – behauptet zu haben.

Die große europäische Wanderung in die USA beginnt sich bereits im Zeitalter der »atlantischen Revolution« (J. Godechot) abzuzeichnen. Nach groben Schätzungen haben sich von 1783–1815 ca. 250000 Europäer in Amerika niedergelassen – unter ihnen Opfer der französischen Revolution, irische Rebellen und hessische Söldner, die von England zur Niederschlagung des amerikanischen Aufstandes über den Atlantik geschickt worden waren [11]. Dieser Einwanderung muß jedoch die Vertreibung britischer Loyalisten entgegengehalten werden, die als Opfer der amerikanischen Revolution – und sie sind als Opfer zu bezeichnen, da sie entschädigungslos enteignet wurden – nach Kanada flüchteten. Auch hier liegen keine genauen Zahlen vor, man nimmt aber an, daß es sich um ca. 60000–100000 gehandelt hat [12]. Die amerikanische Einwanderung hat zwar auch in der Folge nicht ihre direkte oder indirekte politische Tönung verloren; eine dem Zeitalter der atlantischen demokratischen Revolution vergleichbar eindeutige Motivation findet sich aber erst wieder im Zeitalter des gesamteuropäischen Bürgerkrieges im 20. Jahrhundert.

Auch wenn von Historikern der amerikanischen Immigration das Ende der Napoleonischen Kriege und der Beginn der europäischen Restauration (1815) als Anfangsdatum der Massenwanderung genannt werden [13], erreicht diese erst 1827 mit 16719 eine fünfstellige Zahl. 1832 hat sie sich verdoppelt, 1840 verfünffacht, um schließlich 1845 mit 109301 eine sechsstellige Summe zu ergeben. Diese wiederum sollte sich bereits 1847 mehr als verdoppelt, 1851 mehr als verdreifacht haben, um 1854 mit 405542 den ersten Höhepunkt zu erklimmen. 1855 sinkt die Summe auf 187729 ab und verringert sich stetig bis 1861 und 1862, als sie bei 82000 stehenbleibt, um dann wieder rapide anzusteigen und 1873 mit 397541 einen neuen Rekord zu setzen. In den folgenden 70er Jahren verringern sich die Zahlen zwar bis zu 101612 (1878), steigen aber 1880 wieder zur Rekordhöhe von 1873 auf (348691) und übertreffen sie von 1881 bis 1884 (528545, 648186, 522587, 453686) regelmäßig. Diese Regel wird nur 1885 und 1886 (353083, 329529) unterbrochen, von 1887 bis 1893 aber mit

Ziffern zwischen 400000 und 600000 bestätigt. Bis zum Ende des Jahrhunderts pendeln die Zahlen zwischen 210000 und 330000. Im neuen Jahrhundert überspringen sie sofort die 400000-, 1902 die 600000-, 1903 die 800000-, 1905 die 900000- und endlich 1906 zum ersten Male die Millionengrenze. Dies wiederholt sich mit Ausnahme der Jahre 1908 (691901), 1909 (654875), 1910 (926291), 1911 (764757) und 1912 (718875) bis einschließlich 1914. Mit Ausbruch des ersten Weltkrieges fallen die Zahlen auf 197919 (1915) zurück und sinken 1918 auf einen Tiefpunkt (31063), von dem sie sich 1920 (264295), 1921 (652364), 1922 (216385), 1923 (307920) und 1924 (6364339) deutlich erholen [14]. Im Jahre 1924 tritt das neue Quotensystem in Kraft, mit dem die unreglementierte europäische Einwanderung zwar nicht abrupt, aber langsam zu Ende geht. Auf die Motive dieser Reglementierung und die Folgen für die europäische Einwanderung werde ich weiter unten zurückkommen.

So eindrucksvoll die obenstehenden Zahlen auch den europäischen Exodus im 19. und frühen 20. Jahrhundert dokumentieren, so erzeugen sie doch einen falschen Eindruck. Sie suggerieren nämlich eine einheitliche europäische Wanderung, die es in dieser Form aber nicht gegeben hat. Das ›Europa‹, das auswanderte, bildete kein zusammenhängendes Sozialfeld, sondern zerfiel in die historischen nationalen und ethnischen Subfelder, die sich erst im Prozeß der ›Amerikanisierung‹ ihrer prekären gemeinsamen Herkunft bewußt wurden. Eine Gemeinsamkeit überspannte allerdings das plurale Gruppenfeld der Auswanderung, nämlich der Zweifel an einer besseren europäischen Zukunft. Dieser Zweifel wurde genährt durch periodisch wiederkehrende schlechte Ernten und Hungersnöte, die im Irland der späten 40er und frühen 50er Jahre zu genozidähnlichen Zuständen führten [15]. Auch wenn sich das Elend Irlands im übrigen Europa nicht in diesen grauenhaften Formen wiederholte, waren die Erfahrungen elementarer sozialer Hoffnungslosigkeit Gemeingut der europäischen Unterschichten. Der europäische Sozialismus reflektierte vor allem das Elend des städtischen Indu-

strieproletariats. Die Arbeiterbewegung begann sich in den 40er Jahren in Gewerkschaften, Bildungs- und Konsumvereinigungen und später in Parteien programmatisch und organisatorisch um diese deklassierten Massen zu kümmern. Das verhinderte jedoch nicht, daß auch die europäischen Arbeiter Sozialismus und Amerika als die beiden Antworten auf die trostlose Gegenwart verstanden und millionenfach auswanderten. In Amerika das »Utopia des gemeinen Mannes« (M. L. Hansen) zu sehen, hat sich jedoch zuerst unter den pacht- und zinsabhängigen Bauern Nord-, Nordwest- und Mitteleuropas als Vorstellung verbreitet. Bauern – und mit ihnen Handwerker und kleine Gewerbebetreibende, die sich den Strukturveränderungen im Gefolge der industriellen Revolution hilflos ausgeliefert sahen – bildeten die erste Welle der Massenauswanderung, der die weiteren folgten.
Waren die Erfahrungen einer sozial zukunftslosen Gegenwart Gemeingut der europäischen Unterschichten, so verbreitete sich die Hoffnung auf Amerika in einer Weise, die einem nord-süd-/west-östlichen Zivilisationsgefälle nahekommt. Der amerikanische Immigrationshistoriker Hansen hat drei große Phasen der Wanderung unterschieden: in der Periode von 1830 bis 1860 waren es vor allem Schotten, Waliser, Iren, Deutsche aus dem oberen Rheintal, Belgier, Holländer und Norweger, die nach Amerika zogen; in der Periode von 1860 bis 1890 schlossen sich Engländer, Schweden, Dänen, Deutsche aus Preußen und Sachsen sowie Böhmen aus Österreich an; in der Periode von 1890 bis zum Ausbruch des ersten Weltkrieges folgten die Auswanderer aus Italien und Griechenland, Polen, Rußland und der europäischen Türkei und schließlich Ungarn [16]. Mit dem Beginn des 20. Jahrhunderts war Amerika überall in Europa als ›Land der unbegrenzten Möglichkeiten [17]‹ für Einwanderer entdeckt.
Die Formen der Entdeckung lassen sich schwerlich auf eine einheitliche Propaganda zurückführen. So sehr auch eine populäre Amerika-Literatur die Aufmerksamkeit auf die Möglichkeiten in den Vereinigten Staaten gelenkt haben mag, das progressive Steigen der Einwanderung erklärt sie nicht. Gottfried Dudens *Be-*

richt über eine Reise nach den westlichen Staaten Nordamerikas (1829) wird z.B. von Hansen als »wichtigstes Werk in der Geschichte der deutschen Emigration« bezeichnet [18]. Ob Dudens Buch allerdings – und es sei hier nur als Beispiel genannt – die Auswanderung beeinflußt hat, muß zumindest bezweifelt werden, wenn man erfährt, daß es, verteilt über mehrere Jahre, eine Gesamtauflage von nicht mehr als 5000 Exemplaren erreicht hat [19]. Ähnliches muß man wahrscheinlich über die Berichte Thomas Hamiltons (*Man and Manners in America*, 1833), Harriet Martineaus (*Society in America*, 1837), Frederick Marryats (*Diary in America*, 1839) und anderer sagen. Weder in England, noch in den übrigen Ländern Europas, in denen meist kurz nach Erscheinen der Originalfassung Übersetzungen erschienen [20], sind diese Werke über den Umkreis einer interessierten Bildungselite hinausgedrungen. Sicher, auch in diesen Sozialschichten hat es Auswanderungswillige gegeben. Für die transatlantische Wanderung aber sind sie so wenig repräsentativ gewesen wie die Utopisten der 20er und 30er Jahre, die Liberalen der 48er Revolution, die Sozialisten und Anarchisten der späteren Jahrzehnte, denen man nicht mehr als eine marginale Bedeutung zusprechen kann.

Die Berichte der Literaten muß man vielmehr mit den Briefen der Hunderttausenden zusammen sehen, die aus Amerika in die Dörfer und Städte Europas geschickt worden sind. Diese Briefe der Ausgewanderten schilderten die politischen, sozialen und ökonomischen Existenzbedingungen der Neuen Welt in einer familiär-konkreten Weise, die von den Zurückgebliebenen unmittelbar nachvollzogen werden konnte. Beiliegende Geldanweisungen – und dies scheint einer der Hauptwege des transatlantischen Zahlungsverkehrs im 19. Jahrhundert gewesen zu sein – unterstrichen zudem, daß das Versprechen Amerikas kein leerer Wahn war [21]. Die Bedeutung dieser Propaganda läßt sich an den landschaftlich gebundenen Wanderungswegen ablesen, die Hansen für die Zeit bis 1860 von ihren europäischen Ausgangspunkten bis zu den ersten amerikanischen Siedlungen verfolgt hat. Ihr privater Charakter erklärt aber auch, warum die Massenauswanderung nicht als politisches Phänomen verstanden worden ist. In der Publizistik wurde Amerika zwar als alternatives Modell einer politischen Gesellschaft diskutiert. Daß die Emigration aber außerdem eine europäische Massenbewegung war, die die nationalen Grenzen sprengte und damit als Gradmesser sozialer Unzufriedenheit alle anderen Bewegungen übertraf – auf keinen Fall in den Kategorien eines expansiven Kolonialismus oder Imperialismus aufging –, ist nicht in das öffentliche Bewußtsein eingegangen. Das ›Amerika‹, auf das sich die Hoffnungen der Europäer richteten und das in den Briefen der Hunderttausenden beschrieben wurde, war ein Bewußtsein, das Europa bereits verlassen hatte und – neuerstanden – immer wieder verließ.

Diese skizzenhaft bleibenden Anmerkungen zu einer Bewußtseinssoziologie der Auswanderung wollen keineswegs zusätzliche Faktoren unterschlagen. Die Intensivierung der transatlantischen Handels- und damit auch Verkehrsbeziehungen nach den Napoleonischen Kriegen haben die Wanderung physisch ja erst möglich gemacht. Ohne die Ausweitung des Transportvolumens wäre der Massenexodus bereits in den Atlantik- und Nordseehäfen des Kontinents und des Vereinigten Königreichs zum Stranden gekommen – so wie es in den 20er und 30er Jahren auch wiederholt geschehen ist [22]. Selbst die seit 1808 durch den Erlaß eines Einfuhrverbots für Sklaven in die USA – in England bestand dieses Verbot seit 1807 – freigewordenen Sklavenschiffe hätten den beanspruchten Laderaum nicht decken können. Daß steigende europäische Bevölkerungszahlen [23] und stagnierende oder regional sinkende Sozialerwartungen außerdem mit der ökonomischen und territorialen Expansion Amerikas im Zeichen von *Jacksonian Democracy* und *Manifest Destiny* in den 30er und 40er Jahren zusammentrafen, intensivierte nicht nur europäische Hoffnungen, sondern schuf in den USA das Klima für die offene Einwanderung. Alle diese Faktoren tragen zum Verständnis der Massenwanderung bei, die nach einer Phase planungsloser Naturwüchsigkeit, der die Auswanderer nicht nur in den europäischen Häfen, sondern auch in Amerika begegneten, von europäischen wie amerikanischen Geschäftsleuten, Reederei-, Handels-, Industrie- und Siedlungsagenten zu einem organisierten Handelszweig weiterentwickelt worden ist. So sehr das Bild des europäischen Exodus auf diese Weise auch an Nuancen gewinnt, es ändert nichts an seinem privaten Charakter. Weder wurde die Auswanderung als politische Bewegung organisiert noch als solche verstanden. Politische Bedeutung erlangten diese Teile der europäischen Unterschichten allein in der Gesellschaft, die sie entdeckten.

Der Erfolg der Assimilation, diese Integration der Millionen in den amerikanischen Gesellschaftsprozeß, unterstreicht nur noch die politische Formlosigkeit, die die Auswanderung in Europa gehabt hat. Denn mit der Einwanderung nach Amerika wurden zwar nicht die ursprünglichen ethnischen Identitäten überwunden. Die politische Aktivierung dieser vormals weitgehend vom politischen Prozeß ihrer Ursprungsgesellschaften ausgeschlossenen Gruppen wirkte aber nicht auf Europa zurück, sondern beschränkte sich auf Amerika. In der Neuen Welt hat es frühe Ansätze der Iren [24] und Deutschen [25] gegeben, politische Sozialfelder mit relativer organisatorischer Selbständigkeit innerhalb der dominant angelsächsischen Gesellschaft zu bilden. Wenngleich diese Versuche, ein neues Irland und Deutschland in Amerika zu verwirklichen, zum Scheitern verdammt waren, illustrierten sie das politische Potential, das sie in Europa hätten bilden können. Die politische Aktivierung war aber Teil der amerikanischen Erfahrung, die aus den privaten Europäern öffentliche werden und sie geradezu erst im Prozeß der amerikanischen Politisierung ihre nationale Identität als primäre Integrationseinheit erkennen ließ. Denn, wie Oscar Handlin angemerkt hat, »... war es damals keine einfache Sache, die Natur solcher Gruppen zu bestimmen. Viel später, im täuschenden Rückblick, mag ein Mann seinen Kindern sagen, ›Warum wir Polen waren und es blieben‹ – oder Italiener, Iren, Deutsche oder Tschechoslowaken. Die Erinnerungen waren falsch. Diese Leute waren in der Neuen Welt ohne solche Identitäten angekommen. Die Ausdrücke bezogen sich auf Nationalstaaten, die noch nicht existierten oder gerade gebildet worden waren. Die Einwanderer charakterisieren sich selbst vielmehr auf Grund ihres Geburtsortes, des Dorfes oder der provinziellen Region, an deren Dialekt oder Brauchtum sie teilhatten ... [26]«

Auch wenn sich die nationalen Identitäten der Einwanderer als Reflex der europäischen Ereignisse immer mehr ausgeprägt haben, man z. B. nicht nur einer deutschnationalen Einigungshysterie unter deutschstämmigen Amerikanern 1870/71 sprechen kann [27], sondern z. B. Elemente des amerikanischen Isolationismus der Zwischenkriegszeit auf den Einfluß des deutschen und italienischen Wählerpotentials zurückgeführt werden [28], so potenzierten sie sich nicht zu irredentistischen Bewegungen in den USA. Die ethnische Identität konnte sich vielmehr in den irischen und z. T. auch deutschen und später italienischen Parteimaschinen der Großstädte und einiger Einzelstaaten ihres Getto-Anstrichs entledigen und zu einem bedeutenden Kohäsionsfaktor entwickeln. Ethnische Gruppenidentität wurde im Prozeß der Entdeckung amerikanischer Verhaltensmuster als Vehikel politischer, sozialer und ökonomischer Integration in die Gesamtgesellschaft ausgebeutet.

Dieser Vorgang läßt sich u. a. an der Kehrseite der Einwanderungszahlen ablesen, der Statistik der Rückwanderer, die seit 1908 geführt wird [29]. Denn hier fällt die ungleiche Verteilung unter den europäischen Bestimmungsländern auf: während die Ziffern der Rückwanderung von 1908 bis 1924 nach Großbritannien, Deutschland, Irland und Skandinavien nie vierstellige Zahlen übersteigen, erreichen sie für Italien, Österreich, Rußland, Griechenland, Ungarn und teilweise Jugoslawien fünfstellige, für Italien 1908 und 1912 sogar sechsstellige Zahlen [30]. Wie immer man diese Zahlen auch interpretieren mag [31], sie deuten Grade der Amerikanisierung an, die ein nord-süd/west-östliches Erfolgsgefälle für die europäische Einwanderung erkennen lassen. Anders formuliert könnte man auch sagen, daß die Intensität der nationalen oder ethnischen Bindungen einem Süd-Nord/-Ost-West-Gefälle entspricht. Diese Erklärungen der Rückwanderung als Kehrseite des europäischen Massenexodus lassen jedoch die amerikanische Seite außer acht. Denn als die Unterschichten Ost-, Ostmittel-, Südost- und Südeuropas Amerika als Asyl entdeckten, begannen latent xenophobe wie offen rassistische Haltungen die amerikanische Einwanderung zu beeinflussen.

Die überwiegend protestantisch-angelsächsische Zusammensetzung der amerikanischen Bevölkerung von 1607 bis 1820 hatte sich im Laufe des 19. Jahrhunderts vor allem um deutsche, skandinavische und katholisch-irische Kontingente verändert, so daß sich die ursprüngliche Bevölkerungskonformität zu einer nord/-west/mitteleuropäischen erweitert hatte. 1880 überschritten die italienischen Einwanderungsziffern mit 12354 zum ersten Mal die 10000-, 1900 die 100000-, 1903 die 200000-Grenze, und ein vergleichsweise starker, wenn auch in absoluten Zahlen geringerer Anstieg machte sich für andere ost- und südeuropäische Gruppen bemerkbar. Diese ›neue Einwanderung‹ intensivierte die Bewegung eines amerikanischen Nativismus, der sich schließlich in den frühen 20er Jahren in der Quotengesetzgebung des Kongresses niederschlug, die offen die englische, irische, deutsche und skandinavische Einwanderung begünstigte. Auch gegenüber Iren und Deutschen hatten sich nativistische Ressentiments gebildet, die aber nur angesichts der radikalen liberalen und sozialistischen deutschen Immigranten in den 50er Jahren des 19. Jahrhunderts das Momentum einer politischen Bewegung erreichten. Die amerikanische *Know Nothing*-Bewegung – so genannt, weil die Einwanderer nichts wüßten, als im europäischen Sinne zu agitieren – richtete sich gegen die Kinkel, Hekker, Schurz und Sigel und löste sich mit deren Scheitern oder erfolgreicher Anpassung auf [32]. An der kaukasischen Identität der amerikanischen Bevölkerung wurden selbstverständlich niemals Zweifel erhoben, auch wenn 1880 13,1% der Amerikaner

Schwarze waren. Diese institutionalisierte Lüge des historischen Amerikanismus wurde auf die chinesische und japanische Einwanderung übertragen. Hatte man gegen die Kuli-Funktion der Chinesen beim Bau des transkontinentalen Eisenbahnsystems nichts einzuwenden, sondern die chinesische Einwanderung geradezu gefördert, begann ein anti-asiatischer Rassismus mit pogromähnlichen Auswüchsen um sich zu greifen, als die Kulis sich niederzulassen begannen [33]. Auch hier sprechen die Zahlen eine deutliche Sprache: 1854 wanderten 42 Chinesen ein, 1855 waren es 13 100; bis 1883 fielen die Ziffern nie unter eine jährliche 2000-Grenze, lagen durchschnittlich sogar bei 10000. Die antichinesischen Ausschreitungen der späten 70er und frühen 80er Jahre, vor allem in Kalifornien, führten zu bundesstaatlichen Einwanderungsrestriktionen, die sich wiederum erstaunlich deutlich an den Zahlen erkennen lassen: 1882 – 39579, 1884 – 279 [34]. Ähnliches sollte sich in den 90er Jahren und im ersten Jahrzehnt des 20. Jahrhunderts bei den Japanern wiederholen. Mit dem *Immigration Act* von 1907 wurde die japanische Einwanderung drastisch eingedämmt [35].

Diese Restriktionen von 1907 entsprangen einer Debatte, die sich nur marginal an der orientalischen Einwanderung entzündet hatte, sich vielmehr gegen die ›neue Einwanderung‹ aus Ost- und Südeuropa richtete. In einer Publizistik und Literatur, die im intellektuellen Niveau und ideologischen Engagement dem prä-faschistischen Geistesabgrund Europas in jenen Jahren in nichts nachstand, wurde von 1880–1924 die geistige, biologische, soziale etc. Inferiorität der ›neuen‹ gegenüber der ›alten‹ Einwanderung diskutiert – an der Inferiorität der Afrikaner und Asiaten bestanden ›natürlich‹ sowieso keine Zweifel. Der erste Weltkrieg verzögerte nur geringfügig die politischen Konsequenzen dieser Debatte, die von rassistischen Konventikeln und pseudowissenschaftlichen Gremien auf Journale und Zeitungen und schließlich die politischen Parteien übergriff. Mit der Einsetzung von Kongreß-Kommissionen, in denen u. a. Eugeniker und Anthropologen um ihre Expertise gebeten wurden [36] – um auf diese

Weise ein vorherrschendes ›nordisches‹ Vorurteil wissenschaftlich abzustützen –, erreichte diese autochthone proto-faschistische Bewegung Amerikas 1917–24 ihren Höhepunkt. Gefördert durch den institutionalisierten anti-afrikanischen und anti-asiatischen Rassismus, einen schwelenden Antisemitismus und offenen Anti-Katholizismus, vor allem aber auch einen hysterischen Anti-Bolschewismus 1919–20 [37] setzte eine Mehrheit des amerikanischen Kongresses eine Reihe von Gesetzen zur Regulierung der Einwanderung durch, deren letztes von der *Los Angeles Times* am 13. April 1924 mit der Überschrift »Drastische Restriktionen als nordischer Sieg gesehen [38]« charakterisiert wurde.

Mit dem ›nordischen Sieg‹ wurde eine obere Einwanderungsgrenze von 150000 pro Jahr eingeführt. Dieser allgemeine Pool wurde sodann in nationale Quoten aufgeschlüsselt, die sich auf 2 % der Personen bezogen, die nach dem Bundeszensus von 1890 als in den entsprechenden Ländern geboren registriert waren [39]. Im *Immigration Act* von 1921 waren die (3 %-)Quoten noch nach dem Zensus von 1910 berechnet. Eine eindringliche Propaganda hatte jedoch deutlich gemacht, daß dies die Süd- und Osteuropäer gegenüber der alten ›nordischen‹ Einwanderung bevorteilen würde [41]. Das neue Gesetz sah außerdem vor, daß die Quoten ab 1. Juli 1929 in Relation zum Bevölkerungsanteil der jeweiligen Nationalitäten, wie ausgewiesen im Zensus von 1920, bestimmt werden müßten. Ein Vergleich der gesetzlichen Quoten von Großbritannien, Deutschland, Italien und Griechenland für 1921, 1924 und 1929 illustriert den ›nordischen Sieg‹: Großbritannien – 77342, 34007, 65721, Deutschland – 68059, 51227, 25957, Italien – 42057, 3845, 5802, Griechenland – 3294, 100, 307 [41]. Dieses Quotensystem wurde im *Immigration Act* von 1952 nicht verändert. Erst am 1. Juli 1968 traten neue Regelungen in Kraft, die die nationalen Quoten durch eine allgemeine 20000-Grenze pro Land in der östlichen Hemisphäre (mit einem Gesamtpol von 170000 pro Jahr) ersetzten; für die westliche Hemisphäre wurde die obere

Grenze mit 120000 festgesetzt, jedoch nicht national aufgeschlüsselt[42].
Die Einführung des Quotensystems in den 20er Jahren beendete die Geschichte Amerikas als offenes Asyl der europäischen Unterschichten. Ein Asyl blieb es aber auch weiterhin. Denn wenn sich auch in der Debatte über die ›alte‹ und ›neue‹ Immigration von 1917 bis 1924 deutliche Tendenzen einer proto-faschistischen Ideologisierung der amerikanischen Gesellschaft abzeichneten, die sich in der Quotenverteilung besonders gut erkennen lassen, so kontrastierte die Fortsetzung der Einwanderung ja gerade mit der radikalen ideologischen Abschließung anderer Gesellschaften im beginnenden Zeitalter des europäischen Bürgerkrieges. Mit der Verabschiedung des *Immigration Act* von 1924 verlor zudem der rassistische Nativismus, sofern er sich an der Einwanderung entzündet hatte, an Bedeutung. Der ›nordische‹ Amerikanismus hatte einen Sieg errungen und sah ihn in den Gesetzen garantiert[43]. Daß Tausende aus Ost- und Südeuropa jährlich einwanderten und außerdem den Umweg über Kanada entdeckten, das nicht dem Quotensystem unterlag – aus Kanada wanderten z.B. im Steuerjahr 1925 100895 in die USA ein[44] –, war durch die Gesetze sanktioniert und wurde damit akzeptiert. Selbst die mexikanische Einwanderung, die wie die kanadische nicht quotenmäßig erfaßt wurde und während der 20er Jahre fünfstellige Ziffern erreichte, konnte den rassistischen Nativismus nicht zu neuem Leben erwecken. Während in Europa ein nativistisch-atavistisches Zeitalter heraufzog, zog sich diese Form eines nativistischen Amerikanismus in Sektiererkreise zurück.
Das Amerika von 1924 bis 1969 ist ein Asyl Europas geblieben, das von 1950 bis 1969 z.B. 566971 Deutsche, 438597 Engländer und 379510 Italiener aufgenommen hat. Die Ziffern für Kanada, Mexico und Westindien bewegen sich jedoch in der gleichen Größenordnung und haben den rein europäischen Charakter der Einwanderung verändert. Nach den Zahlen von 1970 läßt sich für die Zukunft der Einwanderung ein neues Muster erkennen,

wenn man die fünf führenden Ursprungsregionen in der Statistik betrachtet: 1. Mexico, 2. Philippinen, 3. Italien, 4. Kanada und 5. Westindien[45].

Aber nicht nur diese Globalisierung der Einwanderung hat den europäischen Asyl-Charakter Amerikas verändert. Das Amerika des 20. Jahrhunderts, vor allem das nach dem Zweiten Weltkrieg, wird nicht mehr von den europäischen Unterschichten entdeckt. Die Wanderung der Unterschichten vollzieht sich mittlerweile in Europa selbst. Beginnend mit den 30er Jahren wurde Amerika außerdem immer mehr wieder das, was es für Europa in seinen Anfängen gewesen war: ein Asyl für die direkten und indirekten Opfer von Revolutionen und Kriegen. Das Aufsteigen zur führenden Weltmacht des Westens garantierte den USA überdies, auch von den europäischen Oberschichten entdeckt zu werden. Amerika hörte auf, nur die ›lieben deutschen Bauern‹ und die anderen Millionen der europäischen Unterschichten in ihrem ›flegelhaften‹ Drang nach sozialer Gerechtigkeit und Gleichheit zu faszinieren. Diese Form der Entdekkung, die in ihrer politisch folgelosen Privatheit der Verdrängung entsprach, ist einer Öffentlichkeit gewichen, in der Amerika in einem zweifelhaften Rampenlicht steht.

2 *Amerika als Zukunft Europas: Zwischen Tocqueville und Nietzsche*

Die Entdeckung Amerikas durch die europäischen Unterschichten bleibt auf das Milieu einer privaten Öffentlichkeit beschränkt. Es gelingt dieser Sozialbewegung von Millionen nicht, Amerika als gesellschaftliche Alternative ins Bewußtsein der politischen Öffentlichkeit zu heben. Die Wirklichkeit der massenhaften Auswanderung führt weder zur Reflexion über deren gesellschaftliche Ursachen, noch aber löst sie ein Interesse an den Strukturen Amerikas aus, die diesem Massenansturm nicht nur gewachsen sind, sondern ihn geradezu fördern. Die gesellschaftliche Verfassung Amerikas wird durch einen Angehörigen der europäischen Oberschicht: Alexis de Tocqueville als Thema der politischen Öffentlichkeit entdeckt.

Die politische Debatte über Amerika beginnt nicht nur mit *De la Démocratie en Amérique*. Sie bleibt bis ins 20. Jahrhundert von zentralen Thesen dieser grundlegenden Analyse Amerikas bestimmt. Paradoxerweise aber ist in der Rezeption Tocquevilles der politischen Motivation, die dem Buche zugrundeliegt, nicht besondere Beachtung geschenkt worden. Daß Amerika für den aristokratischen Renegaten Tocqueville ein historisch-analytischer Umweg war, um die europäische Zukunft zu begreifen, wurde zwar nicht übersehen, wirkte sich aber nicht auf die Interpretation des Tocquevilleschen Amerika-Bildes aus. Das ›Amerika‹ des Buches wurde mit dem historischen Amerika so eindeutig identifiziert, daß die europäischen Motive Tocquevilles aus dem Blickwinkel verschwanden. Ja, im 20. Jahrhundert sollten Amerikaner selbst noch einen Schritt weitergehen, indem einige die *Démocratie* geradezu als Klassiker amerikanischer Selbstinterpretation behandelten und, wie z. B. Robert A. Dahl, einer pluralistischen Theorie amerikanischer Politik einverleibten[46].

Tocquevilles Interesse richtete sich aber, wie der Titel zeigt, nicht allein auf Amerika. Mit der Frage nach der Demokratie in der Neuen Welt zielte er ins Zentrum einer Debatte, die seit der Revolution in Frankreich über die Legitimität und Organisation politischer Herrschaft geführt worden war. Daß er diesen Beitrag keineswegs mit der Attitüde akademischer Beschaulichkeit leistete, beweisen die Umstände, denen das Buch verpflichtet ist. Denn als liberaler Aristokrat erlebte er 1830 den Zusammenbruch des bourbonischen Restaurationsregimes mit. Nicht wissend, wie sich seine berufliche und politische Karriere unter dem Regime Louis Philippes gestalten würde, schwor er zwar – im Gegensatz zum Rest seiner Familie – einen Treueid auf die neue Ordnung, schiffte sich dann aber unter dem Vorwand, Gefängnisreformen in den USA studieren zu wollen, nach New York ein, wo er am 12. Mai 1831 ankam[47]. Diese Reise nach Amerika stellte ein aristokratisches Exil auf Zeit dar, in dem sich Tocqueville in Auseinandersetzung mit der amerikanischen Wirklichkeit Klarheit über sein Verhältnis zu den zukünftigen Legitimationen und Strukturen der Herrschaft verschaffte. Blieb seine Haltung gegenüber der Demokratie trotz liberaler Distanz zum ancien régime und zur Restauration der Bourbonen bis zur Amerika-Reise relativ unbestimmt, so änderte sich das in den USA. Dort nämlich glaubte er zu entdecken, daß die demokratische Zukunft Europas in der gesellschaftlichen Verfassung Amerikas bereits unwiderruflich begonnen hatte. Das ›Amerika‹ Tocquevilles ist somit keineswegs ausschließlich mit dem historischen Amerika gleichzusetzen. In ihm wird zugleich jene Zukunft Europas transparent, über deren Gestalt sich Tocqueville in dem zwischen Revolution und Restauration pendelnden Frankreich nicht klar werden konnte.

Die Fürsprecher liberaler Demokratie haben diesen politisch-vi-

sionären Zug in der Amerika-Analyse Tocquevilles nicht beachtet. Die bürgerlichen Liberalen Europas konnten sich zudem gelegentlich auf den Autor der *Démocratie* selbst berufen, um ihre Interpretation des Buches zu stützen. Denn als Politiker im Frankreich der 30er und 40er Jahre, vor allem als Minister im Revolutionskabinett von 1848, hat er zweifelsohne einer liberaleuropäischen Lesart Vorschub geleistet, daß nämlich eine radikale Demokratisierung Europas aufzuhalten sei, wenn man die unausbleibliche Revolution von unten, diesen Drang der Unterschichten nach Herrschaftsteilhabe, mit liberaler Voraussicht von oben konstitutionell in die gewünschten Bahnen lenke. Ganz im Sinne dieses Mißverständnisses bedienten sich so auch die deutschen Liberalen der Frankfurter Paulskirche des Amerika-Buches als einer Gebrauchsanweisung für einen Verfassungsentwurf, der man nützliche Informationen für die Beratungen in den Ausschüssen und erbauliche Phrasen für die Debatten im Plenum entnehmen konnte[48]. Sie begriffen nicht, daß es dem Autor Tocqueville nicht um liberal gemeinte, ansonsten aber arbiträr zu wählende Optionen, sondern um die Verfassung der Gesellschaft als historischen Prozeß ging.
Nicht weniger oberflächlich blieb J. St. Mills Tocqueville-Lektüre. Fixiert auf den paradigmatischen Gang der englischen Verfassung durch die Geschichte, nahm Mill mit britischer Selbstverständlichkeit Amerika in sein Modell einer liberal-bürgerlichen Repräsentativverfassung auf[49]. Das ›Amerika‹ Tocquevilles bestätigte ihn in seinem Verdacht, daß auch die Amerikaner mit ihrer politischen Verfassung zur Verbesserung *(improvement)* der Menschheit im Prozeß der Geschichte einen Beitrag leisteten. Zwar erkannte er durchaus an, daß sich die amerikanische Repräsentation auf eine etwas breitere Gesellschaftsbasis stützen konnte als in England. Tocquevilles Reflexion über die »Tyrannei der Mehrheit«, die er übernahm und mit altliberaler Rhetorik umrahmte[50], lieferte ihm jedoch Munition, um das eigentliche, englische Modell zu betonen. Außerdem schien ihm das Buch insgesamt, wie Berichte anderer Reisender, doch den

Eindruck zu erwecken, daß trotz der Tendenzen zur majoritativen Tyrannei der Amerikaner nicht nur Patriot, sondern »eine Person von gepflegter Vernunft« *(cultivated intelligence)* sei[51].

Amerika wurde für Mill auf Grund seiner Tocqueville-Lektüre zur Fortsetzung der englischen Geschichte unter etwas veränderten Partizipationsbedingungen. Wie die deutschen Liberalen so hatte auch er weder das genuine Amerika-Argument Tocquevilles begriffen, noch aber sah er, daß die europäische Zukunft, die der Franzose antizipierte, eine Entwicklung nach englischem Muster bereits überholt hatte.

Gerade diesen Punkt der radikalen Demokratie-These, die Tocquevilles Amerika-Buch durchzieht, traf aber Nietzsche. Hatte er für »mittelmäßige Engländer« vom Typus Mill und deren liberal-politische Vorstellungen nichts als Verachtung übrig[52], so trieb das Wissen um die Zukunft verwirklichter Demokratie seine Erfahrung, Antipode zu sein und sein zu müssen, zur extremen Gegenvision. »In allen Ländern Europas und ebenso in Amerika gibt es jetzt etwas, daß Mißbrauch mit diesem Namen [der ›freie Geist‹, M. H.] treibt, eine sehr enge, eingefangene, an Ketten gelegte Art von Geistern, welche ungefähr das Gegenteil von dem wollen, was in unseren Absichten und Instinkten liegt ... Sie gehören, kurz und schlimm, unter die Nivellierer, diese fälschlich genannten ›freien Geister‹ – als beredte und schreibfingrige Sklaven des demokratischen Geschmacks und seiner ›modernen Ideen‹ ... Wir Umgekehrten, die wir uns ein Auge und ein Gewissen für die Frage aufgemacht haben, wo und wie bisher die Pflanze ›Mensch‹ am kräftigsten in die Höhe gewachsen ist, vermeinen, daß dies jedesmal unter den umgekehrten Bedingungen geschehen ist, daß dazu die Gefährlichkeit seiner Lage erst ins Ungeheure wachsen, seine Erfindungs- und Verstellungskraft ... unter langem Druck und Zwang sich ins Feine und Verwegene entwickeln, sein Lebens-Wille bis zum unbedingten Macht-Willen gesteigert werden mußte: – wir vermeinen, daß Härte, Gewaltsamkeit, Sklaverei, Gefahr auf der Gasse und im Herzen, Verborgenheit, Stoizismus, Versucherkunst und Teufelei aller Art, daß alles Böse, Furchtbare, Tyrannische, Raubtier- und Schlangenhafte am Menschen so gut zur Erhöhung der Spezies ›Mensch‹ dient als sein Gegensatz: – wir sagen sogar nicht einmal genug, wenn wir nur so viel sagen, und befinden uns jedenfalls, mit unserem Reden und Schweigen an dieser Stelle, am anderen Ende aller modernen Ideologie und Herdenwünschbarkeit: als deren Antipoden vielleicht[53]?« Der ›Antipode‹, von dem hier in *Jenseits von Gut und Böse* (1886) die Rede ist, formuliert im viertel Teil von *Also Sprach Zarathustra* (1883/85) seinen Gegenentwurf zur Demokratie, wie sie in Amerika und Europa im Vormarsch ist. Den ›höheren Menschen‹ sagt ›Zarathustra‹: »Ihr höheren Menschen, dies lernt von mir: auf dem Markt glaubt niemand an höhere Menschen. Und wollt ihr dort reden, wohlan! Der Pöbel blinzelt ›wir sind alle gleich‹. – ›Ihr höheren Menschen‹ – so blinzelt der Pöbel – ›es gibt keine höheren Menschen, wir sind alle gleich, Mensch ist Mensch, vor Gott – sind wir alle gleich! – Vor Gott! – Nun aber starb dieser Gott. Vor dem Pöbel aber wollen wir nicht gleich sein. Ihr höheren Menschen, geht weg vom Markt!«

Der Zusammenbruch überkommener Formen der Legitimation, der für Nietzsche mit dem ›Tod Gottes‹ vollendet ist, setzt den ›Markt‹ als Gesellschaft eines nivellierten ›Pöbels‹ frei. Emanzipation und Nihilismus, die sich gegenseitig bedingen, lassen nichts als die Affekte einer depravierten Bedürfnisnatur und die Ideologien, die deren Befriedigung legitimieren, zurück. Um den Sturz in die Barbarei aufzuhalten, als den Nietzsche sich die Zukunft einer vom emanzipierten und nihilistischen ›Pöbel‹ beherrschten Welt vorstellt, setzt er den ›höheren Menschen‹ nicht schlicht das Ziel, sich auf dem Wege des Eskapismus aus der Gesellschaft zurückzuziehen. »Was Nietzsche fordert«, wie Günter Rohrmoser es kommentiert, »ist nicht weniger als die Selbstverwandlung des Menschen in die Gestalt des Übermenschen. Nur dieser kann als Subjekt einer das Ganze der Welt umfassenden Verantwortung gedacht werden[54].« Allein von dieser

»Selbstverwandlung des Menschen in die Gestalt des Übermenschen« sind die neuen Setzungen zu erwarten, die die Befriedigung der Bedürfnisse als übriggebliebener Modalität menschlicher Existenz transzendieren. Der Nihilismus der Emanzipation, dessen soziale Gestalt mit der demokratisch organisierten Herrschaft der ›Gleichen‹ ideologisch gerechtfertigt, in der Wirklichkeit zukünftiger Barbarei aber exekutiert werden wird, muß vom ›Übermenschen‹ überwunden werden. Die Demokratie der ›Gleichen‹, die sich auf den Trümmern der zusammengebrochenen metaphysischen ›Hinterwelt‹ einzurichten beginnt, ist Teil des Schutts, den der ›Übermensch‹ beiseitezuräumen aufgefordert ist. Und gerade um das positive Verständnis einer von Nietzsche so charakterisierten Demokratie geht es in Tocquevilles *De la Démocratie en Amérique.*

Das Amerika, das Tocqueville von Mai 1831 bis Februar 1832 bereiste und Europa in den beiden Bänden der *Démocratie* (1835/1840) vorstellte, war das Amerika der *Jacksonian Democracy.* Etwas mehr als 50 Jahre nach der Unabhängigkeitserklärung und 40 Jahre nach der Annahme der Verfassung machte die gesellschaftliche Gestalt der USA eine Strukturveränderung durch, die mit dem Namen des Präsidenten Andrew Jackson (1828–36) verbunden ist. Dieser Strukturwandel Amerikas, der sich sozio-ökonomisch mit der beginnenden Industrialisierung und territorial mit der westwärts gerichteten kontinentalen Expansion vollzog, wirkte auf das politisch-geistige Selbstverständnis der Republik zurück. Unterstützt von einer heterogenen Bewegung, in der sich ein traditioneller Agrarpopulismus mit Grenzerbewußtsein, aufsteigende untere Mittelschichten mit proletarischen Gruppen und europäischen Einwanderern in den Städten mischten, repräsentierte Jackson die neue Demokratie. Die demokratische *platform,* mit der er die Wahlen gewonnen hatte, setzte zwar nicht das eher aristokratisch-republikanische Ordnungsbewußtsein der Gründungsväter außer Kraft. In ihr spiegelte sich jedoch das egalitäre Motiv der Unabhängigkeitserklärung wider – *»That all men are created equal«* –, das die Verfassungsväter nicht allein mit der Überzeugung, daß Weiße nun einmal gleicher sind als Schwarze, im Verfassungstext übergangen, sondern auch deutlich im Arrangement der Institutionen abgeschwächt hatten. Das Gleichheitsmotiv der amerikanischen Gründung verband sich während der *Jacksonian Democracy* zwar auch mit der Anti-Sklaverei-Bewegung, den *Abolitionists,* richtete sich aber primär gegen Cliquen, die Besitzprivilegien in Herrschaftsprivilegien umzuwandeln verstanden hatten oder es versuchten. Diese Bewegung der Demokratie, die sich in Extremfällen, wie der New Yorker *Working Men's Movement,* bis zur radikalen Oppositionspartei kristallisierte, blieb nicht auf die politische Ebene beschränkt. Sie artikulierte sich in der politischen Publizistik wie in Werken der Literatur, Philosophie und Theologie. Der Prozeß einer permanenten amerikanischen Revolution, der mit den Gründungen der Puritaner begonnen und sich im Unabhängigkeitskrieg und mit der republikanischen Verfassung zum nationalen Sozialfeld organisierten Handelns verdichtet hatte, erreichte unter Jackson eine neue Phase gesellschaftlicher Organisation und eines sie reflektierenden Selbstverständnisses. Diese Phase des amerikanischen Gesellschaftsprozesses kam mit dem Bürgerkrieg 1861–65 zu einem Ende, der zwar mit der Sklavenbefreiung und der Brechung südstaatlicher Herrschaftsprivilegien eine institutionalisierte Lüge des Amerikanismus überwand und damit den emanzipativen Anspruch der Gründung verwirklichte. Das Ende der emanzipativen Demokratisierung aber, wie sie von den *Jacksonians* verstanden worden war, trat mit dem Bürgerkrieg ein, weil er Tendenzen zur Oligarchisierung ganz neuer Art offenbar werden ließ, die mit den Namen der großen *robber barons* verbunden sind, deren Aktivitäten sich den geradezu idyllischen Vorstellungen der *Jacksonians* über den Anspruch und die Gefährdungen der Demokratie entzogen.

Wie immer man auch die Nähe der *Jacksonian Democracy* zur Wirklichkeit der amerikanischen Gesellschaft von den 20er bis zu den späten 50er Jahren beurteilen mag, sie z. B. als ideolo-

gische Radikalisierung eines bereits obsolet gewordenen Amerikanismus abwertet – für den Reisenden Tocqueville war diese Spannung zwischen Anspruch und Wirklichkeit nicht existent. Die Erfahrungen eines neuerlichen Aktes im Drama der französischen Revolution vor Augen, deren emanzipative Ansprüche sich beständig in Revolutionsregimen verwirklichten, um nicht weniger beständig durch Restaurationsregime wieder aufgehoben zu werden, bot sich ihm Amerika nicht allein als ein von Rückfällen freier Prozeß dar. In Amerika schienen sich nicht nur amerikanische Ansprüche in Wirklichkeit zu übersetzen. Die Amerikaner machten vielmehr die französische Revolution gleich mit [55]. Denn die Unentschiedenheit der französischen Revolution, nicht aber seine eigene, war es ja gewesen, die ihn nach Amerika getrieben hatte. Die Abdankung des ancien régime war für ihn kein historischer Zufall, der mit Restauration beizukommen war. Die Richtung der Revolution drückte vielmehr eine Dynamik aus, der der französischen Gesellschaft als historischer Prozeß innewohnte. »Blättert man die Seiten unserer Geschichte durch«, so heißt es in der Einleitung zur *Démocratie,* »dann wird man kaum nennenswerte Ereignisse finden, die sich nicht zum Nutzen der Gleichheit ausgewirkt haben.« Und obgleich man bei dieser graduellen Entwicklung zur »Gleichheit der Bedingungen« *(l'égalité des conditions)* geradezu von Vorherbestimmung – *un fait providentiel* – sprechen könne und sie als »universal, dauerhaft« charakterisieren müsse [56], habe Frankreich bisher nur eine alte Gesellschaftsordnung zerstört und sich in deren Trümmern so behaglich eingerichtet, als ob es so für immer bleiben werde [57].« Es scheint mir jedoch jenseits jeden Zweifels«, greift Tocqueville das Thema Amerika auf, »daß wir früher oder später wie die Amerikaner die fast vollständige Gleichheit der Bedingungen erreichen werden [58].«
So sehr auch Tocquevilles Verständnis Amerikas durch die unentschiedene Revolution in seinem eigenen Land und den sichtbaren Kontrast der *Jacksonian Democracy* beeinflußt wird, so sieht er durchaus die günstigen Bedingungen der frühen ameri-

kanischen Gründungen. »Es ist dort, daß die zivilisierten Menschen versuchten, die Gesellschaft auf neuen Grundlagen zu errichten, und, indem sie zum ersten Male bisher unbekannte oder zum Scheitern verurteilte Theorien anwandten, daß sie der Welt ein Schauspiel aufführten, auf das sie die vergangene Geschichte nicht vorbereitet hatte [59].« Dies Schauspiel der Übersetzung von Theorie in Praxis, das Hegel mit der französischen Revolution beginnen läßt, um es dann in der *Phänomenologie des Geistes* (1807) auf den historisch-philosophischen Begriff zu bringen, wird von Tocqueville jedoch auf eine politisch-geistige Bedeutung eingeschränkt. Die Kontinuität politischer und sozialer Gleichheit beginnt für ihn mit der Einsetzung puritanischer Gemeinschaften, in denen das Christentum zugleich als »religiöse Doktrin« wie als »politische Theorie« wirkte. Das puritanische Amerika sei als »voll entwickelte und gerüstete Demokratie dem Milieu der alten Feudalgesellschaft« Englands entsprungen [60].

Tocquevilles historische These über den Puritanismus als Anfang amerikanischer Demokratie bleibt nicht nur im Ansatz stekken. Sie hat auch keine Bedeutung für die weiteren Analysen seines Werks. Denn die eigentliche zivilisatorische Explosivität jener ersten Auswanderung wird von ihm nicht berührt. Diese Explosivität hat nicht primär mit der Überwindung europäischer Feudalstrukturen zu tun. Es ist vielmehr der Ausstieg aus der europäischen Geschichte einerseits und die Fortsetzung dieser Geschichte als Zivilisation unter den Bedingungen der Wildnis andererseits, die den Charakter des amerikanischen Zivilisationsprozesses von Anbeginn bestimmen. Die Zivilisation Europas, die die Puritaner als Aggregat des Bewußtseins nach Amerika einführten, wird als Resultat einer geschichtslosen Wildnis aufgepfropft. Die Leistungen der Zivilisation, die Hegel als repräsentativer Interpret europäischen Selbstverständnisses im Prozeß sich entfaltender Bewußtseinsgestalten und ihnen entsprechender Muster gesellschaftlicher Produktion und Organisation begreift, besitzen in Amerika gleichsam den Charakter der

Jungfrauengeburt. Zivilisation ist mit der Überwindung der Wildnis identisch, und diese Überwindung der Wildnis ist es, die die primäre Schicht eines amerikanischen Bewußtseins von Geschichte bildet. Die spontane Machbarkeit von Zivilisation gehört zum genuinen Erfahrungsbestand Amerikas.

Tocqueville reduziert die Anfänge Amerikas auf das Bewußtsein des Puritanismus, ohne die Bedingungen unhistorischer und natürlicher gesellschaftlicher Produktion und Reproduktion zu beachten. »[In] Amerika«, so heißt es bei ihm, »ist es die Religion, die zur Aufklärung führt; es ist die Einhaltung göttlicher Gesetze, die den Menschen zur Freiheit bringt[61].« Dahrendorfs These von Amerika als der *angewandten Aufklärung* – so der Titel seines Buches über Amerika (1963) – wird gleichsam auf den Puritanismus hin erweitert. In beiden Fällen jedoch, dem des Puritanismus wie dem der Aufklärung – und der Vollständigkeit halber kann man jene Revolution, die mit der ›Großen‹ in Frankreich beginnt, gleich hinzufügen –, ist ein Aktionsfeld gesellschaftlicher Produktion und Reproduktion vorgegeben, das sich nicht nur durch die Abwesenheit europäischer Sozialstrukturen auszeichnet, sondern eben Wildnis ist und es für bestimmte Regionen Amerikas bis 1890 auch bleibt. Das Bewußtsein *des* Puritanismus, *der* Aufklärung und *der* Revolution, diese hypostasierten Zäsuren der europäischen Geschichte, schaffen so aus dem strukturlosen Gegenüber der Wildnis – der die Indianer als unzivilisierte ›Wilde‹ zugeschlagen, um mit ihrer Überwindung dann auch folgerichtig totgeschlagen zu werden – ein Feld gesellschaftlicher Interaktion, in dem von Beginn an jene Bedingungen der sozialen Gleichheit herrschen, die in Europa erst im antagonistischen Prozeß der Geschichte überwunden werden müssen. Kann Tocqueville bei der Betrachtung der französischen Geschichte über die letzten 700 Jahre zu dem Schluß kommen, daß alle großen Knotenpunkte zur Förderung der Gleichheit beigetragen haben, so bleibt ihm in Amerika diese Beweisführung versagt. Er zieht sich auf einen unreflektierten Begriff des Puritanismus zurück und übersieht dabei, daß die historische Sprengkraft

dieser Bewegung, deren politische und soziale Wirkungen er im 19. Jahrhundert noch zu erkennen glaubt, unter anderem eben gerade aus der Verpflanzung in eine geschichtslos-natürliche Umgebung zu verstehen ist. Was in Europa eine antagonistische Geschichte als Tendenz bestimmt, wird in Amerika ohne Geschichte vorgefunden. Daß diese entscheidende Differenz in der Verwirklichung des Gleichheitsprinzips, auf das hin sich für Tocqueville die Menschheit zubewegt, qualitative Unterschiede in der politisch-sozialen Verfassung und im Selbstverständnis einer Gesellschaft bewirkt, ist von ihm so wenig wie von anderen Europäern begriffen worden. Auch Tocqueville geht von einem einheitlichen westlichen Geschichtsprozeß aus. Das Fragment Europas, das für Hegel, Marx und Engels noch etwas unterentwickelt ist und deshalb eine Art Nachhut bildet, hat für ihn allerdings bereits die Vorhut übernommen. Während sich für die Deutschen Amerika noch auf Europa hinbewegt, dreht der Franzose nach seinem US-Besuch die Relation um und läßt Europa dem amerikanischen Vorbild folgen.
Im Aufbau seines Werks fällt bereits auf, wie wenig sich Tocqueville um die Genesis Amerikas als eines Sozialfeldes eigener Art gekümmert hat. Denn auf die Beschreibung der Geographie und die Reflexion auf den frühen Puritanismus folgt sogleich die historisch-deskriptive Analyse der amerikanischen Verfassungsordnung auf den lokalen, einzel- und bundesstaatlichen Ebenen und der sie legitimierenden Prinzipien [62]. Die Gestalt der amerikanischen Gesellschaft ist fertig – um Herbert von Borchs Metapher von der »unfertigen Gesellschaft [63]« einmal umzukehren – und kann deshalb im politischen Verfassungswerk als System institutionalisierter Verhaltensmuster besichtigt werden. Auch hier zeigt sich der Unterschied zur Perspektive von Hegel, Marx und Engels, die noch auf die je eigentümliche Europäisierung Amerikas warten, bevor sie es ihrem Gang der Weltgeschichte anzugliedern wagen. Im Ansatz jedoch teilt der Franzose die Prämissen der Deutschen, denn auch er stellt seinen Vergleich ab auf den Geist und das Arrangement der Institutionen, die im

Prozeß einer strukturell antagonistischen Geschichte als primäre Gradmesser einer neuerlich erreichten Entwicklungsschwelle sozialer Interaktion verstanden werden können. Daß Institutionen in einer im europäischen Sinne nicht antagonistischen, d.h. durch die Abwesenheit einer soziologisch nicht nur greifbaren, sondern verfassungsmäßig sanktionierten Privilegienordnung gekennzeichneten Geschichte eine weniger prominente Bedeutung besitzen, wird übersehen.

Im Falle Tocquevilles ist diese Anpassung Amerikas an Europa verantwortlich zu machen für die offenkundigste Verzerrung seines zeitgenössischen Amerika-Reports. Denn da er von der lokalen, einzel- und bundesstaatlichen Gliederung der amerikanischen Gesamtverfassung ausgeht und in den institutionellen Regelungen durchaus europäisch die Form erkennen will, die den Inhalt der gesellschaftlichen Produktion und Reproduktion widerspiegelt, kann er es sich erlauben, die Wirklichkeit der amerikanischen Großstädte zu umgehen. Da institutionell gesehen Stadt gleich Stadt ist und in einer Strukturanalyse nur die wesentliche Gestalt zählt, beschränkt er sich auf die überschaubaren amerikanischen Städte in der Provinz, um diese Ebene der Gesellschaft auf einen Begriff zu bringen. Dies hat in der *Démocratie* dazugeführt, daß die Klassenbildung in den industriellen Großstädten der Ostküste nicht behandelt wird. »Es ist möglich«, schreibt Seymour Drescher, »die *Démocratie* von vorne bis hinten durchzukämmen und fünf oder sechs Stellen zu finden, die die sozialen Probleme berühren, die durch die Industrialisierung hervorgerufen wurden. Aber es ist fast unmöglich, diese vereinzelten und mehrdeutigen Nebenbemerkungen zu einem klaren Bild zusammenzubringen [64].« Das ›Amerika‹ Tocquevilles befindet sich sozio-ökonomisch noch im Stadium einer vorindustriellen, merkantilen, agrarischen Entwicklung, die gleichsam den Vorstellungen des fortschrittlichen Aristokraten entspricht, der den Zusammenbruch des ancien régime miterlebt und verarbeitet hat, nun aber auf den Anbruch einer gesicherten bürgerlichen Ordnung wartet und sie in Amerika bereits verwirklicht sieht. Störungen dieser Ordnung, die er registriert, kommen u.a. von den grundbesitzenden Feudalaristokraten des Südens und dem spezifisch amerikanischen Rassenproblem, dem er ein erstaunlich klarsichtiges Kapitel gewidmet hat [65]. Der Sieg der Demokratie in Amerika wird soziologisch auf ein europäisch verstandenes Bürgertum der Mittelklasse beschränkt, dem neben merkantilen Schichten, Handwerkern und akademischen Berufsgruppen das landbesitzende und landbearbeitende mittlere Bauerntum zugerechnet wird [66]. Die Unfixiertheit des amerikanischen Gesellschaftsprozesses, die nicht nur ein saturiertes mittleres Bürgertum und als maximale Verhärtung – neben Sklaverei und dem *containment* der Indianer – die Plantagenaristokratie des Südens zuläßt, sondern eben auch Kapitalkonzentration und Ausbeutung in den Industriestädten des Ostens wie natürliche Gleichheit und Ungleichheit in der territorialen Expansion gen Westen, diese Gleichzeitigkeit von Sozialphänomenen, die in Europa aufeinanderfolgende Phasen des Geschichtsprozesses gewesen sind, kommt in der *Démocratie* nicht zur Sprache. Diese schwerwiegenden Auslassungen reichen zweifelsohne aus, um die Theorie der Demokratie und das Verständnis nicht nur des zeitgenössischen, sondern Amerikas überhaupt mit einer Hypothek zu belasten.

Die Hypothek des Alexis de Tocqueville reicht aber weiter. Nicht genug damit, daß er den Europäern einen Teil Amerikas als sein ›Amerika‹ vorführt, er setzt diesen Teil dann auch noch gleich mit einer Demokratie, die über kurz oder lang überall im Westen zum Durchbruch kommen wird. Erst im Vorwort zur 12. Auflage der *Démocratie*, die im Revolutionsjahr 1848 veröffentlicht wird, scheint er diese Identifizierung zurückzunehmen, wenn es heißt: »Laßt uns nicht unsere Blicke nach Amerika richten, um sklavisch jene Institutionen nachzuahmen, die es sich selbst gegeben hat, sondern um besser zu verstehen, welche für uns angemessen sind ... [67]« Die Prinzipien seien entscheidend, nicht die Einzelheiten der Gesetze. Die 60jährige Erfolgsgeschichte der USA habe jedoch im Vergleich zur Geschichte Europas in der gleichen Zeitspanne bewiesen, wo die Ordnung und wo die Anarchie sei. Von den Begleitumständen der Industrialisierung und denen der kontinentalen Expansion, die 1848 mit der militärischen Annexion Kaliforniens den Pazifik erreicht hatte, findet sich noch immer kein Wort. Aber Amerika bleibt die Zukunft Europas und eine vorbildhafte dazu.

In der Ordnung, die Tocqueville für vorbildhaft hält, hat sich das emanzipative Prinzip der Gleichheit, auf dessen Verwirklichung alle Geschichte hinzielt, zugleich einen Rahmen gegeben, der Freiheit garantiert. Das Ende der Privilegien, die mit den traditionellen Formen der Legitimation gewährt und geschützt werden, hat zur Gleichheit der Bedingungen geführt, ohne in die Gleichheit des »Pöbels« umzukippen, die Nietzsche später als Konsequenz des Zusammenbruchs überkommener Herrschaft und ihrer Legitimation allein zu erkennen vermag und bis zum Ende der Kultur in Barbarei weiterdenkt. Nietzsche läßt auf dieser tabula rasa von Gut und Böse seinen Übermenschen erscheinen, der zweitausend Jahre westlicher Tradition aufzuheben und mit dem dezisionistischen Pathos des ›höheren Menschen‹ den Nihilismus zu überwinden hat. Der Anbruch der Demokratie wird von ihm nicht nur als Ende des historischen Westens, sondern wie von Tocqueville als Sinn und Ziel westlicher Geschichte begriffen. Während Nietzsche den Sinn dieses Endes als Bestätigung einer totalen Verfehlung versteht, das als Chance eines Neubeginns ergriffen werden muß, sieht Tocqueville ihn in der gesellschaftlichen Verfassung Amerikas, die keine historischen Privilegien kennt, zur wahren Erfüllung kommen. Die Geschichte des Westens mündet für beide in einer Demokratie aus, die die Aufhebung aller bisherigen westlichen Geschichte bedeutet.

Die geschichtsspekulative Verwandtschaft von Tocqueville und Nietzsche hört bei der Sinngebung der Demokratie – und das bedeutet vor allem auch der Beurteilung Amerikas – auf. Nur darf man sich auch hier nicht so sehr bei den positiven oder negativen Akzentsetzungen aufhalten. Denn die Gegenwart Amerikas wird ja von beiden in der Verlängerung einer europäisch verstandenen Geschichte gesehen. Die Eigenständigkeit eines amerikanischen Zivilisationsprozesses wird von beiden entweder nicht gesehen oder wie im Falle Tocquevilles auf die oberflächliche Filiation eines entfeudalisierten englischen Puritanismus zurückgeführt. Tocqueville stellt sich nie die Frage, ob nicht allein die Abwesenheit einer institutionalisierten Privilegienordnung und der Nullpunkt der Wildnis zur genuinen Gestalt Amerikas geführt haben mögen, deshalb die Demokratie der europäischen Zukunft nicht mit jener der amerikanischen Gegenwart gleichgesetzt werden könne. Nietzsche dagegen hat versäumt, Amerika als Ende Europas zu betrachten, in dem nicht nur die Bedingungen für seinen ›Übermenschen‹ bereits bestehen, sondern dieser ›Übermensch‹ bereits seit einiger Zeit am Werke ist. Was denn ist von der Zukunft der ›höheren Menschen‹ zu halten, wenn sie in Amerika schon begonnen hat? Amerika wird von beiden als positive bzw. negative Erfüllung, nicht als Negation Europas begriffen.

Daß die Zukunft der ›höheren Menschen‹ in Amerika begonnen habe, läßt sich schwerlich mit der traditionellen Tocqueville-Rezeption vereinbaren. Eine Lektüre des Buches scheint zunächst auch das genaue Gegenteil zu bestätigen. Denn nicht nur die berühmten Kapitel im ersten Band der *Démocratie,* die sich mit der ›Omnipotenz‹ und der ›Tyrannei‹ von demokratischen Mehrheiten beschäftigen [68], zielen ja gerade in die Richtung des Nietzscheanischen ›Pöbels‹. Fast der ganze zweite Band, der sich in eine Phänomenologie des amerikanischen Geistes (Teil I), eine Verhaltenssoziologie (Teil II), eine Verhaltenspsychologie (Teil III) und eine Untersuchung über die Ideologie der Demokratie (Teil IV) gliedern läßt, bestärkt ja nur noch den Eindruck, daß mit der Demokratie das Zeitalter des eindimensionalen Durchschnitts angebrochen sei. Daß dies auch oder gerade eine Antwort auf den Zusammenbruch überkommener westlicher Legitimationsformen, bereits die Überwindung dieses Zusammenbruchs darstellen könne, liegt jenseits eines

Nietzscheanischen und auch Tocquevilleschen Verständnisses von Zivilisation. Denn diese bleibt für beide verbunden mit dem kreativen Leistungswillen der Wenigen, deren stilbildende Setzungen von den Vielen hingenommen werden müssen. Für Nietzsche wie Tocqueville ist Zivilisation nicht anders vorstellbar, auch wenn sie das Ende gerade dieser Form von Zivilisation vor Augen haben. Bleibt Tocqueville seiner aristokratischen Herkunft verpflichtet, wenn er die Tendenzen zur Nivellierung beschwört, so ist die aristokratisch-elitäre Wende in Nietzsches ›Übermenschen‹ noch eindeutiger – auch wenn der ›Übermensch‹ die Überwindung des historischen Menschenbildes symbolisiert. Die egalitäre Form der Überwindung ist für beide nur als Abfall in pöbelhafte Tyrannei begreifbar.

Wie sehr Nietzsches ›Übermensch‹ dem europäischen Geschichtsmilieu verhaftet bleibt, zeigen zudem seine anti-amerikanischen Ressentiments und die Verherrlichung der amerikanischen *robber barons*, die Georges Sorel 20 Jahre nach dem *Zarathustra* in den *Réflexions sur la violence* (1908) betreibt. In der *Fröhlichen Wissenschaft* (1881/82) heißt es in ethnologisch-bildungsbürgerlicher Allgemeinheit: »Muße und Müßiggang. – Es ist eine indianerhafte, dem Indianerblute eigentümliche Wildheit in der Art, wie die Amerikaner nach Gold trachten: und ihre atemlose Hast der Arbeit – das eigentliche Laster der Neuen Welt – beginnen bereits durch Ansteckung das alte Europa wild zu machen und eine ganz wunderliche Geistlosigkeit darüberzubreiten... (Das) Leben auf der Jagd nach Gewinn zwingt fortwährend dazu, seinen Geist bis zur Erschöpfung auszugeben, im beständigen Sichverstellen oder Überlisten oder Zuvorkommen: die eigentliche Tugend ist jetzt, etwas in weniger Zeit zu tun als ein anderer [69].« Sorel hat diese ›indianerhafte Wildheit‹ – die im übrigen nichts mit indianischem Selbstverständnis zu tun hat – durchaus richtig, ja, in geradezu ressentimentfreier nietzscheanischer Weise gesehen, wenn er schreibt: »[Dort] treffen die unzähmbare Energie, die auf einer richtigen Einschätzung der eigenen Kraft beruhende Kühnheit, die kalte Veranschlagung der In-

teressen zusammen, die die Eigenschaften der großen Generäle und der großen Kapitalisten sind. Nach Paul de Rousiers soll sich jeder Amerikaner imstande fühlen, auf dem Schlachtfelde der Geschäfte ›sein Glück zu versuchen‹: so daß der allgemeine Geist des Landes mit dem der Milliardäre vollständig harmonieren würde ...[70]«
Nietzsche löst das Problem der Politik daher sehr einfach, indem er seine ›höheren Menschen‹ auffordert, sich vom Markt in die Schule des ›Zarathustra‹ zu begeben, um als elitäre Herrscher zurückzukehren. Dem politisch sensitiveren Beobachter Tocqueville bietet sich keine vergleichbar simple Lösung an. Denn er sieht in Amerika als dem Modell aller zukünftigen Gesellschaft für stilbildende Eliten vom Typus der traditionellen oder zarathustrischen ›höheren Menschen‹ keinen Platz. Diese ›höheren Menschen‹ müßten an den Erwartungen der ›Gleichen‹ scheitern, für die Zivilisation mit der Übersetzung aller Theorie in die Praxis maximaler und privater Bedürfnisbefriedigung identisch ist. Nicht Marx, sondern Tocqueville hat in seinen phänomenologischen Studien zu amerikanischen Bewußtseins- und Verhaltensmustern begriffen, wie die Welt aussieht, wenn sie von Philosophen nicht mehr nur ›interpretiert‹, sondern ›verändert‹ wird. Dann nämlich muß sie nicht unbedingt die Stadien europäischer Revolutionen bis hin zum proletarischen Finale durchlaufen. Sie kann z.B. auch wie Amerika aussehen, in dem Theorie nicht, wie Marx und Engels irrtümlich angenommen haben, etwa unterentwickelt, sondern ganz im Sinne der 11. *These über Feuerbach* von Marx »Die Philosophen haben die Welt nur verschieden interpretiert; es kömmt darauf an, sie zu verändern:« bereits verwirklicht ist. In dieser ›Welt‹ haben Philosophen, Wissenschaftler, Künstler, diese Repräsentanten europäischer ›Zivilisation‹, nur noch eine Dienstmagdfunktion gegenüber der Praxis gesellschaftlicher Produktion und Reproduktion, die ganz auf Bedürfnisbefriedigung eingestellt ist, wahrzunehmen. Als Interpreten sind sie überflüssig geworden.
Tocqueville hat diese Zusammenhänge phänomenologisch mei-

sterhaft dargestellt, ohne allerdings die Konsequenzen für Amerika und Europa zu verstehen. Im Falle Amerikas glaubte er noch – trotz seines aristokratischen Pessimismus –, den traditionellen Erziehungseinrichtungen und -methoden vertrauen zu können. In der Kontinuität westlichen politischen Denkens stehend, sang er das Loblied auf die klassischen Tugenden, die über die Philosophie der Gründungsväter zum Geist der amerikanischen Institutionen gehörten. Und was von den Gründungsvätern begonnen sei, das setzten Richter und Anwälte fort, in denen er die wahre Aristokratie des gleichen Amerika zu erkennen glaubte. Dies legislatorische Temperament galt ihm als sicherer Garant gegen die ›Tyrannei der Mehrheit [71]‹. Daß die klassischen Tugenden der gebildeten Gesetzgeber die schrankenlose Expansion der privaten Bedürfnisbefriedigung nicht verhindern konnte, ist in den siebziger Jahren des 20. Jahrhunderts mittlerweile zum Gemeinplatz geworden.

Die Frage, ob Tocqueville an die Irreversibilität demokratischer Bedürfnisemanzipation geglaubt oder in die politisch-philosophische Vernunft der Legislatoren Vertrauen gesetzt habe [71a], besitzt vor diesem Hintergrund nur noch akademisches Interesse. Nicht der Klassiker, sondern der Phänomenologe Tocqueville hat recht behalten. So richtig seine phänomenologischen Einsichten aber auch sind, sie ändern nichts an der Hypothek, die seine Entdeckung Amerikas hinterlassen hat. Tocquevilles *Démocratie* noch heute als Klassiker amerikanischer Selbstinterpretation zu behandeln, wie es pluralistische Ideologen gelegentlich tun, entspricht dem Versuch, Edmund Burkes Reden über parlamentarische Repräsentation zur Interpretation gegenwärtiger parlamentarischer Verhältnisse heranzuziehen. Tocqueville und Burke erfüllen heute nur noch dekorative Funktionen.

Die Obsoletheit Tocquevilles wird aber besonders deutlich, wenn man seine generelle Prognose über die amerikanischen Züge der politischen Zukunft Europas mit der Geschichte der liberalen Demokratie im Westen kontrastiert. Denn nicht das Modell Amerika begann sich in Europa durchzusetzen. Ganz im Gegenteil entlud sich das latente Emanzipationspotential in Bewegungen spezifisch europäischer Art. Der antagonistische Charakter europäischer Gesellschaften drückte sich in den Bewegungen des Sozialismus, Kommunismus und Faschismus aus, die in Amerika hinwiederum nicht einmal marginale Bedeutung gewonnen haben.

3 *Amerika als Exil der intellektuellen Eliten: Hitler und die Aufhebung der Verdrängung*

Amerika blieb bis in die 20er Jahre des 20. Jahrhunderts die Zuflucht der europäischen Unterschichten. Für die Oberschichten bot sich die Neue Welt dagegen als zivilisatorisches Kontrastprogramm dar, über das man sich zwar von Tocqueville und anderen politisch-historisch aufklären ließ, ohne jedoch das selbstverständliche Wissen um die europäische Überlegenheit aufzugeben. Romane aus und über Amerika, vor allem aber Reiseberichte hatten das europäische Amerika-Bewußtsein mit einer reichhaltigen exotischen Topographie versehen, vor der selbst ein so kritischer Analytiker wie Nietzsche kapitulierte. Seine Marginalien zum indianerhaften Ursprung des amerikanischen Kapitalismus wirken jedoch keineswegs ungewöhnlich, wenn man sie mit den Beobachtungen anderer Amerika-Autoren vergleicht. Die mit Vorurteilen besetzte Perspektive C. G. Jungs z. B. wurde auf einer Reise in die USA bestätigt: »So bietet uns der Amerikaner ein seltsames Bild: ein Europäer mit Negermanieren und indianischer Seele [72].« Freud, den Jung 1909 nach Amerika begleitet hatte, hielt sich gar nicht erst bei ethnischen Bestimmungen auf, sondern versicherte in ironischer Selbstgefälligkeit: »Amerika ist ein Fehler; ein gigantischer Fehler, aber ein Fehler [73].« Hermann Hesse konnte 1946 aus dem sicheren Unterstand der Schweiz bestätigen, daß die Klischees den europäischen Bürgerkrieg überlebt hatten, als er Thomas Mann schrieb: »Daß in Deutschland die Gewalttäter und Schieber, die Sadisten und Gangster jetzt nicht mehr die Nazi sind und Deutsch reden, sondern Amerikaner, ist mir praktisch zwar häufig ärgerlich, prinzipiell aber durchaus entlastend. An der deutschen Schweinerei mußten wir alle uns irgendwie mitschuldig fühlen, an dieser neuen tue ich es nicht, und entdecke, zum erstenmal wieder seit Jahrzehnten, Regungen von Nationalismus in meinem Busen, freilich ist es kein deutscher, sondern ein europäischer [74].« Das Amerika und Europa des *Steppenwolf* (1927) hatten sich unbeschädigt erhalten: »Untergangsmusik war es, im Rom der letzten Kaiser mußte es ähnliche Musik gegeben haben. Natürlich war sie, mit Bach und Mozart und wirklicher Musik verglichen, eine Schweinerei – aber das war all unsre Kunst, all unser Denken, all unsere Scheinkultur, sobald man sie mit wirklicher Kultur verglich. Und diese Musik hatte den Vorzug einer großen Aufrichtigkeit, einer liebenswerten unverlogenen Negerhaftigkeit und einer frohen, kindlichen Laune. Sie hatte etwas vom Neger und etwas vom Amerikaner, der uns Europäern in all seiner Stärke so knabenhaft frisch und kindlich erscheint. Würde Europa auch so werden? War es schon auf dem Wege dazu [75]?«

Sicher, die Schweinereien, von denen 1946 die Rede ist, hatten nichts mit Jazz zu tun, in dem Hesse die amerikanische Untergangsmusik des europäischen Abendlandes zu hören glaubte. Die Verblendung jedoch, die ihn Nazismus und amerikanisches Besatzungsregime gleichsetzen ließ, zeugt von der eingeschliffenen Wirksamkeit der Verdrängungs- und Kompensationsmechanismen, die die europäische Amerika-Perspektive seit jeher ausgezeichnet haben. Kaum hatte sich Europa befreien lassen, bedurfte es nur geringster Anlässe, um Amerika wieder ins eingerastete Visier zu bringen. Die Fragen des *Steppenwolfs* »Würde Europa auch so werden? War es schon auf dem Wege dazu?« erhellen die Motive der Angst, die aus dem europäisch-amerikanischen Verhältnis nicht wegzudenken sind. Diese Angst vor der ›Amerikanisierung‹ Europas, die bereits bei Tocqueville, Mill, Nietzsche u. a. im 19. Jahrhundert erkennbar ist, hatte durch den Eintritt der USA in den Ersten Weltkrieg 1917 eine völlig neue Qualität angenommen. Es war nicht mehr allein die ›Kultur‹, die von den ›neger- und indianerhaften Kindern‹ von jenseits des Atlantiks bedroht wurde. Die europäische Autorität, dieser verinnerlichte Paternalismus Europas gegenüber Amerika, wurde in ihren militärischen, politischen, ökonomischen und sozialen Grundfesten erschüttert. Der »Untergang des Abendlandes« entpuppte sich als Abdankung des alten Europa gegenüber dem demokratisch-imperialen Amerika.

Die Einsicht in die transatlantische Verlagerung der Autorität des Westens wurde vor allem in Deutschland artikuliert. In England und Frankreich, die die USA als Verbündete gegen die Mittelmächte begrüßten und dementsprechend jovial-begeistert behandelten, bedurfte es eines Zweiten Weltkrieges, um die wahren Macht- und Autoritätsverhältnisse sozial bewußt zu machen. Der Anti-Amerikanismus, der sich während des Zweiten Weltkriegs in England [76] und unmittelbar nach der Befreiung in Frankreich breitmachte, erinnert an das intellektuelle Klima Deutschlands während des Ersten Weltkrieges und vor allem nach 1918. Der Stil der Amerika-Diskussion in England und Frankreich bewegte sich in den 20er Jahren weitgehend in den Bahnen des 19. Jahrhunderts. Amerika blieb ein interessantes Kontrastprogramm, über das man vergleichende politisch-soziologische Studien wie André Siegfrieds *Les Etats-Unis d'Amérique* (1927) oder Reiseberichte wie Bellocs *The Contrast* (1923) und Chestertons *What I saw in America* (1922) veröffentlichen konnte. Deutsche beteiligten sich zwar auch an dieser eher traditionellen Behandlung; sie hatten sich allerdings bereits sehr frühzeitig mit Amerika als dem potentiellen und schließlich wirklichen Antipoden Europas zu beschäftigen begonnen [77]. Und es gehört zur spannungsreichen Geschichte der europäisch-amerikanischen Beziehungen im 20. Jahrhundert, daß es vor allem Angehörige der intellektuellen Eliten in den vormaligen Mittelmächten – Deutschland, Österreich und Ungarn – waren, die in den 30er Jahren, nachdem sie gleichsam alle anderen europä-

ischen Asylmöglichkeiten ausgeschöpft hatten und ihnen neben schwachen Chancen in England, Schweden und der Schweiz nur noch die Türkei blieb, den amerikanischen Kontinent und eben primär die USA als Exil wählten. *Das* Europa, das sich besonders vor den zivilisatorischen Folgen der Amerikanisierung fürchtete, machte sich im wahrsten Sinne der *Steppenwolf*-Frage ›auf den Weg‹ nach Amerika, weil es von einem anderen Europa nicht mit Amerikanisierung, sondern mit Ausrottung bedroht wurde.
Um jedoch die gleichsam klinische Dimension des europäischen Amerika-Bildes in jener Zeit durchsichtig zu machen, sollte hinzugefügt werden, daß dieses andere, faschistische Europa nicht minder stark unter amerikanischen Identitätsstörungen litt. Denn von 1933 bis 1936 feierte die nationalsozialistische Presse in Deutschland Roosevelts *New Deal* als ein Unternehmen verwandten Geistes. Laut *Völkischem Beobachter* vom 7. Juli 1934 z. B. gehörte Roosevelt zu jenen Männern, die »die Psychologie ihrer Völker intuitiv erfaßt haben und zu Zeiten der geistigen und materiellen Not in der Lage sind, kraft ihres unerschütterlichen Optimismus und kraft ihres eigenen Glaubens an die Zukunft ihres Landes den zwischen Hoffen und Bangen einherschwankenden Massen neuen Glauben einzuflößen [78].« Nazi-Historiker gingen sogar soweit, ihn mit Hitler und Mussolini zu vergleichen [79]. Diese positive Beurteilung begann sich 1936 abzuschwächen, um dann schließlich im Gesamttenor auf eine Linie einzuschwenken, die Hitler persönlich in einer Anweisung an die Presse (1942) zusammengefaßt hat: »In letzter Zeit ist es wiederholt zu beobachten, daß in der Polemik gegen die USA ungeeignete Argumente angeführt werden. Was wir gegen diese Nation anführen, ist in erster Linie der völlige Kulturmangel [80].«
Sich Hitler als Garanten der ›Kultur‹ vorstellen zu müssen und ihn damit neben all den anderen Apologeten Europas zu sehen, soll hier nicht als Perversion, sondern durchaus als Konsequenz eines depravierten Geschichtsbildes verstanden werden. Auch die zunächst wahlverwandtschaftliche Charakterisierung des *New Deal* durch die Nazis paßt in dieses Weltbild. Die Ähnlich-

keiten im staatlichen Arbeitsbeschaffungsprogramm, in der ökonomischen Interventionspolitik im allgemeinen, in der Anti-Depressionsrhetorik usw. wurden ja nicht als systemneutrale institutionelle Maßnahmen begriffen. Die höheren Weihen des Faschismus wurden mitgedacht, um den Erfolg des amerikanischen Unternehmens zu erklären. Zwar versicherte das *Berliner Tageblatt* vom 24. Juni 1933, daß es »keine Verkleinerung des Sprunges [sei], zu dem er sich anschickt, höchstens eine seelische Erleichterung des Entschlusses, wenn Roosevelt sein weitgehend staatspolitisches Programm nicht von ausländischen Vorbildern, etwa von Deutschland oder Italien, sondern von dem großen Begründer der amerikanischen Demokratie Thomas Jefferson« herleitet. Die *Kölnische Zeitung* kam der Nazi-Interpretation der amerikanischen Ereignisse näher, als sie am 9. Juli 1933 glaubte, die »Vorgänge in großen europäischen Reichen« auf die Neue Welt übergreifen zu sehen [81]. Zwischen dieser Beurteilung des *New Deal* und Hitlers Ermahnung, den amerikanischen Kulturmangel herauszustreichen, besteht kein Gegensatz. Denn in beiden Situationen wurden ja in genuin europäischer Weise amerikanische Verhältnisse positiv oder negativ an europäischen Identitäten gemessen. Auch das nationalsozialistische Amerika-Bild lebte von den europäischen Projektionen; antisemitische Ausfälle, die sich immer wieder in Nazi-Kundgebungen zum Fall Amerika vordrängten und in den späten 30er und 40er Jahren zur Regel wurden, verdecken gemeinhin diesen europäischen Grundzug.

Die anfänglich positive Aufnahme des *New Deal* im nationalsozialistischen Deutschland stützte sich zwar auf europäische Vergleiche, ließ aber durchaus die Klischees der Amerikanisierung hinter sich, die im konventionellen Anti-Amerikanismus hervorstechen. Im deutsch-akademischen Milieu während des Ersten Weltkrieges und im Umkreis der ›konservativen Revolution‹ Weimars trifft man ähnlich neue Akzentsetzungen an. Amerika wird nicht mehr nur als ein in den Kinderschuhen steckender Ableger Europas begriffen, dessen spezifische Eigentümlichkeiten man auf Kulturmangel und indianisch-afrikanische Abstammung zurückführt. Deutsche Professoren z. B. erkannten im Mai 1917 – einen Monat nach der amerikanischen Kriegserklärung an die Mittelmächte (deren unmittelbare Vorgeschichte eine weitere Facette in der europäischen Amerika-Perspektive offenlegt: denn die berühmte Depesche, die Zimmermann über den deutschen Botschafter in Washington an den deutschen Botschafter in Mexico weiterleiten ließ, war ja nicht nur als Signal zur Eröffnung einer mexikanischen Front gedacht, die es nie geben sollte, sondern auch von der Hoffnung getragen, daß die Deutschamerikaner in den USA selbst eine Art von Heimatfront bilden würden, was sie zur Überraschung der Leiter der deutschen auswärtigen Politik und einiger Militärs aber nicht taten [82]) –, daß mit den USA ein neues Imperium den Schauplatz der internationalen Machtpolitik betreten hatte. Die Professoren Adolf von Harnack, Friedrich Meinecke, Max Sering, Ernst Troeltsch und Otto Hintze, die man durchaus als repräsentative *crème* des damaligen akademischen Deutschland bezeichnen kann, redeten in ihren Berliner Vorträgen von Mai 1917 über die *Deutsche Freiheit* nicht primär von Amerikanisierung im gewohnten Sinne demokratischer Vermassung. Ungleich Thomas Mann, der zwei Jahrzehnte nach den *Betrachtungen eines Unpolitischen* (1918) zum König des deutschsprachigen Exils in den USA aufsteigen sollte, besaßen sie einen Blick für politische Proportionen. Sie nämlich reduzierten Amerika nicht zu einer Fußnote im Kampf zwischen ›Kultur‹ und ›Zivilisation‹, der durch Deutschland und den europäischen Westen bestritten wurde und dem Amerika in Thomas Manns *Betrachtungen* via Tolstoi beitreten durfte: »Um dieselbe Zeit korrespondierte Tolstoi mit einem amerikanischen Pastor, der ihn ›*My dear brother*‹ anredete. Das war, wenn mir recht ist, nicht mehr und nicht weniger als ein welthistorischer Skandal; und daß es dahin kommen konnte, ist Tolstois Schuld, die Schuld seiner Entartung vom großen Slawendichter zum Propheten einer demokratischen Allerweltswohlfahrt. Sein Erfolg in der angelsächsischen Welt war außerordentlich, – womit über sein Niveau etwas ausgesagt ist. Wer verstünde in Amerika etwas von Dostojewski[83]?« Die Professoren interessierten sich nicht für die Resonanz russischer Literatur in Amerika, sondern sahen »mit Schmerz«, wie der Theologe Harnack es z.B. formulierte, »welche Fortschritte ... unter der Herrschaft einer allmächtigen Plutokratie, jener Imperialismus in Amerika gemacht hat, der sich ohne das Steuer geschichtlicher Erfahrung und ohne das Schwergewicht monarchischer Überlieferung und Verantwortung in Aufgeblasenheit und mit Phrasen des Friedens zum erobernden Völkermessias aufwirft[84].« Max Sering gab die Gründe an für die Fortschritte: »Dies sind die Künste, durch die man in den Vereinigten Staaten den Demos regierungsfähig gemacht hat; man hat ihn gekauft, durch Massenbearbeitung und Massensuggestion geistig geknechtet[85].« »Wir kennen die Drahtzieher«, versicherte Max Sering sodann in vulgärmarxistischer Weise, »die Großfinanziers und Trustgewaltigen... Siegten sie, so wäre die Folge die dauernde geistige Herabdrückung, wie sie ihre eigenen Volksgenossen unter der Form der Demokratie geknechtet und gekauft haben[86].« Auch Ernst Troeltsch sah diesen Zusammenhang: »Daß heute mit Wilson der amerikanische Imperialismus auch noch über die der Eroberung Amerikas dienende Monroe-Doktrin hinausschreitet in die Welt mit irgendwelchen imperialistischen Hintergedanken, wenn nicht Wilsons selbst, so doch anderer, die mächtiger sind als er, und daß diese Politik den Beifall einer starken, unendlich selbstvertrauenden und vorwärtsstrebenden Nation hat, das sieht ja auch ein Blinder[87].« Otto Hintze schließlich, der etwas weniger stark auf eine mit vulgärmarxistischen Denkfiguren durchsetzte deutsch-imperiale Ideologie eingeschworen war, faßte in souveräner Weise die Thematik konkurrierender Imperien zusammen: »Unsere eingeschlossene Lage in der Mitte des europäischen Kontinents, umgeben von hochkultivierten, selbstbewußten, zum Teil sehr starken und eifersüchtigen Völkern, gestattet uns zu Lande keine solche Ausdehnung wie sie Rußland seit Jahrhunderten und die amerikanische Union in so großem Maßstabe während des 19. Jahrhunderts aufzuweisen hat[88].«

Trotz aller ideologischer Invektiven, die das Amerika-Bild der konservativen Professoren beleben und an das Amerika des linken Ressentiments in den 70er Jahren erinnern, wurde in diesen Reden jene amerikanische Wirklichkeit transparent, von der im 19. Jahrhundert gelegentlich Tocqueville und Konstantin Frantz gesprochen hatten. Amerika erschien den deutschen Professoren als ein in sich gefestigter Konkurrent im Griff nach der Weltmacht, die bisher eine Domäne der alten und neuen europäischen Mächte gewesen war. Um die Legitimität dieser Konkurrenz in Zweifel zu ziehen, fuhr man zwar mit altbekannten historischen Geschützen auf, nur begannen diese nach hinten loszugehen. Denn konnte Hegel Amerika noch vom Schauplatz der europäischen Weltgeschichte spekulativ verscheuchen, so machten 1917 die bevorstehenden amerikanischen Truppenlandungen diesen Versuch unmöglich. Was deshalb vorher als unfertig an der Gestalt der amerikanischen Gesellschaft erkannt worden war, wurde plötzlich als perfekte Manipulation der Amerikaner durch eine allgegenwärtige und allmächtige Plutokratie bloßgestellt. Es erinnert an den Wahn zeitgenössischer Tiraden, wenn Friedrich Meinecke von ›deutscher Freiheit‹ kündet: »Wir stehen heute umbrandet von der Feindschaft fast der ganzen Welt da, – aufrecht, trotzig, frei und entschlossen, die deutsche Freiheit bis zum letzten Hauche der Kraft zu verteidigen.« Etwas später machte er deutlich, auf welchen Erfahrungen dieses pathetische Heldentum gewachsen war: »[Wir] fühlen uns durch diesen Krieg in den Grundfesten unseres physischen wie geistigen Lebens bedroht[89].«

Daß diese Bedrohung durch das Ereignis des amerikanischen Kriegseintritts bewirkt worden war, offenbarte ein Vertreter der ›konservativen Revolution‹. Seltsamerweise aber war es nicht Oswald Spengler, sondern Moeller van den Bruck, der den Aufstieg Amerikas als Komplementärvorgang zum ›Untergang des Abendlandes‹ begriff. Spenglers Bemerkungen zu Amerika bleiben im *Untergang* marginal, auch wenn er, wie z. T. die Professoren, die genuin revolutionären Züge des amerikanischen Gesellschaftsprozesses verstand: »›Die Amerikaner‹ sind *nicht* aus Europa eingewandert; der Name des florentinischen Geographen Amerigo Vespucci bezeichnet heute zunächst einen Erdteil, aber außerdem ein echtes Volk, das durch die seelische Erschütterung von 1775 und vor allem durch den Sezessionskrieg von 1861–65 seine Eigenart erhalten hat [90].« Einige Jahre später, in *Jahre der Entscheidung* (1933), war auch er wieder dem Ressentiment aufgesessen und erklärte: »Sind die Vereinigten Staaten eine Macht, die Zukunft hat? Flüchtige Beobachter redeten vor 1914 von unbegrenzten Möglichkeiten, nachdem sie sich ein paar Wochen umgesehen hatten, und die neue ›Gesellschaft‹ Westeuropas, aus Snob und Mob gemischt, schwärmt vom jungen, starken, uns weit überlegenen und schlechtweg vorbildlichen Amerikanertum, aber sie verwechseln Rekorde und Dollars mit der seelischen Kraft und Tiefe des Volkstums, die dazugehören, wenn man eine Macht von Dauer sein will, den Sport mit Gesundheit der Rasse und geschäftliche Intelligenz mit Geist. Was ist der ›hundertprozentige‹ Amerikanismus? Ein nach dem unteren Durchschnitt genormtes Massedasein, eine primitive Pose oder ein Versprechen der Zukunft [91]?«

Moeller van den Bruck hingegen – dessen Buchtitel *Das dritte Reich* zum Symbol jener neuen Ordnung wurde, die im *New Deal* vorübergehend ihr amerikanisches Gegenstück zu entdekken glaubte – proklamierte im November 1918 das ›Recht der jungen Völker‹. Ganz im Stile der Professoren von 1917 unternahm er es, Amerika als neue weltpolitische Wirklichkeit in den Griff zu bekommen, es nicht mehr in den gängigen Klischees, die etwa Thomas Mann noch im selben Jahr vertrat, zu fassen. War es für die Historiker und andere Zeitgenossen eine ausgemachte Sache, daß die USA mit Frankreich und England eine natürliche Koalition bildeten, so verbündeten sich in seiner Interpretation der Weltgeschichte plötzlich die USA mit Deutschland (und Japan), die die Avantgarde der jungen Völker darstellten: »Das

Amerikanertum, das sich aus allen Rassen der Erde ergänzte, hat sich ursprünglich im Kampfe gegen das Angelsachsentum durchsetzen müssen: als junges Prinzip gegen das alte Prinzip. Und doch waren die Amerikaner, als sie sich entschlossen, in den Weltkrieg einzutreten, noch nicht so durchnationalisiert, daß sie als Volk sofort wußten, was sie taten, und taten, was sie mußten: daß sie sich für die jungen Völker entschieden, wie es amerikanisch gewesen wäre.« Moeller van den Bruck gestand den USA trotz dieses sinnwidrigen Rückfalls zu, sich in Zukunft nach seinem welthistorischen Plan zu verhalten. Die Option für die ›alten Völker‹ habe sie nicht selbst zu einem alten Volk werden lassen [92]. So sehr sich Moellers Sprache von jener der Professoren unterscheidet, er teilt mit ihnen das neue Verständnis Amerikas als einer Weltmacht, die nicht nur mündig geworden, sondern zur Führung berufen ist. Ernst Troeltsch machte das 1921 deutlich, als er die bis heute gültige Bedeutung von ›Amerikanisierung‹ bestimmte: »Der eigentliche Sieger des Krieges ist der amerikanische Kapitalismus, eingehüllt in die demokratische Tugendideologie und in jene sittlichen Vorzüge, die der Besitzende stets für sich zu reklamieren pflegt und die die Welt dem Erfolgreichen zuzugestehen geneigt ist.« Die »Amerikanisierung Deutschlands« werde so auch folgen [93]. Die Jugend, die Moeller Amerika bescheinigt, und die Amerikanisierung, die Troeltsch heraufziehen sieht, werden zwar ideologisch unterschiedlich bewertet. Amerika wird aber von beiden nicht mehr als Appendix zur europäischen Geschichte gesehen, der noch bestimmte Entwicklungsphasen zu durchlaufen hat, um ernstgenommen zu werden. Das Amerika, das hier in Erscheinung tritt, hat aufgehört, ein europäisches *enfant terrible* zu sein, dessen offensichtlicher Kulturmangel zugleich auf innen- wie außenpolitische Pubertät schließen läßt. Die Nazis übernahmen anfänglich dieses neue Amerika-Bild und machten es für kurze Zeit sogar zur Maxime ihrer Außenpolitik. Unter ihren Opfern jedoch, die ins amerikanische Exil getrieben wurden, erhielten sich in z. T. erstaunlicher Weise die überkommenen Vorstellungen.

Dies trifft vor allem auf die Literatur zu. Während die Angehörigen akademischer Berufe meist direkt aus Deutschland oder Österreich in die USA zogen, sofern sie nicht ausnahmsweise in England oder der Türkei Unterschlupf fanden, ging die deutschsprachige Literatur auf Umwegen ins amerikanische Exil. Die Stationen dieses Exodus – z. B. Prag, Amsterdam, Paris, französische Riviera, Spanien, Portugal – spiegeln dabei nicht nur die politische Kurzsichtigkeit wider, den Expansionswillen des nationalsozialistischen Deutschland zu verkennen. Die Nähe zum deutschen Sprachraum förderte die Hoffnung, über Emigrantenverlage weiterhin Kontakt zu angestammten Lesergemeinden zu unterhalten. So illusionär diese Erwartungen in den späten 30er Jahren auch wurden, in ihnen schwang das Bewußtsein einer gesamteuropäischen Kultureinheit mit, die es Intellektuellen früherer Jahrhunderte ermöglicht hatte, Verfolgungen in ihrer Heimat durch Flucht ins benachbarte europäische Ausland zu entgehen, ohne dadurch ihr Publikum zu verlieren. Das Europa der deutschen Exilliteratur hatte mehr mit dem Europa der Aufklärung im 18. Jahrhundert als dem der Nationalismen, Faschismen und Kommunismen im 20. Jahrhundert zu tun. Nur so läßt sich verstehen, daß die USA für die Schriftsteller nicht zum ersten, sondern zum zweiten Exil wurden. Amerika war nicht Teil der Welt, als deren intellektuelle Repräsentanten sich die Schriftsteller verstanden, und die Bedingungen des amerikanischen Asyls sollten dieses Bewußtsein eher noch verstärken. Denn ungleich den Ländern des europäischen Exils erwartete sie in den USA keine Gemeinschaft von Gleichgesinnten. War die Stellung des Schriftstellers in der amerikanischen Gesellschaft bereits eine völlig andere als in Europa, so hatte es zwischen den deutschsprachigen Schriftstellern und ihren amerikanischen Kollegen keine, etwa den Wissenschaftlern vergleichbare, Kontakte gegeben. Die deutsche Literatur war im amerikanischen Exil auf sich selbst gestellt.

Wie wenig die deutsche Literatur auf Amerika vorbereitet war, wie unfähig sie war, in Amerika nicht nur immer Europa zu er-

kennen, zeigt die Abwesenheit von Werken, in denen amerikanische Erfahrungen zur Sprache kommen. Verglichen z. B. mit der Amerika-Tetralogie Uwe Johnsons, *Jahrestage* (1970ff.), hat sich die Exil-Literatur über Amerika totgeschwiegen. Sicher, sie haben über Amerika geredet und geschrieben – in Tagebüchern, Memoiren und Briefen. Die Summe dieser Erfahrungen wirkt jedoch erschreckend, wenn man ihr die Bibliothek gegenübergestellt, die diese Autoren im Laufe ihres Lebens zusammengeschrieben haben. Amerika war für sie ein weißer Fleck auf der Landkarte der Zivilisation, als sie es als Flüchtlinge betraten, und blieb es bis zum Ende des Exils und ihres Lebens.
Heinrich Mann z. B. schrieb in Los Angeles die autobiographische Skizze *Ein Zeitalter wird besichtigt* (1947) und klammerte Amerika nahezu vollständig aus – außer daß er in Präsident Roosevelt die lebende Verkörperung seiner Romanfigur Henri IV zu entdecken glaubte [94]. Alfred Döblin, der nach seiner Rückkehr aus den USA als rede- und schreibfreudiger Kulturoffizier in der französischen Besatzungszone tätig wurde, machte kein Hehl aus seinem Unverständnis. In einem seiner larmoyanten Briefe an Hermann Kesten aus Los Angeles heißt es unter dem 18. 5. 43: »Lieber Kesten, sie klagen über die ›Eingesperrtheit‹ in New York; nun, hier ist es nicht viel anders; man ist eingesperrt nicht in einem Hotelzimmer, sondern in einer Bretterbude, die sich hier *bungalow* oder *flat* nennt; und in der Tat, man ist viel und ausgedehnt im Grünen, – bin ich aber eine Kuh? Und wie soll man irgendwo hinkommen? (Wenn man kein Auto hat?) Außerdem, wo soll man hin? Exil, lieber Leidensgefährte, Exil zehnmal präziser als in Paris, waschechtes Exil. Der Emigrierte hat wirklich nur zu wählen zwischen der sichtbaren Zelle, die ihm sein Heimatland reserviert, und der unsichtbaren mit der das Asylland aufwartet [95].« Klaus Mann, der dem Exil in Frankreich mit seinem Lebensbericht *Der Wendepunkt* (1942) ein Denkmal gesetzt hat, ohne in der später veröffentlichten, erweiterten Fassung Amerika ähnlich kongenial behandelt zu haben, brachte Döblins Klage *en route to California* (1946) auf eine noch knap-

pere Formel: »Das Wackeln [des Zuges, M.H.] wird immer ärger, die Landschaft draußen immer wüstenhafter. Was für ein kolossales, *leeres* Land – *that new fatherland of ours* [96]!« René Schickele, der am 31. Januar 1940 in Vence Selbstmord beging, und Stefan Zweig, der am 23. Februar 1942 in Petropolis/Brasilien ebenfalls durch Selbstmord endete, haben diese amerikanische Lebensunfähigkeit der deutschen Literatur vorweggenommen. Schickele am 11. Januar 1940 aus Vence an Kesten: »Amerika? Toller hat sich erhängt und [Ludwig] Marcuse schreibt Jammerbriefe... [97]« Zweig am 24. Januar aus England an Kesten: »Und wir müssen bleiben, sogar wenn es ein verlorener Posten wäre: hier können wir eine Pflicht erfüllen, allein durch Anwesenheit. Amerika würde uns verschlucken [98].«

Die beiden prominentesten deutschen Schriftsteller im amerikanischen Exil, Bertolt Brecht und Thomas Mann, blieben von Existenzangst im wörtlichen, im zivilisatorischen und übertragenen Sinne verschont. Ihr Amerika-Bild wurde dadurch aber nicht besser. Bertolt Brecht, der den klassischen Umweg ins amerikanische Exil durch einen langen Aufenthalt in Dänemark, Flucht über Schweden und Finnland, Fahrt im Sibirienexpreß nach Wladiwostok, Schiffsreise nach Kalifornien variierte, war bereits zur Aufführung der *Mutter* 1935/36 in New York gewesen, dann aber wieder nach Europa zurückgekehrt. Sein amerikanisches Schweigen könnte man mit dem Gedicht *Verschollener Ruhm der Riesenstadt New York* aus dem Jahre 1930 erklären, weil Amerika bereits hier in 23 Strophen als Fußnote zur europäischen Geschichte abgetan wird.

»[1.] Wer erinnert sich wohl noch
An den Ruhm der Riesenstadt New York
In dem Jahrzehnt nach dem großen Krieg?

[2.] Welch ein episch gefeiertes Becken war doch dieses Amerika damals!
God's own country!

Nur mit den Anfangsbuchstaben seiner Vornamen genannt:
USA
Wie unser jedermann bekannter, unverwechselbarer Jugendfreund!
[23.] Welch ein Bankrott! Wie ist da
Ein großer Ruhm verschollen! Welch eine Entdeckung:
Daß ihr System des Gemeinlebens denselben
Jämmerlichen Fehler aufwies wie das
Bescheidener Leute!«

Ganz im Sinne dieses Zusammenbruchs des Weimarer Amerika-Bildes interessierte ihn elf Jahre später die Gesellschaft seines Exils nicht. Im *Arbeitsjournal* werden die Intimitäten des Emigrantenklatsches in allen Einzelheiten kolportiert und finanzielle Transaktionen – »ich bekomme $ 20000.« [99] – mit besitzbürgerlichem Gleichmut notiert. Amerika fällt ihm gelegentlich von Wohnungseinrichtungen auf. »19.11.42 – Der Wiener Schauspieler Henried hat hier eine schnelle Filmkarriere gemacht, und wir aßen in seinem neuen Haus, einem geräumigen Gebäude im *cottage*-Stil. Seine Frau, die Tochter des Kunsthistorikers Glück, dessen Breughelausgabe ich um die ganze Welt mitschleppte, hat zusammen mit Helli, die viel Spürsinn hat, alte kalifornische Möbel zusammengekauft. Herrliche alte Tische mit erstaunlicher Behandlung des Holzes und kupferne Spucknäpfe, die zu Lampen ummontiert sind. Es scheint durchaus, daß Amerika eine Kulturnation *gewesen* ist ...« [100]

Der Fetisch Kultur, als dessen berufener Hüter sich Brecht gibt, wird jedoch wahrhaft trunken von Carl Zuckmayer und Franz Werfel 1938 gefeiert. »Ich wollte absolut nicht nach Amerika«, beschreibt Zuckmayer 1948 eine Züricher Szene, die sie um ein frühes Visum für Amerika brachte, »ich nahm es Herrn Hitler und seiner Vorsehung, dem Schicksal, dem lieben Gott und dem zwanzigsten Jahrhundert persönlich übel, daß ich dazu gezwungen werden sollte ... Amerikanisches Konsulat? Quotanummer? Formulare? Anmeldung? Affidavit? Was soll uns das

alles? Wir wollen ja gar nicht hin! Warum sollten wir uns, in peinlicher und würdeloser Hast, nach einem Lande drängeln, in das wir nicht gehören, das uns nichts zu geben hat, von dem wir nichts lernen können und dem wir nichts zu sagen haben? – Ich war noch nie, Werfel nur einmal zu einem kurzen Aufenthalt in New York, drüben gewesen. Aber wir wußten alles ganz genau, was es da drüben gab oder nicht gab, vom schlechten Essen bis zur seelischen und erotischen Frigidität, und der gute Sherry half uns dazu, es in Worten dithyrambischen Abscheus auszudrükken. Ein Land der phantasielosen Standardisierung, des flachen Materialismus, der geistfremden Mechanik. Ein Land ohne Tradition, ohne Kultur, ohne Drang nach Schönheit oder Form, ohne Metaphysik und ohne Heurigen, ein Land des Kunstdüngers und der Büchsenöffner, ohne Grazie und ohne Misthaufen, ohne Klassik und ohne Schlamperei, ohne Melos, ohne Apoll, ohne Dionysos. Sollten wir der Versklavung europäischer Massendiktatur entrinnen, um uns unter die Tyrannei des Dollars, des ›*business*‹, der Reklame, der gewaltsamen Veräußerlichung begeben? Und außerdem, sagte Werfel, müßten wir Englisch lernen [101].« Die Nüchternheit, in der Brecht, wie die Trunkenheit, in der Zuckmayer und Werfel die Kultur jenes Kontinents zelebrieren, der ihnen nach dem Leben trachtet, und in der sie den Kulturmangel des Kontinents anprangern, dem sie schließlich ihr Leben verdanken, diese Nüchternheit und Trunkenheit sind Ausfluß derselben zivilisatorischen Ignoranz. Die Ignoranz wird aber erst in ihrer ganzen blindwütigen europazentrischen Besessenheit erkannt, wenn man Brecht, Zuckmayer und Werfel mit Adolf Hitler zusammenbringt. Denn die Amerika-Bilder der Verfolgten und des Verfolgers sind austauschbar. Hitlers Presseanweisung vom 28. März 1942 betr. die USA hätte von einem emigrierten deutschen Schriftsteller diktiert werden können.
Und auch der König der Schriftsteller im Exil, Thomas Mann, bestätigt das Europa-Syndrom der deutschen Literatur. In einem Brief an Hermann Hesse vom 13. Juli 1941 schrieb er aus Kalifornien: »Das Klima des amerikanischen Ostens freilich, mit sei-

ner feuchten Hitze im Sommer ... und seinen Polar-Winden im Winter, hatte ich satt; und da man als Europäer nur die Wahl hat zwischen New York und Umgebung und diesem zweiten kulturellen Centrum im Westen, Los Angeles und Zubehör, so haben wir in Princeton unsere Zelte abgebrochen und uns hier niedergelassen ...[102]« Als Europäer, so könnte man interpolieren, hat man nur die Wahl zwischen Regionen, in denen man Europa wiederfindet, denn wie es in Amerika sonst aussieht, geht Europäer nichts an. Perfekter kann die Apperzeptionsverweigerung jener, die berufsmäßig Erfahrungen artikulieren, milieumäßig nicht abgesichert werden. Es ist der Wille zum europäischen Getto, der sich hier habituell verwirklicht.

Der Wille zum europäischen Getto bedeutete nun aber keineswegs, daß man auf die Annehmlichkeiten Amerikas, sofern man wie Brecht und Thomas Mann Zugang zu ihnen hatte, verzichtete. Den besitzbürgerlichen Geschäftsinn, mit dem der Großproletarier Brecht Dollars kassierte, teilte auch der Großbürger Thomas Mann. Dieser ging in der Anpassung aber noch weiter, wie sein Verhältnis zum Dienstpersonal zeigt: »Wir haben ab 5. Juli [1940, M. H.] ein Haus irgendwo zwischen Hollywood und Santa Monica für drei Monate gemietet. Wir werden per Eisenbahn reisen und unsere Schwarzen mit dem Wagen voranschicken[103].« Die verinnerlichte Leibeigenschaft der Afroamerikaner, die der Europäer Thomas Mann – der sein Gastland zur gleichen Zeit zum Kreuzzug gegen Nazi-Deutschland aufrief – *en passant* reproduziert, erinnert an Hegels Stellung zu den Indianern und Marxens germanischen Rassismus. Die mentale Abschließung gegenüber Amerika, die Europäer zu *fellow travellers* des *american way of life* in dessen Auswüchsen macht, korrespondiert jedoch der Intoxikation durch ›Kultur‹. Seinem Bruder Heinrich schrieb er nach Empfang von dessen Roman *Die Vollendung des Königs Henri Quatre* am 2.3.39: »Man sage, was man wolle: solches Wachstum und solches Werden aus dem Sein, solche Dauer und solches Ernten ist nur europäisch; hier in Amerika sind die Schriftsteller kurzlebig, schreiben ein gutes

Buch, danach zwei schlechte und sind dann fertig. Das ›Leben‹ im Goetheschen Sinn ist nur unsere Tradition, es ist weniger Vitalität als ein Sinn und ein Wille [104].« »Wer verstünde in Amerika«, so hatte er ja höhnisch in den *Betrachtungen eines Unpolitischen* (1918) gefragt, »etwas von Dostojewski?« Wurde Thomas Mann verstanden? Und sagte der Erfolg wie bei Tolstoi etwas über sein Niveau aus?

Den Erfolg, den Thomas Mann in Amerika gehabt und der ihm den Haß von Döblin, Brecht und vielen anderen Emigranten eingetragen hat – was sie allerdings nicht hinderte, ihn immer wieder vor ihren persönlichen oder ideologischen Karren zu zerren – verdankte er in erster Linie dem Nobelpreis für Literatur (1929). Denn ungleich Albert Einstein, der mit Mann zusammen das deutsche Exil in und gegenüber der amerikanischen Gesellschaft repräsentierte und die beide in dieser Stellung auch anerkannt wurden, war Thomas Mann nicht als theoretisches Haupt einer Entwicklung in den modernen Naturwissenschaften nach Amerika gekommen. Zwar besaß der Nobelpreis für Einstein (1921) in den USA auch eine soziale Bedeutung, aber er konnte sich vor allem auf eine Gemeinschaft von Wissenschaftlern stützen, für die sein reibungsloser Wechsel vom *Kaiser-Wilhelm-Institut* in Berlin ans *Institute for Advanced Study* in Princeton (1933) eine Selbstverständlichkeit darstellte. Die internationale Einheit des Geistes und damit auch seiner Repräsentanten, von der die deutsche Literatur noch im europäischen Exil gezehrt hatte, bildete für die Wissenschaftler eine transatlantische Wirklichkeit. Sie nämlich hatten diese Einheit bereits während der 20er und frühen 30er Jahre in Studientreffen, gemeinsamen Forschungsprojekten, Austauschprogrammen und Reisen praktiziert. Während Einstein mit der Emigration zwar auch Deutschland und Europa verließ, so fand er sich in den USA aber sofort wieder in den gewohnten Rahmen der theoretischen Naturwissenschaft eingegliedert. Dagegen sah sich die deutsche Literatur, die Europa mit der Welt verwechselt hatte, in Amerika in das Getto ihres depravierten Weltbildes eingesperrt. Reste des

Weimarer Kulturlebens, die sich nach New York (in Verlagen und Theatern) und Los Angeles (vor allem in den Studios der Hollywooder Filmgesellschaften) gerettet hatten, garantierten ein Überleben, wenn auch z.T. am Rande des Existenzminimums. Allein der Nobelpreis war es, der Thomas Mann vor dem Los bewahrte, die provinzielle Bedeutungslosigkeit der deutschen Literatur im amerikanischen Exil mitzumachen. Er verschaffte ihm einen gesellschaftlichen Status, den ihm weder der Anspruch seines literarischen Werks noch sein natürliches großbürgerliches Patriziertum oder die Tatsache der Emigration hätten gewinnen können. Dieser Status trug ihm Einladungen ins *Weiße Haus* ein, begleitete ihn auf seinen ausgedehnten Vortragsreisen von der Ost- bis zur Westküste, half ihm bei Hilfsaktionen für Verfolgte und verschaffte ihm die sieben Ehrendoktorate, mit denen er Anfang der 50er Jahre schließlich wieder die USA verließ [105].

Wie aber sah das politische Amerika dieses Schriftstellers aus, der von Amerikanern wie deutschen Emigranten gleicherweise als Repräsentant des ›anderen Deutschland‹ verstanden wurde? »Nein, Amerika bedarf keiner Unterweisung in Dingen der Demokratie«, versicherte er 1938 in dem Vortrag *Vom kommenden Sieg der Demokratie*, den er in 15 Städten der USA hielt [106]. In diesem Vortrag wurde jedoch deutlich, daß die Demokratie, in der er Amerika nicht unterweisen mußte, dem französischen Modell entsprach. Denn Amerika kam über generelle Anspielungen nicht hinaus. Die Position seines Bruders Heinrich, die er in den *Betrachtungen eines Unpolitischen* noch zurückgewiesen, dann in der Weimarer Zeit selbst eingenommen hatte [107], war zur allgemeinen Folie seines positiven Politikverständnisses geworden. Weder beschäftigte er sich mit den Elementen und Ursprüngen des Amerikanismus, noch aber ließ er sich auf eine Diskussion zeitgenössischer Unterschiede im Verständnis der Demokratie zwischen Europa und Amerika ein. Unter den Oberbegriff einer französisch verstandenen Demokratie subsumierte er die amerikanische Gesellschaft wie die erhoffte Gesellschaft des zukünftigen Europa. Dieser Demokratie-Begriff war bereits 1938 sozialreformerisch akzentuiert und wurde von Mann im Verlaufe des Krieges, besonders aber dann in der Nachkriegszeit dahingehend verschärft. Das Ende des bürgerlichen Liberalismus, die Politik des *laisser faire, laisser aller*, müsse in Richtung auf soziale Reformen hin überwunden werden. Manns sozialdemokratische Überzeugungen änderten sein habituelles Patriziertum aber nicht, wie die Rede *Schicksal und Aufgabe* dokumentiert, die er am 13. Oktober 1943 in der *Library of Congress* in Washington gehalten hat: »Erlauben Sie mir hier eine kurze Bemerkung über die Idee der Demokratie. Ich verstehe Demokratie nicht hauptsächlich als einen Anspruch und ein Sichgleichstellen von *unten*, sondern als Güte, Gerechtigkeit und Sympathie von *oben*. Ich finde es nicht demokratisch, wenn Mr. Smith oder Little Mr. Johnson Beethoven auf die Schulter schlägt und ruft: ›*How are you, old man!*‹ Das ist nicht Demokratie, sondern Taktlosigkeit und Mangel an Sinn für Distanz. Wenn aber Beethoven singt: ›Seid umschlungen Millionen, diesen Kuß der ganzen Welt!‹, *das* ist Demokratie. Denn er könnte sagen: ›Ich bin ein großer Genius und etwas ganz Besonderes, die Menschen aber sind *mob*; ich bin viel zu heikel, sie zu umarmen.‹ Statt dessen nennt er sie alle Brüder und Kinder eines Vaters im Himmel, der auch der seine ist [110].« Die Ideologie der Demokratie, die er in die Metaphorik der *Neunten* kleidet, illustriert die großbürgerliche Perspektive, aus der Weimarer Schriftsteller die USA gesehen haben und deshalb mißverstehen mußten. Denn der Unterschied zwischen der Gleichheit im Himmel und jener des Schulterklopfens ist einer zwischen ideologischem Anspruch und habitueller Wirklichkeit. Ideologen, die wie Thomas Mann diesen Unterschied erhalten wissen wollten, weil ihre soziale Rollenphantasie von hierarchischen Strukturen europäischer Gesellschaften besetzt war, entzogen deshalb dem *›mob‹* mit Grausen ihre Schultern, während sie vom Podium herab benevolent Demokratie als ›Güte, Gerechtigkeit und Sympathie von oben‹ predigten. Mann scheint dieses habituelle Mißverständnis gespürt zu haben, wenngleich sein beständiger Blick auf die Goethezeit andeutet, daß ihm nie klar geworden ist, warum die deutsche Klassik denn nur ein sozial unverbindliches Bildungsereignis für Eliten geblieben ist. »Als Amerikaner bin ich Weltbürger«, sagte er 1945 zu einem amerikanischen Publikum im Vortrag *Deutschland und die Deutschen* und bestätigte wieder einmal, daß er Amerika mit dem Weimarer Europa der Literatur verwechselte; dann setzte er fort: »– was von Natur der Deutsche ist, ungeachtet der Weltscheu, die zugleich damit sein Teil ist, seiner Schüchternheit vor der Welt, von der schwer zu sagen ist, ob sie eigentlich auf Dünkel oder auf angeborenem Provinzialismus, einem völkergesellschaftlichen Minderwertigkeitsbewußtsein beruht. Wahrscheinlich auf beidem [111].«

Thomas Manns weltscheues Weltbürgertum kehrte zu seinen deutsch-europäischen Ursprüngen zurück, als der ›kalte Krieg‹ die amerikanische Innenpolitik zu vergiften begann. Denn die Ausbrüche des populistischen Amerikanismus, der ihn ja bereits beim Schulterklopfen zutiefst irritiert hatte, wurden für ihn eindeutig prä-faschistisch, als die liberale Intelligenzija vor das öffentliche Tribunal politischer Massenhysterie gezerrt wurde. Während Brecht aus dem Verhör vor dem *Kongreßausschuß für unamerikanische Umtriebe* im November 1947 eine Farce machte und einen Monat später nach Zürich abflog, um im August 1948 schließlich mit tschechischem Paß nach Ost-Berlin überzusiedeln, trug Thomas Mann den Konflikt der Pariser Mandarine in seiner Seele aus und zog sich 1952 endgültig in die neutrale Schweiz zurück. Anspielend auf die Bemerkung eines spanischen Besuchers – *»Europe is miserable but very much alive.«* – schrieb er Hesse am 12. Oktober 1946: »Mehr *›alive‹* vielleicht als dieses mächtige Land hier, wo blinde, überholte Mächte sich mit böser Hartnäckigkeit gegen die neuen Notwendigkeiten wehren und wahrscheinlich das Land alle Erfahrungen Europas, auch den Fascismus, werden nachholen lassen, gegen den wir angeblich zu Felde gezogen sind [112].« Daß die Hysterie, die zum McCarthyismus führen sollte, und sein Weltbürgertum nur die zwei Seiten einer Medaille bildeten, konnte er nicht einsehen. Die Enttäuschung über den schäbigen Frieden jedoch, den die Hexenverfolger den Kommunisten und ihren liberalen *fellow travellers* zuschrieben und den der Weltbürger den prä-faschistischen Kräften Amerikas in die Schuhe schob, teilte er mit seinen Gegnern. Die amerikanischen Populisten und der deutsche Weltbürger waren sich in der Verurteilung dieses Friedens durchaus einig. Und da Thomas Mann Weltbürgertum und Amerikanismus gleichgesetzt hatte, ging die Einigkeit noch etwas weiter, denn es handelte sich ja in beiden Fällen um einen Frieden nach amerikanischen Vorstellungen. Im Zusammenstoß mit dem Amerikanismus der Populisten mußte Mann allerdings erkennen, daß etwas nicht stimmen konnte. Anstatt jedoch seine Idee von Amerika zu überprüfen, identifizierte er das wirkliche Amerika mit dem ›schlechten‹, nämlich faschistischen Europa und wurde wieder zum Weltbürger, der er immer gewesen war. Das wirkliche Amerika war seiner Idee nicht gewachsen, deshalb gab er es auf. 1948 spielte er noch etwas skeptisch mit der Vermittlerrolle. »Sie haben wohl einen Begriff«, schrieb er Hans Mayer, »wie wir hier leben, in welchem Zerwürfnis bereits mit einer in den Fascismus steuernden Demokratie... Hinlänglich verbrennen wir uns den Mund, haben unsere Meinung über *loyalty tests*, Inquisition, kalten Krieg und die Affenliebe für kommunistische Renegaten. Aber andererseits! Woran soll man sich halten? Wozu stehen? Von der Moskauer Kulturpolitik fühle ich mich schauerlich angeweht und möchte mich um keinen Preis auf sie festlegen lassen. Die Zweiteilung Deutschlands kommt als Verhängnis hinzu. Da die Brücke bilden zu wollen, wäre ein schöner Ehrgeiz, aber ein vermessener wohl, denn wer hält die Belastung aus [113]?« 1950, im Vortrag *Meine Zeit* vor der *University of Chicago*, brach sich sein Weltbürgertum Bahn in der Vision einer Pax Americana/Sovietica: »Aus der Tiefe der Menschbrust löst sich heute der Schrei: ›Friede, um Gottes willen Friede!‹ Amerika und Rußland, diese beiden gutmütigen Riesen, – anfällig beide, das ist wahr, der eine für kopflose Hysterie,

der andere für Ausbrüche sarmatischer Wildheit, – muß notwendig einer den anderen erschlagen, wie Fafner den Fasolt, damit der eine allein auf dem Hort der Welt liege und schlafe? Es wird nichts da sein, worauf er seinen Drachenbauch legen kann; die Hydrogenbombe, statt der Keule verwendet, läßt nichts übrig. Die Kolosse des Ostens und Westens, der eine mit seiner alten, melancholischen Geschichte, der andere mit seiner jungen und freudigen, – wieviel haben sie doch miteinander gemein, was Haß und Furcht heute gänzlich aus dem Bewußtsein verdrängen wollen! Schon ihre Größe selbst schafft eine Verwandtschaft zwischen ihnen, die Großräumigkeit ihres Daseins, die auch ein besonderes Verhältnis zur Zeit mit sich bringt, eine gewisse unbekümmerte Großzügigkeit der Zeitbewirtschaftung: sie haben Zeit, sie nehmen sich Zeit, sie kennen keine Ungeduld, – ich habe noch nie einen ungeduldigen Amerikaner, noch einen Russen gesehen, der die Geduld verlor.« Die Aura der europäischen Romane des 19. Jahrhunderts, die diesen Gesellschaftsvergleich umgibt, tritt vollends zutage, wenn amerikanisch-russische Kriegsbegegnungen erinnert werden: »Eine gewisse fröhliche Primitivität auf beiden Seiten, im Trinken, im Lieben, in der gesamten Lebenslaune, machte gute Freunde aus ihnen, ohne daß der eine mehr als zwei oder drei Worte von der anderen Sprache verstand. Wanja und Sam oder Jim wollen einander nicht an die Kehle, weil ihre Landesverfassungen divergieren [114].«
Diese literarische Auflösung des ›kalten Krieges‹ wiederholte in der Weise romanhafter Verkörperung den Ansatz der Pariser Mandarine, die Wirklichkeit durch Spekulation zu überwinden. Während sie jedoch mittels Geschichtsphilosophie den qualitativen Unterschied der beiden Kolosse festlegten und den notwendigen Sieg des einen über den anderen anvisierten, blieb Thomas Mann auf der Ebene historischer Epik stecken, wo Divergenzen zwar zur Charakterisierung des welthistorischen Romanpersonals vonnöten sind, in der grandiosen Überschau des Romanschreibers aber aufgehoben werden. Sam oder Jim gab er bei der Herbeizwingung eines konfliktfreien und befriedeten Endzu-

standes des Romans der Weltgeschichte einen gewissen Vorsprung. »Und der patriotische Traum meines Alters ist denn also«, sagte er, der als Deutscher und damit als Amerikaner und Weltbürger geboren worden war, »Amerika möchte sich zu der moralischen Kühnheit erheben, die seiner Stärke entspricht, und die Initiative ergreifen zu einer universellen Friedenskonferenz, auf der nicht nur dem verderblichen Wettrüsten ein Ende gemacht, sondern, im wohlverstandenen Interesse aller, auch Amerikas, der Plan entworfen werden sollte zu einer umfassenden Finanzierung des Friedens, zu einer Konsolidierung aller ökonomischen Kräfte der Völker im Dienst gemeinsamer Verwaltung der Erde und einer Verteilung ihrer Güter, welche schmähliche Armut und Hungersnot von ihrem Angesicht tilgte und unnotwendiges, von Gott nicht gewolltes, sondern nur von Menschen verschuldetes Leiden aus der Welt schaffte. Es wäre der humanistische Kommunismus, der dem inhumanen den Rang abliefe; und erst, wenn Rußland eine solche Weltplanung, die Vorbereitung zu einer Gesetz und Frieden schützenden Weltregierung verschmähte und sich in nationalem Eigensinn davon ausschlösse, erst dann und nur dann wäre bewiesen, was man sehr voreilig als bewiesen ausgibt, daß Rußland den Frieden nicht will [115].« Wenige Monate später, als er den Vortrag in New York, Stockholm und Zürich wiederholt hatte und die fehlende Bereitschaft Amerikas zum ›humanistischen Kommunismus‹ erkennen mußte, gab er seinen Unmut darüber kund, daß die USA nicht seiner Idee von Weltbürgertum entsprachen: »Auch ich will Amerika nicht ›dem Sozialismus übergeben‹ (der für Europa eine unabwendbare Notwendigkeit sein mag), sondern es grämt mich nur, daß dies Land der Pioniere und der Freiheit heute in der ganzen Welt das Alte, Verbrauchte, Faule, Korrupte unterstützt und in einer unaufhaltsam sich wandelnden Welt den *policeman* des *status quo* spielt [116].«

Thomas Manns Rückkehr in die Schweiz, in der er sein Exil begonnen hatte, bildete den Schlußstrich unter dem amerikanischen Mißverständnis der deutschen Literatur. Denn die aufklärerische Gloriole, die seine frühe Entdeckung Amerikas umstrahlt hatte, gab die Kehrseite der Faschismus-Diagnose ab, die er den USA in der Nachkriegszeit stellte. Im positiven wie im negativen Sinne konnte sich Thomas Mann in bezug auf Amerika immer nur Europa vorstellen. Klaus Mann hatte den europäischen Vorstellungsblock durchaus richtig getroffen, als er bei der transkontinentalen Eisenbahnfahrt verständnislos staunte: »Was für ein kolossales, *leeres* Land – *that new fatherland of ours!*«

Die Unfähigkeit der deutschen Literatur, mit und in Amerika zu leben, erscheint vor dem Hintergrund der europäischen Amerika-Bilder seit der französischen Revolution keineswegs außergewöhnlich. Die Resistenz, mit der sich die Schriftsteller erfahrungsmäßig abgekapselt und mit der sie ihre jeweils regional gefärbte Kulturmentalität behauptet haben, bestätigt die repräsentative Bedeutung der europazentrischen Geschichtsphilosophien. Die Begegnung der Literatur mit Amerika macht deutlich, daß die Verdrängung Amerikas keine spekulative Setzung gewesen ist, die etwa an die Namen Hegel, Marx und Engels geknüpft bleibt. Das Europa ihrer Sozialisation, das die erfahrungsmäßig verankerte Vorstellungswelt der Schriftsteller geprägt hat, erwies sich als so eingeschliffen, daß es selbst durch ein Leben in Amerika nicht abgeschwächt, geschweige denn aufgehoben werden konnte. Denn das Getto, in dem sie sich wiederfanden, war ja nicht allein das Produkt des fremdsprachigen Milieus. Das Schweigen der Literatur zu Amerika war ja ein Schweigen in der deutschen Sprache. Deshalb auch trifft Ernst Blochs Versuch, die Schwierigkeiten deutscher Schriftsteller in Amerika zu erklären, keineswegs den entscheidenden Punkt, wenn er schreibt: »Doch dem gegenüber steht das noch mehr Normale, daß nur wenige Menschen und unter ihnen äußerst wenige Schriftsteller je imstande waren, sich in einer fremden Sprache so sicher, gar so produzierend zu bewegen wie in der eigenen. Keine Nuancen sind dem Ausländer echt ausdrückbar, keine Schärfe noch Tiefe. Sein Sprachfluß läuft reguliert, was hier dasselbe bedeutet wie: konventionell... Im allgemeinen besteht die Regel, daß einer aus der eigenen Sprache desto schwerer in die andere fallen kann, je vertrauter er sich in der eigenen auskennt, je mehr er in ihr und durch sie erfahren hat [117].« Bloch selbst aber bestätigt die Verinnerlichung der zivilisatorischen Perspektive: »Wir sind voll Europa, dort kennen wir uns aus, wir sind Athen [118].« Und: »Mit diesem Land also trifft die Literatur einer alten Sprache jetzt zusammen. Unsere Sprachwelt trifft zusammen mit dem ausgesprochenen, mit dem vielfach noch sehr unausgesprochenen Anderssein eines jungen Kontinents, der *ab ovo* nur den Kapitalismus kennt und ebenso das Grab so mancher nichtkapitalistischer Utopien geworden ist [119].«

Bloch bleibt jedoch nicht bei der Sprache als Barriere stehen. Er charakterisiert den dazugehörigen Erfahrungshabitus in überzeugender Weise: »Er will sein altes Sein und Bewußtsein behalten, als wäre mit der Einreise in die USA nichts geschehen.« Figuren dieser Haltung starrten »... auf Deutschland, als säßen sie noch in Paris oder Prag. Manche ihrer kamen hierher, die nichts mehr als nur eine Wüste suchten, worin sie Prediger sein könnten. Statt dessen fanden sie ein ebenso problemreiches wie gastfreies Land... Schriftsteller sind so fixiert an die alte Welt und so eingekapselt in das Sprach- und Denkmilieu, das sie mitgebracht haben, daß sie sich hier, wo man ihnen diese Isolation nicht läßt, fast stärker in der Emigration fühlen als vorher. Oder das Paradox mit etwas zu großer Schärfe ausgedrückt: Hier, wo die Emigration objektiv endet, beginnt sie für manchen subjektiv in größerem Umfang. Es ist das ein anstößiger Zustand, und auf Amerikaner wirkt er vielleicht noch befremdender als die treulose Anbiederung ... [sie] sind erstaunt über diesen fremdartigen Transfer, über eine Devise, die nicht umgewechselt werden kann und soll. Sie wollen nicht, daß ihr Land nur als Überwinterungsstation betrachtet wird [120].« Unverblümt setzt er, der in den

USA selbst als Tellerwäscher erfolglos geblieben ist, hinzu: »Desto schlimmer, wenn diese Kulturträger, aus wahren Hinterwäldlerbegriffen, die sie über Amerika mitgebracht haben, auf das eigentümlich komplizierte Dasein hierzulande hochmütig herabsehen. Wenn sie mit einer Anmaßung, die weniger der heimischen Kultur als dem heimischen Imperialismus entnommen sein dürfte, der Meinung sind, sie müßten Amerika jene Gesinnung beibringen, die Hitler zu Hause doch so leicht eliminieren konnte [122].« Nun sind Schriftsteller keineswegs die einzigen Träger von Kultur gewesen, die nach Amerika emigriert sind. Der Exodus der Natur-, Sozial- und Humanwissenschaftler in die USA gibt erstaunliche Parallelerfahrungen an die Hand, um die Wirkung Amerikas auf die intellektuellen Eliten Europas zu begreifen. Das Denkmilieu Europas sah sich in diesen Wissenschaftlern nicht weniger als in den Schriftstellern repräsentiert. Wie aber haben die Wissenschaftler auf den Fall Amerika reagiert?

Amerika war für die Wissenschaftler aller Disziplinen eine Gesellschaft, die ihnen die Fortsetzung ihrer Arbeit unter gleichen, ähnlichen und z. T. besseren Bedingungen ermöglichte. Das akademische Milieu, das sie in Europa gewohnt waren, unterschied sich zwar vom amerikanischen Campus und dessen gesellschaftlicher Stellung nicht unwesentlich, ließ aber keine, den Schriftstellern vergleichbare Entfremdungssituationen aufkommen. Auch wenn Albert Einsteins äußerlich nahezu problemloser Umzug von Berlin nach Princeton ein Extremfall darstellte und er in der *splendid isolation* seiner Gelehrtenexistenz [123] von Amerika nicht mehr aufnahm als die Schriftsteller, sahen sich die Wissenschaftler insgesamt in ein Exil besonderer Art versetzt. Der Sonderstatus ihres Exils verlangte von ihnen geradezu, daß sie nicht nur fortsetzten, sondern weitervermittelten, was sie in Europa bereits geleistet hatten. Was den Schriftstellern in Amerika zum Verhängnis wurde, geriet den Wissenschaftlern zum Vorteil, nämlich Europäer oder noch präziser: im deutschsprachigen Europa erzogener und ausgebildeter Wissenschaftler zu sein. Diese Vorzugsstellung der Deutschsprachigen hatte einmal damit zu tun, daß das Gros der seit 1933 politisch gefährdeten Wissenschaftler Deutsche, Österreicher und an deutschen Universitäten ausgebildete oder lehrende Ungarn waren. Zum anderen aber standen das amerikanische Universitätssystem im allgemeinen und viele akademische Disziplinen im besonderen in den zwanziger und dreißiger Jahren noch stark unter dem Einfluß der deutschen Bildungs- und Wissenschaftsentwicklung des 19. und frühen 20. Jahrhunderts. Das Deutschtum, das auf der Literatur wie eine Hypothek lastete und nicht abgetragen werden konnte, weil kein Markt sie einzulösen bereit war, wurde von der Wissenschaft als bestens honoriertes Startkapital eingebracht.

Der amerikanische Campus war so trotz all seiner uneuropäischen Einrichtungen eine vertraute Umgebung, die den Wissenschaftlern die Umstände des Exils in der neuen Gesellschaft erleichterte. Für die Naturwissenschaftler, und unter ihnen vor allem die Physiker, kamen besondere Bedingungen hinzu. Die »Internationalisierung der Physik« (Weiner) in den zwanziger Jahren hatte nicht nur eine europäisch-amerikanische Elite bedeutender Physiker zu einer transatlantischen Wissenschaftsgemeinschaft zusammenwachsen lassen [125]. Die Gemeinschaft umschloß die führenden Institute mit den an den theoretischen Entdeckungsprozessen beteiligten Assistenten, Doktoranden und Studenten. Aus dieser Gruppe der Jüngeren, der Unter-Vierzigjährigen, stammten denn auch zu einem großen Teil jene ca. hundert Physiker, die von 1933 bis 1941 vor allem aus Deutschland und Österreich in die USA einwanderten [126]. Für sie begann z. T. die akademische Karriere in Amerika. Beides, Alter wie Karrierebeginn, mag auch eine Erklärung dafür sein, daß sie sich in Amerika nicht nur einlebten, sondern meist auch dort blieben. Die erfolgreiche Einwanderung der Naturwissenschaftler – denn neben den Physikern läßt sich Vergleichbares über andere Disziplinen sagen – hatte allerdings nicht unwesentlich mit der Stellung der Naturwissenschaft in der technologisch orientierten Gesellschaft zu tun. Denn so wie die führenden Figuren, die nicht emigriert waren, auch in Nazi-Deutschland weiterarbeiten konnten, so trafen die Jüngeren nicht weniger günstige Arbeitsverhältnisse in den USA an. Der Ausbau der Physik-Departements amerikanischer Universitäten in den zwanziger Jahren, von dem die Emigranten trotz der durch die Depression verursachten Verschlechterung in den frühen dreißiger Jahren noch profitierten, spiegelte die Erwartung technologischer Nutznießung wider. Wissenschaft begann als eigenständige Produktivkraft erkannt zu werden – etwas, was während des großen *brain drain* in den fünfziger Jahren zum Gemeinplatz werden sollte. Diese günstige Ausgangsposition für die Naturwissenschaftler wurde durch den Zweiten Weltkrieg noch verstärkt. Die Produktivkraft Wissenschaft wurde zur Planung und Entwicklung technologischer Waffensysteme eingesetzt und baute damit ihre soziale Stellung aus. Emigranten spielten beim Ausbau des militärisch-technologischen Komplexes eine hervorragende Rolle, weil sie sich einmal auf Grund persönlicher Erfahrungen noch stärker durch die Drohung des Faschismus berührt fühlten und weil sie zum anderen besser über den Wissensstand und die Möglichkeiten technologischer Ausnutzung in Deutschland informiert waren. Die »Internationalisierung der Physik« hatte nicht nur die Emigration erleichtert. Das Wissen, das die Mitglieder der internationalen Physik-Gemeinschaft voneinander besaßen, schlug in Mißtrauen um, ließ die anglo-amerikanischen und emigrierten Mitglieder vor den im faschistischen Europa gebliebenen warnen. Weil sie den nicht-emigrierten Europäern gleichsam alles zutrauten, taten sie alles, um die Physik – und Chemiker und Mathematiker verhielten sich ähnlich – in den Dienst des Krieges zu stellen. Die erfolgreiche Explosion der ersten Atombombe 1945 unterstrich, wie überzeugend die Naturwissenschaftler ihre Warnung in Projekte hatten übersetzen können, die der vollen Unterstützung der politischen und militärischen Führung Amerikas bedurften.

Wie sehr die Emigranten beim Ausbau der politisch und militärisch motivierten Großforschung amerikanische Verhaltensformen begriffen hatten, deutet der – allerdings erfolglos gebliebene – Versuch an, den Abwurf der Atombomben über Japan zu verhindern. Leo Szilard, der in den späten 30er Jahren durch Vermittlung Einsteins die Aufmerksamkeit Präsident Roosevelts auf die deutsche Nukleargefahr gelenkt hatte, bemühte sich 1945, wiederum mit einer Empfehlung Einsteins, Präsident Truman gegen den Abwurf der Bomben zu beeinflussen. Szilards Schilderung seiner Begegnungen mit Politikern deuten eine Vertrautheit mit amerikanischen Umgangsformen an, die man bei den Schriftstellern vergeblich sucht. »Ich kannte eine ganze Reihe von Leuten«, erinnert er sich an die Zeit nach dem Tode Roosevelts, »die Roosevelt hätten erreichen können, aber ich kannte keinen so ohne weiteres, der Truman erreichen konnte. Truman verkehrte einfach nicht in denselben Kreisen, so daß ich für einige Tage völlig hilflos war, was zu tun sei. Dann hatte ich eine Idee. Unser Projekt war damals sehr groß, und es mußte jemanden aus Kansas City [der Stadt Trumans, M. H.] geben. Und drei Tage später hatten wir unsere Verabredung im *Weißen Haus* [127].« Die Zusammenkunft mit Truman kam jedoch nicht zustande, da dieser sie an James Byrnes, den zukünftigen Außenminister, verweisen ließ, den sie wiederum für den zukünftigen Direktor des Nuklear-Projektes hielten. Szilards Erinnerung: »Ich war selten so deprimiert wie damals, als wir Byrnes Haus verließen und zum Bahnhof gingen. Ich dachte bei mir, wieviel besser es um die Welt bestellt sein würde, wäre ich in Amerika geboren und einflußreich in der amerikanischen Politik geworden und wäre Byrnes in Ungarn geboren und hätte er Physik studiert. Aller Wahrscheinlichkeit nach würde es keine Atombombe und kein Wettrüsten zwischen Amerika und Rußland gegeben haben [128].«

Szilards Kommentar zur Indifferenz von Byrnes bedient sich zwar des Vergleichs mit Europa, aber weder Europa noch Amerika erscheinen als stereotype Abziehbilder. Szilard hat die genuinen Verhaltensmuster Amerikas so sehr begriffen, daß er ihre

Einübung als Bedingung seiner amerikanischen Existenz voraussetzt. Die positiven wie die negativen Identifikationsversuche, die bei den Schriftstellern so ins Auge stechen, unterbleiben. Diese Haltung Amerika gegenüber, die sich nach dem Kriege auch bei den Raketen- und Raumfahrtforschern wiederholte und in der an Opportunismus grenzenden Karriere Wernher von Brauns ihr Paradebeispiel fand, läßt sich zwar nicht generell für das wissenschaftliche Exil nachweisen; die europäischen Verhaltensüberhänge äußerten sich aber eher exzentrisch oder wurden so von der amerikanischen Umgebung gesehen, als daß sie sich in Exilgettos verhärteten. Wissenschaftler spielten z.B. auch eine untergeordnete Rolle bei den politischen Richtungskämpfen im New Yorker Exil, an denen sich neben den wenigen Exilpolitikern vor allem Journalisten und Schriftsteller beteiligten [129]. Ihre Exzentrizität bestand in ihrem europäischen, vor allem deutschen Verhalten. In der amerikanischen Öffentlichkeit schwankt sie bis zum heutigen Tage zwischen dem Porträt des deutschen Professors in Kubricks *Dr. Strangelove* und Albert Einstein. Dies Bild des deutschen Professors findet sich zwar bereits in der amerikanischen Literatur vor 1933. Mit dem Jahre 1933 konnte man diesen Typus des deutschen Universitätsmilieus aber auf dem amerikanischen Campus in Aktion erleben. Die Beschreibung des Gestaltpsychologen Koffka kann man repräsentativ nennen: »Vom Praktischen her waren die deutschen Professoren einfach nicht der Typus, der die tägliche Arbeit eines amerikanischen Professors erledigen konnte. Koffka war zu sehr der europäische Professor im Ausland. Man konnte ihn selten dazu bringen, sich um die Noten und die Arbeit mit den Studenten zu kümmern. Und wenn er am *Smith College* Konflikten ausgesetzt war, dann trug er seinen Fall, über die Köpfe der *department chairmen* hinweg, zu seinem Freund, den Präsidenten des College. Dies war eher deutsches als amerikanisches Professorengebaren. Ob amerikanisch oder nicht, er lehrte und überzeugte [130].«
Sie lehrten und überzeugten alle. Und diese Überzeugungskraft

hatte etwas mit dem Typus des kontinentalen Professors zu tun. Denn dieser Typus wurde zwar äußerlich mit seinem unamerikanischen Gebaren identifiziert, hinterließ aber auf dem Campus einen soziologisch folgereichen Eindruck. War das Berufsbild des amerikanischen Professors bis ins 20. Jahrhundert hinein weitgehend von der Norm provinzieller Gelehrsamkeit geprägt, die in den Dienst humanistischer, christlicher und amerikanischer Allgemeinbildung gestellt wurde, so änderte sich das mit der Einwanderung der kontinentalen Universitätselite. Singuläre Gestalten wie die Philosophen Whitehead und Santayana – der bereits als Junge in die USA gekommen war, dort erzogen wurde und fast drei Jahrzehnte an der *Harvard University* unterrichtete, um vor dem Ersten Weltkrieg nach Europa zurückzukehren und bis zu seinem Tode (1952) dort zu bleiben – hatten bereits gezeigt, daß Professoren keineswegs die zweite Garnitur der intellektuellen Elite bilden müssen. Die massive Einwanderung einer kontinentalen Professorenelite, die sich auf alle Disziplinen erstreckte, verunsicherte traditionelle Berufsorientierungen der amerikanischen Intelligenz. Hatte es bis 1933 zur akzeptierten Norm gehört (mit gelegentlichen Ausnahmen an den US-Spitzenuniversitäten), daß die intelligentesten Mitglieder eines Studentenjahrgangs Juristen, Geschäftsleute oder Politiker wurden, so blieb diese Norm nach 1933 nicht mehr so selbstverständlich. Das Beispiel der kontinentalen Professoren bewies, daß der Campus nicht nur ein Ort war, an dem jene zurückblieben, die den persönlichen und intellektuellen Anforderungen von *law, business* und *politics* nicht gewachsen waren. Die europäischen Professoren werteten trotz ihres unamerikanischen Habitus das Berufsbild der Universitätskarriere auf. Diese soziologische Strukturveränderung des amerikanischen Campus hätte sich auf lange Sicht auch ohne die Emigranten ereignet. Die soziale Stellung der Universität veränderte sich ja, je mehr die Wissenschaft als Produktivkraft in der technologischen Gesellschaft erkannt wurde. Die emigrierten Professoren beschleunigten die Imagekorrektur nur etwas und lebten sie außerdem in technologisch nicht ausnutzbaren Disziplinen vor: in Kunstwissenschaft (Karl Tolnay und Erwin Panofsky), Literaturhistorie (René Wellek, Erich Auerbach und Leo Spitzer), Philosophie (Ernst Cassirer und der Wiener Kreis), Psychologie (Charlotte und Karl Bühler, Kurt Koffka, Max Wertheimer, Wolfgang Köhler und Kurt Lewin), Psychoanalyse (Otto Rank, Theodor Reik, Karen Horney, Erich Fromm und Bruno Bettelheim), klassische Philologie (Werner Jaeger und Hermann Fränkel), Religionswissenschaften (Joachim Wach), Geschichte (Oskar Kristeller, Felix Gilbert, Ernst Kantorowicz, Hans Baron, Hans Kohn)[131].

Der Kontrast zwischen Amerika und Europa kam jedoch in den Sozialwissenschaften zum eigentlichen Austrag. Denn hier bildete die neue Gesellschaft nicht mehr nur den Milieuhintergrund der Erfahrungen, dem man zwar persönlich täglich ausgesetzt war, den man aber intellektuell unberücksichtigt lassen konnte. Die europäischen Sozialwissenschaftler wurden von Berufs wegen gezwungen, die politischen, historischen, geistigen, sozialen und ökonomischen Unterschiede zu artikulieren. Ungleich den Schriftstellern jedoch, die wie sie den Zusammenbruch Europas am eigenen Leibe erfahren mußten, gaben sie sich nicht einer Fetischisierung der Kultur hin. Die Kultur Europas, an die sich die Schriftsteller klammerten und die sie gegen Amerika abschirmte, wurde in das Krankheitsbild mit aufgenommen. Ähnlich Ernst Bloch formulierte der Sozialtheologe Paul Tillich die Ausgangsbasis seines Exils, das für ihn schließlich zur neuen Heimat werden sollte: »Und dann geschah es, am Ende des Weges deutscher Philosophie und Theologie erschien die Gestalt Hitlers. Zum Zeitpunkt unserer Emigration waren es nicht so sehr seine Tyrannei und Brutalität, die uns schockierten, sondern das unvorstellbar niedrige Niveau seiner kulturellen Ausdrucksformen. Plötzlich begriffen wir, daß, wenn Hitler von deutscher Kultur hervorgebracht werden kann, etwas mit dieser Kultur falsch sein muß. Dies bereitete unsere Emigration in dieses Land und die

Offenheit gegenüber der neuen Wirklichkeit vor, die es repräsentiert.« Die Auswanderung kam der Überwindung eines ethnozentrischen Provinzialismus gleich [132]. Der Politikwissenschaftler Franz L. Neumann ging noch einen Schritt weiter in der Überwindung der Provinz: »Die Offenheit der amerikanischen Gesellschaft machte den Prozeß der Wiedereingliederung ausgesprochen einfach, wenn man erstmal wirklich mit Europa und besonders mit Deutschland einen klaren Bruch vollzogen hatte.« Diesen ›Bruch‹ mit Europa und Deutschland kann man eine Zäsur im europäischen Amerika-Verständnis nennen.

Das Amerika, das die deutschsprachigen Sozialwissenschaftler im Augenblick offensichtlicher europäischer Selbstzerstörung entdeckten, hatte sich nicht nur vom Asyl der Unterschichten zu einem der Eliten verwandelt. Dieses Amerika exerzierte den Europäern mit Roosevelts *New Deal* vor, daß es außer Kommunismus und Faschismus noch andere Wege gab, die aus gesellschaftlichen Krisen herausführen können. »Es war der Beweis«, wie Neumann es sah, »daß eine militante Demokratie gerade jene Probleme lösen konnte, an denen die deutsche Demokratie zerbrochen war [133].« Amerika schien im Bewußtsein des exilierten Europas wieder jenen Platz einzunehmen, von dem es durch die französische Revolution und die an sie anknüpfenden Geschichtsphilosophien verdrängt worden war. Man begann es als gesellschaftliche Alternative zu begreifen, die mit Europa zwar gemeinsame Ursprünge verband, diese jedoch in ein lebensfähigeres Gesellschaftsmodell umzusetzen verstanden hatte. Wie einschneidend der Bruch mit Europa und besonders mit Deutschland war, stellen nicht nur die wissenschaftlichen Bemühungen und die akademischen Karrieren der Emigranten in Amerika unter Beweis. Er läßt sich bis in die bundesrepublikanische Gegenwart verfolgen, wenn man die Spaltung der deutschen Sozialwissenschaften in eine pro- und eine anti-amerikanische Fraktion betrachtet. Denn die Orientierung der sozialwissenschaftlichen Schulen, die sich in den 50er und 60er Jahren gebildet haben, wurde von der Amerika-Begegnung der schulbil-

denden Gründungsväter beeinflußt. Aber nicht nur die Remigranten – wie Arnold Bergstraesser, Eric Voegelin, Ernst Fraenkel, Max Horkheimer, Theodor Adorno – haben ihr Amerika weitervermittelt. Auch jene, die in Amerika geblieben sind und in Deutschland z. T. kürzere oder längere Gastrollen gespielt haben – wie Carl J. Friedrich, Franz L. Neumann, Herbert Marcuse, Hannah Arendt, Karl Deutsch, Karl Loewenstein, Otto Kirchheimer, Paul Lazarsfeld, Hans Morgenthau, Leo Strauss, Alfred Schuetz, Karl Wittfogel – haben durch Lehre und Forschung, vor allem aber auch durch den Entschluß, in Amerika zu bleiben, die Wende im Amerika-Verständnis gefördert. Die Entdeckung des amerikanischen Gesellschaftsprozesses, die immer in Ansätzen steckengeblieben war, wurde von den sozialwissenschaftlichen Emigranten zu Ende geführt.
Das Schicksal der *Frankfurter Schule* im Exil deutet dabei noch am ehesten an, welche Dimensionen der Bruch mit Europa und Deutschland berührte. Vom engeren Kreis, zu dem neben Horkheimer, Adorno und Marcuse u. a. Leo Loewenthal, Erich Fromm und Karl Wittfogel gehörten, kehrten nur Horkheimer und Adorno zurück. Unter den Amerikanern war es Marcuse, der die theoretische Identität des alten Instituts bewahrte, während Wittfogel in radikaler und Fromm in etwas abgemilderter Weise das hegelianisch-marxistische Erbe Frankfurts angriffen; Loewenthal machte sich als Professor für vergleichende Literatursoziologie einen akademischen Namen. Marcuse auch war es, der die amerikanische Protestbewegung der 60er Jahre auf einen theoretischen Nenner zu bringen versuchte – und damit vor allem bei Frankfurter und Berliner Studenten Erfolg hatte. Denn trotz seiner Publizität, die durch den *cause célèbre* seiner prominenten Schülerin Angela Davis – die er für einige Semester nach Paris und Frankfurt schickte – verstärkt wurde, blieb er in Amerika in den entscheidenden Punkten unverstanden. Die »... fast ununterbrochene, von Hegel und Marx beeinflußte theoretische Überlieferung«, auf die sich Marcuse bezog, existierte, wie Habermas richtig gesehen hat, für amerikanische Studenten

nicht [134]. Seine Kritik der reduzierten fortschrittlichen Industriegesellschaft und der sie tragenden Legitimationen im *One-Dimensional Man* (1964) wie die Vision einer nicht-repressiven Zukunft in *Eros and Civilization* (1955) wurden so auch als gelehrte deutsche Beiträge der reichhaltigen amerikanischen Gesellschaftskritik einverleibt. Anstatt Amerika auf seinen theoretischen Nenner zu bringen, wurde Marcuse auf einen gemeinsamen amerikanischen Nenner gebracht. Sein Erfolg als Theoretiker in der europäischen Studentenbewegung ließ ihn zum populären Symbol der Protestbewegung in Amerika werden.

Daß die *Frankfurter Schule* eine europäische Tradition repräsentiert, die in Amerika nie Fuß gefaßt hat, illustrieren nicht nur die theoretischen Lebensläufe der Frankfurter Amerikaner. Marcuses europäischer Erfolg bestätigt, was Horkheimers und Adornos Verhältnis zu Amerika und ihre konsequente Rückkehr nach Deutschland erhellen. Im organisatorischen Sinne war die Übersiedlung des Frankfurter Instituts nach New York, die Horkheimer mit der finanziellen Hilfe Felix Weils bewerkstelligte [135], eine Großtat der intellektuellen Emigration. Allein die Verlagerung der *Warburg Library* von Hamburg nach London und vor allem Alvin Johnsons Gründung der *University in Exile* in New York übertreffen Horkheimers Initiative. Sie unterstreicht die talentvolle Anpassungsfähigkeit des Frankfurter Großbürgers an das Managementverhalten der Neuen Welt. Seine Talente im organisatorischen Umgang mit amerikanischen Verhältnissen störten allerdings nicht sein europäisches Bewußtsein, geschweige denn, daß sie sich auf Adorno übertrugen. Bei Adorno blieb vielmehr das Europa des Bewußtseins auch im Habitus erhalten. Unter den Sozialwissenschaftlern im Exil entsprach er am ausgeprägtesten dem Typus des emigrierten deutschen Schriftstellers.

Adorno wurde 1937 durch ein Telegramm Horkheimers von London nach New York beordert, um an einem Vorhaben der Medienforschung, das als *Rockefeller-Princeton Radio Project* bekannt geworden ist, teilzunehmen; er siedelte 1938 um. Horkheimer hatte ihn dem Gesamtleiter des Unternehmens, dem Österreicher Paul Lazarsfeld, als Leiter der Musikstudie vorgeschlagen. Lazarsfeld selbst, der in den 40er und 50er Jahren zu den führenden empirischen Sozialwissenschaftlern in den USA aufsteigen sollte, hatte unter seinem eigenen *Germanic* Erscheinungsbild zu leiden, wie er dem 1941 verfaßten Empfehlungsschreiben eines wohlwollenden Kollegen entnehmen durfte: »Trotz der Tatsache, daß er in diesem Land seit mehr als 7 Jahren gelebt hat, wirkt er ausgesprochen ausländisch und spricht mit einem starken Akzent. Dies nimmt einige Leute gegen ihn ein, und ich glaube, einige sind noch mehr voreingenommen, weil sie gelegentliche Arroganz in seinem Auftreten verspüren. In Wirklichkeit ist Paul einer der bescheidensten Menschen, aber er besitzt eine ausgesprochen schwerfällig teutonische (*Germanic*) Art, eine Sache vorzutragen, die Leute glauben macht, daß nicht soviel an der Sache dran ist, wie die Schwierigkeit, ihm zu folgen, vermuten läßt.« Lazarsfeld hatte 1938 seinen amerikanischen Mitdirektoren Adorno ähnlich pikant vorgestellt: »Er sieht genauso aus, wie man sich einen sehr geistesabwesenden deutschen Professor vorstellt, und er gibt sich so ausländisch, daß ich mir wie ein Mitglied der *Mayflower Society* vorkomme. Wenn man jedoch mit ihm zu reden beginnt, besitzt er einen erstaunlichen Fundus interessanter Ideen. Wie jeder Neuankömmling versucht er, alles zu reformieren. Wenn man ihm aber zuhört, ergibt das meiste einen Sinn [136].« Adornos Vertrag und das Musikprojekt wurden jedoch später nicht verlängert, weil er sich dem Stil und den Prämissen empirisch-positivistischer Großforschung nicht anzupassen bereit war [137].

Adorno hat seine Schwierigkeiten, mit Amerika und amerikanischer Wissenschaft ins Reine zu kommen, erstaunlich hellsichtig reflektiert. »Daß ich«, so äußert er sich über seine amerikanische Zeit, »vom ersten bis zum letzten Tag, mich als Europäer empfand, habe ich nie verleugnet. An der geistigen Kontinuität festzuhalten, war mir selbstverständlich und artikulierte sich mir in Amerika rasch genug zu vollem Bewußtsein.« Die habituelle

Seite dieses Bewußtseins war ihm nicht fremd: »Durch Naturell und Vorgeschichte war ich zur Anpassung in geistigen Dingen denkbar ungeeignet. So wenig ich verkenne, daß anders als durch Anpassungs- und Sozialisierungsprozesse hindurch geistige Individualität überhaupt nicht sich bildet, so sehr halte ich es andererseits für die Verpflichtung und den Beweis von Individuation, daß sie über Anpassung hinausgeht. Durch die Mechanismen von Identifikation mit Ichidealen hindurch muß sie von dieser Identifikation sich emanzipieren.« Die Erwartungen seiner amerikanischen Umgebung verstand er aber als Anpassung bei vollem Autonomieverlust. Nun zeigen die Karrieren europäischer Wissenschaftler in den USA, daß Adornos Alternative von Autonomie und Anpassung keineswegs die Regel war. Und er selbst deutet an, daß es bei ihm nicht um die xenophobisch gefärbten Rituale naiver Amerikanisierung ging, die Millionen von Einwanderern haben über sich ergehen lassen müssen. »Die mir durch meine ersten vierunddreißig Jahre vorgezeichnete Richtung«, so erläutert er seinen Fall von Identifikation, »war durchaus spekulativ, das Wort einmal im schlichten, vorphilosophischen Sinn genommen, obwohl es bei mir mit philosophischen Intentionen sich verband. Ich empfand es als mir gemäß und als objektiv geboten, Phänomene zu *deuten*, nicht Fakten zu ermitteln, zu ordnen, zu klassifizieren, gar als Information zur Verfügung zu stellen ...[138]«

Adornos retrospektiver Versuch, sein Scheitern beim Medienprojekt zu rechtfertigen, wird von Lazarsfeld bestätigt. Nur liefert er eine detaillierte Schilderung des Zusammenstoßes zwischen dem ›spekulativen‹ Adorno und dem Positivismus des Projektmilieus, an der man die generelle Malaise des transatlantischen Mißverständnisses plastisch verfolgen kann. Diese Schilderung deutet an, daß Adorno nicht nur nicht willens war, die ›spekulative Richtung‹ aufzugeben. Es gelang ihm nicht, die Prämissen und Intentionen seines Ansatzes in Fragen zu übersetzen, die von den Mitarbeitern nachvollzogen werden konnten und bei Umfragen hätten ausgewertet werden können[139]. Die Arbeit mit Horkheimer an der *Dialektik der Aufklärung* (1947) in Los Angeles von 1941–44 förderte die neuralgischen Punkte nicht nur der projektbezogenen Verständigungsstörungen zutage, sondern außerdem des europäisch-amerikanischen Bewußtseinskonflikts. Danach sah sich Adorno imstande, im Rahmen eines anderen, von Horkheimer initiierten Forschungsprojekts »Fakten zu ermitteln, zu ordnen, zu klassifizieren, gar als Information zur Verfügung zu stellen« und gleichzeitig zu deuten. Mit der Veröffentlichung der Forschungsergebnisse, *The Authoritarian Personality* (1950), wird Adornos Name noch heute in intellektuellen Kreisen der USA primär verbunden.

Die *Dialektik der Aufklärung* liest sich in ihren ersten Kapiteln wie ein Essay zur Entwicklung der Bewußtseinsformen von den Griechen bis zur Philosophie der *décadence* im späten 19. Jahrhundert. Der ästhetische und intellektuelle Genuß, den die Lektüre bereitet, gibt eine Ahnung der geistigen Atmosphäre, der diese Reflexionen verpflichtet sind. Man findet sie eingefangen in einem Roman, der zur gleichen Zeit in Los Angeles geschrieben und zu dem Adorno als sachkundiger Interpret der Zwölftonmusik hinzugezogen wurde, Thomas Manns *Doktor Faustus*. Brechts Ausfälle im *Arbeitsjournal* gegen das »Reptil« (Thomas Mann) und das »Frankfurter Institut« (Horkheimer und Adorno) verlieren etwas von ihrer gemeinen Penetranz, wenn man zu vergegenwärtigen sucht, was sich hier während des Zweiten Weltkrieges in Los Angeles ereignete: losgelöst von Zeit, Ort und Geschehnissen reproduzierten sich die Mechanismen der Identifikation mit deutschen Ichidealen, wie es seit jeher unter deutschen Intellektuellen üblich war. Der Sprung aus dem ewigen Faustus-Milieu der deutschen Intelligenz in die amerikanische Wirklichkeit spiegelt sich deshalb auch in Form und Inhalt der sich an den bewußtseinsarchäologischen Essay anschließenden Partien. Diese nämlich bleiben, sofern sie sich auf Amerika beziehen, Skizzen der Kulturkritik.

Allerdings handelt es sich nicht um Kulturkritik im konventionellen Sinne. In der *Dialektik* beginnt sich die These vom Fetischcharakter der Kultur zu entfalten, die später von Frankfurt aus die bundesdeutsche Szene verunsichern sollte. Bereits während der Mitarbeit am *Radio Project* hatte Adorno versucht, diese These in eine Generalkritik der Radioindustrie einzubauen. Er war damit aber gescheitert, weil die positivistischen Leiter des Forschungsunternehmens wie das Forschungspersonal die Sache durch die Existenz für ausreichend definiert hielten. In der Retrospektive von 1968 brachte er den spekulativ/positivistischen Gegensatz auf die knappe Formel: »Ob man von einer Theorie der Gesellschaft ausgeht und die vermeintlich gesicherten beobachtbaren Phänomene als deren Epiphänomene auffaßt, oder ob man in diesen die Substanz der Wissenschaft zu besitzen glaubt und die Theorie der Gesellschaft lediglich als eine durch Klassifikation resultierende Abstraktion, das hat weittragende inhaltliche Konsequenzen für die Konzeption der Gesellschaft [140].« Daß das Phänomen der Musik sich im Kontext einer demokratischen Massengesellschaft unter Verfügung kulturindustrieller Medien unterscheidet von den Formen elitären Kunstbetriebs in einer aristokratisch-großbürgerlichen Statusgesellschaft, konnte er den demokratischen Positivisten nicht nahebringen. Ihm selber wurde das Problem, wie die *Dialektik* zeigt, erst durch das Leben in Amerika klar. Daß es gerade im Faustus-Milieu von Los Angeles geschah, wo sich der Geist von Weimar in einem Getto zu bewahren bemühte, verleiht der *Dialektik* einen leicht moribunden Charakter. Die *Dialektik* ist Horkheimers und Adornos Leichenrede auf ihr Milieu.

»Der Glaube«, so formulieren sie ihre entscheidende Einsicht, »die Barbarei der Kulturindustrie sei eine Folge des ›*cultural lag*‹, der Zurückgebliebenheit des amerikanischen Bewußtseins hinter dem Stand der Technik, ist ganz illusionär. Zurückgeblieben hinter der Tendenz zum Kulturmonopol war das vorfaschistische Europa. Gerade solcher Zurückgebliebenheit aber hatte der Geist einen Rest von Selbständigkeit, seine letzten Träger ihre wie immer auch gedrückte Existenz zu verdanken. In Deutschland hatte die mangelnde Durchdringung des Lebens mit demokratischer Kontrolle paradox gewirkt. Vieles blieb von jenem Marktmechanismus ausgenommen, der in den westlichen Ländern entfesselt wurde. Das deutsche Erziehungswesen samt den Universitäten, die künstlerisch maßgebenden Theater, die großen Orchester, die Museen standen unter Protektion. Die politischen Mächte, Staat und Kommunen, denen solche Institutionen als Erbe vom Absolutismus zufielen, hatten ihnen ein Stück jener Unabhängigkeit von den auf dem Markt deklarierten Herrschaftsverhältnissen bewahrt, die ihnen bis ins neunzehnte Jahrhundert hinein die Fürsten und Feudalherren schließlich noch gelassen hatten. Das stärkte der späten Kunst den Rücken gegen das Verdikt von Angebot und Nachfrage und steigerte ihre Resistenz weit über die tatsächliche Protektion hinaus [141].« Der Habitus der deutschen Exilliteratur, diese Verpflanzung des Faustus-Milieus in die amerikanische Gesellschaft, wie das als exzentrisch geduldete Verhalten kontinentaler Wissenschaftler werden durchsichtig als habituelle Verinnerlichung von Sozialisationserfahrungen, in denen sich die Phasen der europäischen Sozialgeschichte rückspiegeln. Horkheimer und Adorno haben zudem die Fetischisierung der europäischen Kultur als das bloßgestellt, was sie ist: die Apperzeptionsverweigerung eines falschen Bewußtseins.

Damit aber nicht genug. Denn der nostalgische Ton, der die ›philosophischen Fragmente‹ durchherrscht, klingt ja bereits im Titel des Buches an. Der Fortschritt in der Geschichte der Aufklärung, den die Frankfurter nachvollziehen, bereitet jener Welt ein Ende, der sie nicht nur selbst verhaftet sind, sondern der wir die Entwürfe, Legitimationen und Formen menschlicher Existenz überhaupt verdanken. Was aber folgt auf diesen Untergang? Für die Frankfurter ist die Zukunft bereits beendet. Sie radikalisieren gleichsam Tocquevilles noch in der Schwebe verbliebene Prognose, daß die ›Tyrannei der Mehrheit‹ mit dem Pathos demokratischer Gleichheit alle Freiheitsräume verpesten werde. Liest man Horkheimers und Adornos Anmerkungen zum amerikanischen Film, zur Musik, Literatur und Kulturindustrie im ganzen vor dem Hintergrund der Tocquevilleschen Reflexionen, so stellt sich die *Dialektik* als Erfüllung der negativen Prognosen der *Démocratie* dar. Und dies bestätigt sich nur noch, wenn man Horkheimers *Eclipse of Reason* (New York 1947) und Marcuses *One-Dimensional Man* (1964) hinzunimmt. Denn die Reduktionen, von denen in diesen Büchern die Rede ist, sind ja nur insofern als spezifisch amerikanisch zu verstehen, als in den USA der historische Prozeß bereits bestimmte Entwicklungen durchlaufen hat, die dem Rest der Welt erst noch bevorstehen. Sind Horkheimer und Adorno 1949 nach Deutschland zurückgekehrt, weil sie das ›amerikanische‹ Ende der Zukunft zwar realisierten, ihm im zerstörten Europa aber noch für eine historisch zufällige Schonfrist zu entgehen hofften? Denkt man an die von Melancholie und spekulativer Verzweiflung gezeichneten letzten Jahre der beiden, so scheint sie das Wissen um das Ende der Zukunft, um das sie seit der *Dialektik* gewußt hatten, in etwas mehr als zwei Jahrzehnten auch in Europa überfallen zu haben. Muß man deshalb die revolutionäre Vehemenz, die mit der Lehrtätigkeit Horkheimers und Adornos in Frankfurt von 1949 an verbunden war, und den Anti-Amerikanismus, der sich unter ihren Schülern ausbreitete, als Mißverständnisse begreifen? Herbert Marcuse, den man den Frankfurter Dioskuren als ebenbürtigen Vertreter der Kritischen Theorie zur Seite stellen muß, zeigt, daß man das Institut nicht um seine Sozialwirksamkeit bringen kann. Denn zweifelsohne verbindet sich gerade in diesem Frankfurter Amerikaner die Lust an der revolutionären Überwindung einer historischen Gesellschaftsform, für die ihm die USA nicht nur als paradigmatisches, sondern expansiv gebärdendes Modell dient, mit der Enttäuschung, daß es anders und wahrscheinlich schlechter kommt. Marcuse repräsentiert gleichsam in genuiner Reinheit den revolutionären Kern jener hegelianisch-marxistischen Überlieferung, den Habermas für deutsche Studenten reklamierte, den Horkheimer und Adorno jedoch bereits von der *Dialektik der Aufklärung* überwunden sahen. In seiner Option für die dritte Welt und gegen Amerika hat sich, wenn man die grundsätzliche Entscheidung und nicht die jeweiligen Anlässe (wie Rassendiskriminierung, ökonomische Ausbeutung, Vietnam-Krieg) betont, das alte Schema erhalten, nach dem sich das Endreich der Geschichte aus einer Kette sich verschärfender Klassenkämpfe erheben werde. Aus diesem Jugendtraum der deutschen Apokalypse waren Horkheimer und Adorno in Amerika erwacht. Marcuse bewahrte sich jedoch diesen Traum und reussierte mit ihm vor allem in Europa. Seine Enttäuschungen sind meist Rationalisierungen *post factum*, Bekundungen des unglücklichen Bewußtseins, wenn nicht eintritt, was eintreten sollte. Dies kann man z.B. der Danksagung entnehmen, die er *Counterrevolution and Revolt* (1972) vorangestellt hat. Hier nämlich schreibt er, daß er das Manuskript nicht, wie sonst in der Vergangenheit, seinem Freunde Barrington Moore gezeigt habe, dessen gleichzeitig entstehendes Werk er jedoch seinen Lesern als »notwendige Korrektur« seines eigenen empfehle. Moore zieht sich in seinem Vorwort nicht weniger artig aus der Affäre. Diese etwas komplizierte Beziehung zweier kongenialer Denker wird erst durchsichtig, wenn man Moores *Reflections on the Causes of Human Misery and upon Certain Proposals to Eliminate them* (1972) als einen Essay begreift, in dem in melancholischer und verzweifelter Aufrichtigkeit die Zukunft der Revolution für beendet erklärt wird. In Marcuses Empfehlung an seine Leser findet sich verschlüsselt der Pessimismus wieder, den die Studenten Frankfurts 1969 mit der Besetzung des Instituts kurieren wollten. Daß sie Horkheimers totalen Rückzug ins Tessin, Adornos Flucht nach Sils Maria, Habermas' Abwanderung von der Universität förderten und obendrein Kolakowskis Berufung torpedierten, all dies gehört zu den Geburtswehen einer ›neuen‹ Zeit, deren nahendes Ende bereits in der *Dialektik der Aufklärung* bescheinigt wird.

Die Proben zur Revolution im klassisch europäischen Sinne gehen auf dem Kontinent weiter. Der bewußtlose Stupor, der sich in der Anlehnung an leninistische und stalinistische Vorlagen enthüllt, unterstreicht, wie wenig das ›Amerika‹ der *Dialektik*

verstanden worden ist. Der Rückzug auf die Modelle der russischen Oktoberrevolution, in der die französische Revolution zu ihrem konsequenten europäischen Ende geführt worden ist, legt nahe, daß die Dynamik der Geschichte noch immer in die Formen der europäischen Sozialgeschichte gegossen wird. Die historischen Klassengegensätze Europas, die sich als Bilderwelt im revolutionären Bewußtsein abgelagert haben, verhindern den Nachvollzug der Einsicht, daß Europa mittlerweile mehr Amerika als seiner eigenen Geschichte gleicht. Der Anti-Amerikanismus der zeitgenössischen Linken ist deshalb nichts weiter als das Ressentiment des falschen Bewußtseins, das sich sowenig vom Fetisch der europäischen Revolution zu lösen vermag, wie es die Literatur vom Fetisch der europäischen Kultur vermochte. Horkheimer und Adorno hatten in Amerika erkannt, daß in der Sicht der von Hegel und Marx ausgehenden Spekulation, die Geschichte als ›Amerika‹ zu ihrem Ende gekommen war. Diese amerikanische Entmythologisierung der europäischen Zukunft nimmt den revolutionären Visionen aber ihren rauschhaften Zug. Denn so schäbig human hatte man sich als gläubiger Anhänger der deutschen Apokalypse das Reich der Freiheit am Ende der Geschichte nun auch wieder nicht vorgestellt. Die Rückkehr zur Oktoberrevolution entspricht deshalb jenem theatralischen Revolutionismus, den Marx im *Achtzehnten Brumaire* als französische Groteske karikiert hat.
Daß sich Horkheimer dann am Ende seines Lebens zu den schäbigen Resten von Humanität bekannte, ist ihm als ›Verrat‹ angekreidet worden. Sein ›Verrat‹ war aber nichts anderes als die Entschlüsselung jenes Pessimismus, der in der *Dialektik* noch durch den kryptischen Jargon der Kritischen Theorie revolutionär überdeckt wurde. »Die sogenannte freie Welt an ihrem eigenen Begriff zu messen«, versicherte er 1968 zum Entsetzen seiner revolutionistischen Gefolgschaft, »kritisch zu ihr sich zu verhalten und dennoch zu ihren Ideen zu stehen, sie gegen Faschismus Hitlerscher, Stalinscher oder anderer Varianz zu verteidigen, ist Recht und Pflicht jedes Denkenden. Trotz dem verhängnisvol-

len Potential, trotz allem Unrecht im Inneren wie im Äußeren, bildet sie im Augenblick noch eine Insel, räumlich und zeitlich, deren Ende im Ozean der Gewaltherrschaft auch das Ende der Kultur bezeichnen würde, der die kritische Theorie noch zugehört [142].« Horkheimers spätes Bekenntnis wurde von Mitgliedern der sozialwissenschaftlichen Emigration, die nicht an der hegelianisch-marxistischen Überlieferung festhielten, bereits früher abgelegt.

Franz L. Neumanns Satz – »Die Offenheit der amerikanischen Gesellschaft machte den Prozeß der Wiedereingliederung ausgesprochen einfach, wenn man erstmal wirklich mit Europa und besonders mit Deutschland einen klaren Bruch vollzogen hatte.« – bewahrheitete sich in bemerkenswerter Weise bei den nicht-hegelianischen und nicht-marxistischen Sozialwissenschaftlern. Die Geschichte dieses Erfolgs läßt sich nicht nur an den Karrieren der Älteren ablesen, sondern hat sich unter jenen fortgesetzt, die noch als Schüler und Studenten Stufen der amerikanischen Sozialisation durchlaufen konnten. Namen wie Heinz Eulau, Peter Gay, Fritz Stern, Reinhard Bendix, Dankwart Rustow, Henry Kariel, Guenter Lewy repräsentieren ein Spektrum der Richtungen in den zeitgenössischen Sozial- und Geschichtswissenschaften, das jenem unter den älteren Emigranten in nichts nachsteht. Daß einer von ihnen, Henry Kissinger, Außenminister der USA werden sollte, bestätigt Neumanns Satz in geradezu plakativer Deutlichkeit. Seine Ernennung erfüllt etwas verspätet jene Verschwörungstheorien, die abwechselnd mit links- oder rechtssektiererischen Obertönen versehen über den Einfluß der deutschen Emigration verbreitet worden sind.
Die linkssektiererische Variante der Verschwörung sieht in zeithistorischer Perspektive folgendermaßen aus: »Nicht erst in der Zeit der Bundesrepublik wurden die USA die politische und wirtschaftliche Stütze des deutschen Bürgertums; die Entwicklung, die die Bindung an die USA zum Lebensgesetz des deut-

schen Bürgertums machte, bahnte sich schon in den zwanziger Jahren deutlich an, und man kann in dieser Beziehung die NS-Zeit als vorübergehende Unterbrechung einer Kontinuität sehen. Deutschland, das – wie durch den ersten Weltkrieg erwiesen – zu einem eigenständigen Imperialismus nicht groß und autark genug war, hatte dennoch Chancen, als Juniorpartner eines US-Imperialismus in der Welt mitzureden. Die USA, die für Sozialisten von jeher ein höchst ungeeigneter Exilsort gewesen waren, wurden zum natürlichen Verbündeten des deutschen Bürgertums: auch unter diesem Aspekt lag für die USA-Emigranten ein ›bürgerliches Verhaltensschema‹ näher als ein sozialistisches. Die USA, zur Heimat des Kapitalismus geworden, waren für einen ›Bürger‹ das respektabelste Emigrationsland, während man sich als deutscher Sozialist in den USA sinnlos vorkommen mußte [143].« Daß man sich als deutscher ›Sozialist‹ in den USA nicht nur ›sinnlos vorkommen‹ mußte, sondern es war, hatten ja bereits Marx und Engels erkannt. Nur ging es bei dieser Emigration nicht nur um ideologische Verhaltensschemata, sondern meist auch noch um Leben und Tod, deren Unwägbarkeiten ›Sozialisten‹ wie ›Bürger‹ gleichermaßen ausgesetzt waren. Daß beide mit Vorliebe die USA zum Exil wählten, sollte deshalb in die These von der imperialistischen Partnerschaft mit aufgenommen werden – die die Neue Linke der Bundesrepublik im übrigen mit dem Moeller van den Bruck des Ersten Weltkriegs teilt.

Erstaunlich an diesem Versuch der Geschichtsschreibung bleibt aber noch etwas anderes – wenn man einmal die linke Deutung des Nationalsozialismus als Betriebsunfall der deutschen Geschichte übergeht. Es waren nämlich nicht allein ›Bürger‹, die die US-Regierung während des Krieges und in der Nachkriegszeit auf den Umgang mit dem ›imperialistischen Juniorpartner‹ vorbereiteten. Die Frankfurter ›Sozialisten‹ Herbert Marcuse und Franz L. Neumann – Neumann war 1936 in New York zum *Institut für Sozialforschung* gestoßen – saßen z.B. im *Office of Strategic Services* und planten die Besatzungszeit und spätere Deutschlandpolitik mit. Neumann versammelte eine Gruppe junger Intellektueller um sich, die sich später alle als Professoren für moderne europäische Geschichte profilieren sollten: Carl Schorske, Leonard Krieger, Franklin Ford, H. Stuart Hughes, Peter Gay und Fritz Stern [144]. Sicher, die Planspiele dieser und anderer Gruppen können sich nicht mit dem Erfolg jener deutschen ›Sozialisten‹ messen, die der sowjetischen Besatzungsmacht später als *Brigade Ulbricht* die DDR bescherten. Ihre Versuche zur Demokratisierung Deutschlands wurden aber, trotz des Scheiterns von Entnazifizierung und Reeducation [145], noch 1965 von einem Rechtssektierer als großangelegte ›Charakterwäsche‹ attackiert [146].

Der Vorwurf der ›Charakterwäsche‹ blieb aber nicht auf die ›Sozialisten‹ beschränkt. In der Begabung zur begrifflichen Subsumtion stehen rechte Sektierer linken in nichts nach, wenn es um die Bedrohung durch Amerika geht. Denn der Ausbau der politischen Wissenschaft als Universitätsdisziplin in den 60er Jahren wurde als strategisches Moment im Prozeß einer ›zweiten Entnazifizierung‹ erkannt. Hatte Karl Loewenstein 1949 bereits als Vertreter der amerikanischen Besatzungsmacht versucht, diesen Ausbau universitär durchzusetzen, so wurde er doch erst einige Jahre später Ereignis. »Nach dem Gesetz, wonach sie angetreten, entwickelte sich die politische Wissenschaft fort. Zunächst wurden sämtliche verfügbaren Lehrstühle mit ehemaligen Amerika-Emigranten besetzt, die bei ihrer Rückkehr nach Deutschland meist weder ihre amerikanische Staatsangehörigkeit noch ihre amerikanischen Lehrstühle aufgaben. In Süddeutschland wurden auf diese Weise etwa die Lehrstühle in Heidelberg (Friedrich), Freiburg (Bergstraesser), München (Voegelin), Stuttgart (Golo Mann) besetzt. Später rückten dann deren (meist in Amerika ausgebildete) Schüler nach [146].« Und so wie die Begriffswucherungen der Linkssektierer auf alles übergreifen, was nicht als ›sozialistisch‹ definiert werden kann, folgen die Freund-Feind-Metastasen der Rechtssektierer den Prämissen einer strukturell identischen Wahnlogik. Da sich die Rechtssektierer nicht auf die ökonomische Interessenabhängigkeit kaprizie-

ren und deshalb das amerikanische Engagement der emigrierten ›Bürger‹ nicht als Reflex ihrer Interessenlage verstehen, kann sich die rechte Diagnose allerdings etwas freizügiger mit den Bewußtseins- und Lernprozessen beschäftigen, die von den amerikanischen Remigranten eingeleitet worden sind. Wird die Remigration von links dem ›Bürgertum‹ zugeschlagen und damit reaktionär, stempelt man sie von rechts als ›demokratisch‹ ab und macht sie damit fortschrittlich. Das rechte Urteil über die Schule des früheren Münchner Politikwissenschaftlers Eric Voegelin läßt die Motive des Angriffs deutlich werden: »Die in wenigen Kriegs- und Nachkriegsjahren vollzogene nationalmessianische Aufladung des Begriffs-Tohuwabohus ›*democracy*‹ erreichte an der atlantischen Peripherie ihren vorläufigen Höhepunkt in der Schule des Münchener Ordinarius für Politische Wissenschaften Eric Voegelin, die um ein mit magischer Wirkkraft ausgestattetes ›angelsächsisches Zivilregime‹ kreist. Bei den engagierten Westlern spielt Aristoteles eine ähnliche Rolle wie Hegel bei den Marxisten. Der Abfall von der aristotelischen Schulphilosophie im 18. Jahrhundert ... wird zum deutschen Sündenfall, 1945 zur deutschen Erlösung [147].«
Der deutsche Charakter, der sich hier zur Wehr setzt, erlebte ›1945‹ als Katastrophe und weigerte sich, die Erfahrungen jener Deutschen nachzuvollziehen, die er vorher ins Exil getrieben hatte. Er schiebt diese Erfahrungen als Rationalisierungen der ›Charakterwäsche‹ beiseite, der er sich nicht zu unterziehen gedenkt, weil er an der Reinheit seiner Überzeugungen keinen Zweifel hegt. Die marxistische Abfertigung der Emigranten als ›Bürger‹, diese Reduktion von Menschen und ihren Erfahrungen zu Kategorien der europäischen Sozialgeschichte, besitzt in der deutsch-nationalen Denkverweigerung ihr Gegenstück. Für den marxistischen wie den deutsch-nationalen Historiker der Emigration besteht die ›Offenheit‹ nicht, von der Neumann gesprochen hatte. Als Mitglieder ideologischer Provinzen versuchen sie deshalb beide, das Bewußtseinsereignis der Emigration aufzuheben, es als Überbau oder geistesgeschichtliche Absonderlichkeit

zu registrieren. Die Verdrängung Amerikas setzt sich in der Denunziation der Emigration fort. In der Proklamation deutschnationaler Denkverweigerung wird dabei ehrlich mitgeteilt, was man abzuwehren versucht. Die Stichworte ›*democracy*‹, ›angelsächsisches Zivilregime‹ und ›Aristoteles‹ treffen sehr genau Ausfallerscheinungen in den sozial vermittelten Bewußtseins- und Verhaltensmustern der deutschen Gesellschaft während des 19. und frühen 20. Jahrhunderts. Dies im amerikanischen Exil begriffen und nach der Rückkehr in ein entsprechendes Forschungs- und Lehrprogramm übersetzt zu haben, bildet kein Privileg Voegelins. Voegelins eigentümliche Sonderstellung beruht vielmehr auf der theoretisch etwas anspruchsvolleren Begründung seiner Strategie und der kompromißlos antinationalen Haltung, die im bundesrepublikanischen Konservativismus die Verlängerung der deutschen Malaise sah. Diese Position der distanzierten Nichtteilnahme führte schließlich 1969 zu seiner erneuten Rückkehr in die USA.
Nicht Voegelin, sondern vor allem Carl J. Friedrich – der nicht eigentlich zur politischen Emigration gerechnet werden kann, da er bereits vor 1933 in die USA ausgewandert war – und Ernst Fraenkel (Berlin) waren es, die, neben dem in Amerika verbliebenen Karl Loewenstein und dem England-Emigranten Gerhard Leibholz (Göttingen), die deutsche Staatslehre und ihr juristisches Politikverständnis mit der Geschichte und Wirklichkeit des angelsächsischen Zivilregimes konfrontierten. In Lehre wie Forschung griffen sie das Monopol der Juristen auf die Politik an und zeigten, wie die begrifflichen Leerformeln der Staatslehre dem unpolitischen Selbstverständnis der Deutschen entsprachen. Ernst Fraenkels biographisches Schicksal illustriert beispielhaft, wie ein in die USA emigirierter deutscher Jurist zwar ein amerikanisches *Law*-Studium nachholen, amerikanischer Anwalt und Berater der amerikanischen Besatzungsmacht in Korea werden kann, dann aber in Deutschland Politikwissenschaftler wird. Die Begegnung mit dem politischen Prozeß der amerikanischen Gesellschaft hatte ihn wie all die anderen Emi-

granten, die entweder als Politikwissenschaftler nach Deutschland zurückkehrten oder in Amerika blieben, jedenfalls nicht als solche emigriert waren, erst zum Politikwissenschaftler werden lassen. Die deutsche politische Wissenschaft wurde in der Tat im amerikanischen Exil geboren. Sie bildet – neben der mehr historisch ausgerichteten Amerikanistik – das offenkundige Ergebnis aufgehobener Verdrängung, das sich im Prozeß der Bewußtmachung zivilisatorischer Unterschiede entwickelte.

Die Aufhebung der Verdrängung Amerikas, die sich, wie Franz Neumann es gesehen hat, im Bruch mit Europa und vor allem Deutschland anbahnte, beschwörte allerdings die Gefahren einer neuerlichen Erfahrungsabriegelung herauf. In der Identifizierung mit der neuen Gesellschaft mögen nicht nur Europa und vor allem Deutschland plötzlich den Platz der verdrängten Wirklichkeit einnehmen. Pro-Amerikanismus oder eine unkritische Übernahme oder Verteidigung amerikanischer Verhaltensmuster beginnt sich auszubreiten. So sehr die politikwissenschaftlichen Remigranten den kontinentalen *knowledge gap* über die USA haben abbauen helfen, so wenig auch haben sie kritische Strukturanalysen der amerikanischen Gesellschaft vorgelegt. Als Botschafter des Gastlandes, dem sie z. T. ihr Leben, vor allem aber ihre Karriere verdankten, schwiegen sie sich aus über die genuin amerikanischen Auswurferscheinungen. Muß man z.B. Matthias' *Kehrseite der USA* als ein anti-amerikanisches Pamphlet charakterisieren, das die Primitivität des bundesrepublikanischen Anti-Amerikanismus bestätigte, so hat er als soziologischer Außenseiter, dessen Perspektive zusätzlich durch lateinamerikanische Raster verengt wurde, zumindest die Verhärtungen in der amerikanischen Geschichte und Gesellschaft diskutiert. Erst unter den Schülern der Remigranten setzte die kritische Beschäftigung mit den USA ein, was so unterschiedliche Studien wie Krippendorffs *Amerikanische Strategie* (1970) und Gebhardts *Ursprünge und Elemente des Amerikanismus* (1969) zeigen.

Nicht unwesentlich gefördert wurde die unkritisch pro-amerikanische Haltung der Remigranten durch den ›kalten Krieg‹, Fraenkels Bemerkungen zur Wissenskorrektur über Amerika, die er 1959 seinem *Amerika im Spiegel des deutschen politischen Denkens* voranschickte, machen dies deutlich: »Die Erkenntnis, daß für eine unabsehbare Zeit Westeuropa ohne Anlehnung und Zusammenarbeit mit USA auf Gnade und Ungnade der Willkür der Sowjets ausgesetzt wäre, macht die Forderung nach einem vertieften Verständnis der USA zu einem dringenden Gebot der Selbsterhaltung aller europäischen Nationen westlich des ›Eisernen Vorhangs‹. Das geteilte Deutschland ist aus geographischen und nationalpolitischen Gründen stärker als irgendeine andere Nation Westeuropas auf diese Zusammenarbeit angewiesen. In Deutschland ist der geistige Prozeß der Bildung eines Urteils und der Beseitigung zahlreicher Vorurteile über die USA besonders dringlich, weil nicht zuletzt als Folge der kriegerischen Auseinandersetzungen zwischen den beiden Nationen antiamerikanische Ressentiments tief in das Unterbewußtsein eingedrungen waren [148].« Die eindeutige Parteinahme im Weltbürgerkrieg mag man eine politische Option nennen. Warum jedoch das ›vertiefte Verständnis der USA‹ und nicht die Option selbst als ›dringendes Gebot der Selbsterhaltung aller europäischen Nationen‹ bezeichnet wird, gehört zur Psychologie der Emigration, in der sich das Verständnis der neuen Gesellschaft zum Gebot der persönlichen Selbsterhaltung verdichtete. In Sachen der Wirklichkeit nämlich, so müßte man Fraenkel entgegenhalten, ist ›vertieftes Verständnis‹ ein wissenschaftliches ›Gebot‹ in jedem Fall. Das ›Gebot der Selbsterhaltung‹ mag das wissenschaftliche Gebot sogar gelegentlich parteiisch beeinträchtigen. Am Beispiel Voegelins, der 20 Jahre in den USA unterrichtet und sich im Gegensatz zu seinen pointierten deutschen Kommentaren ähnlich kritischer Bemerkungen zu Amerika enthalten hat, wird aber erst das eigentliche Profil der politikwissenschaftlichen Emigration deutlich.

Voegelin repräsentiert nämlich in seltener Weise die europäisch-amerikanische Identitätsproblematik, von der in diesem Buch die Rede ist. Allerdings hat er selbst diese Problematik nie thematisch werden lassen, weil er sie gleichsam durch seine Leistungen in Lehre und Forschung erschöpfend beantwortet sieht. Seine Amerika-Reflexionen hat er bereits 1928, *Über die Form des amerikanischen Geistes*, veröffentlicht – nach einem zweijährigen Studienaufenthalt in den USA und zehn Jahre vor seiner Flucht aus Österreich. Er schloß sie ab mit einem analytischen Porträt des Arbeitshistorikers John R. Commons. Wenige Sätze dieses Commons-Bildes beleuchten nicht nur die frühe Amerika-Faszination Voegelins, sondern geben Aufschluß über seine spätere Haltung und die Wirkung, die nicht nur er, sondern auch andere politische Philosophen in Amerika gefunden haben. »Dieselbe Lebensphilosophie«, so vergleicht er Commons mit Bergson und Simmel, »die sich in Europa als das letzte Produkt individueller philosophischer Kultur darstellt, gesehen von auserwählten Menschen und gerichtet an eine intellektuelle Elite, – wird in Amerika gefunden von einem Mann, der, aus einer Farmer- und Arbeiterumgebung heraus, mit einer Persönlichkeit von unendlicher Bescheidenheit und Liebenswürdigkeit, in jahrzehntelanger Arbeit historische und politische Erfahrungen gesammelt hat, daß er – fast ohne zu wissen, was er tut – nur sagen muß, was er sieht, um dem Sinn der Gesellschaft, in der und für die er lebt, den höchsten philosophischen Ausdruck zu geben. Seine technischen Unvollkommenheiten gehören mit zu seinem Wesen: man würde in einer Gesellschaft der Gleichen die Vollkommenheit des Apparats, über den ein europäischer Philosoph von Rang verfügt, als ungehörig empfinden, als einen Versuch, besser zu sein als der Nachbar. Die Errichtung eines Gedankengebäudes aus Liebe zur geistigen Vollendung, aus Leidenschaft für die Objektivität und das An-Sich des Systems, isoliert seinen Erbauer, zieht ihn aus der menschlichen Gemeinschaft, aus den Werten des Zusammenlebens, hinüber zu anderen, deren Genuß notwendig einsam ist. Santayana ist in Amerika so sehr unbeliebt und wird als unamerikanisch empfunden, weil er ein zu guter Philosoph war ...[149]«

Die vernichtende Kritik Commons', als die dieses Porträt trotz des Tons liebenswürdiger Herablassung erscheint, verbindet sich mit einer ausgesprochen ambivalent bleibenden Haltung gegenüber der Gesellschaft. Daß ein Philosoph »fast ohne zu wissen, was er tut – nur sagen muß, was er sieht, um den Sinn der Gesellschaft, in der und für die er lebt, den höchsten philosophischen Ausdruck zu geben« läßt ihn zum Repräsentanten eines gesellschaftlich vermittelten Meinungsquerschnitts werden. Die Unbeliebtheit Santayanas, der sich diesem Anpassungszwang entzog und damit die Unabhängigkeit eines Philosophen bewahrte, würde man nicht ganz unbegründet als Indiz gesamtgesellschaftlicher Geistfeindlichkeit zu werten haben. Gerade das tut Voegelin aber nicht, der sich zwar zu Commons hingezogen fühlt, aber eher mit Santayana vergleicht. Der Philosoph Santayana, der in Opposition zur Gesellschaft lebt und von dieser als unamerikanisch zurückgewiesen wird, und die Gesellschaft, deren Verhaltensmuster Commons als ihr Repräsentant fast unreflektiert reproduziert, erscheinen bei Voegelin als ebenbürtige Partner im Prozeß der Selbstverständigung. Der Konflikt in diesem sich widerstreitenden Urteil bleibt unversöhnt. Voegelin hat ihn auch später nicht aufgelöst, ihn vielmehr in seiner eigenen Existenz weitergetragen.

Voegelins ambivalentes Urteil über Amerika entspricht seiner Stellung in der amerikanischen Gesellschaft. Denn trotz seines Entschlusses, 1958 in die Bundesrepublik zu gehen und dort elf Jahre zu unterrichten, hat er sich auch in Deutschland stets als Amerikaner verstanden, nicht nur wie einige prominente Intellektuelle Wert auf den Besitz der amerikanischen Staatsbürgerschaft gelegt. Der Entschluß, 1969 in die USA zurückzukehren, bestätigte den Bruch mit Europa als Lebensmilieu, als den er die Emigration 1938 verstanden hatte. Das Amerika, als dessen Repräsentanten er Commons nicht nur schätzen gelernt, sondern das ihm *via* Commons auch das gesellschaftliche Selbstverständnis nahegebracht hatte, nahm ihn, als das Europa der Philosophen sich selbst verriet, als ›Nachbar‹ in die Gemeinschaft auf und stellte damit die intakten ›Werte des Zusammenlebens‹ unter Beweis. Voegelins amerikanische Loyalität muß vor dem Hintergrund dieser einschneidenden Erfahrung gesehen werden. Denn als Philosoph von der intellektuellen Statur eines Santayana kann er seine Haltung gegenüber der amerikanischen Gesellschaft nicht rechtfertigen. Zwar hat er niemals ein Hehl daraus gemacht, daß er die linke Intelligenz Amerikas in sein Verdikt der Ideologen als gnostischer Wahrheitsbesitzer miteinbezieht. Den erfolgreichen Versuch der konservativen Ideologen Amerikas allerdings, ihn als Interpreten ihres Selbstverständnisses anzurufen, weil sie sich selbst nicht aus ihrer dumpfen Sprachlosigkeit befreien können [150], hat er stillschweigend und ohne öffentlichen Protest hingenommen. Einer seiner wohlwollendsten amerikanischen Kritiker, Dante Germino, der ihn als singuläre Gestalt im Erneuerungsprozeß zeitgenössischer politischer Philosophie feierte – »Eric Voegelin, der gegenwärtig den Gipfel seiner Karriere als politischer Philosoph erreicht hat, muß nicht erst entdeckt werden; er wird von vielen, die an der theoretischen Analyse der Politik interessiert sind, als Kolumbus im Reich des Geistes betrachtet [151].« –, hat das Unbehagen an Voegelins Haltung allgemein gekennzeichnet: »Als politischer Philosoph läßt sich Voegelin nicht gemäß der politischen Kampfsprache einordnen: er ist nicht links, rechts oder in der Mitte, sondern mit dem kritischen Studium der Politik beschäftigt. Das Denken eines Philosophen steht jedoch in Verbindung mit der praktischen Politik seiner Zeit. In Voegelins Fall ist es besonders schwer festzustellen, wieviel Bewegungsraum er der politischen Wirklichkeit – und besonders der zeitgenössischen politischen Wirklichkeit – beläßt, um eine anständigere und humanere Welt zu schaffen. Wenn man einmal Voegelins Ausschluß einer ›qualitativen‹ Veränderung menschlicher Existenz hinnimmt, was hat er über die Möglichkeiten konkreter politischer Reformen oder Änderungen in der Außen- oder Innenpolitik einer gegebenen Gesellschaft wie den USA zu sagen? Meines Wissens schweigt er sich aus zu den brennenden Fragen unserer Zeit... [152]«

Die Dimensionen dieses Schweigens sollen hier nicht ausgeleuchtet werden. Es auf Affinität zum Konservativismus zurückzuführen, wird, wie Germino nachgewiesen hat, Voegelins Denken nicht gerecht. Daß sich die Motive dieses Denkens immer mehr von den frühen ideologiekritischen Untersuchungen, die er in seiner österreichischen Zeit veröffentlicht hat, lösten und dem Unternehmen einer universalen Strukturanalyse menschlicher Erfahrungen und Symboliken auf vergleichender historischer Basis zuwandten, mag seine Distanz erklären. Ein anderer amerikanischer Kritiker suchte deshalb eine unzeitgemäße, aber naheliegende Parallele, als er Voegelins Hauptwerk, *Order and History* (dessen Bände nicht ins Deutsche übersetzt worden sind), charakterisierte: »In der mutigen Synthese der Offenbarung des *Alten Testaments* mit klassischer Philosophie, in der Sicht des ganzen menschlichen Bemühens um sinnvolle Ordnung *sub specie aeternitatis*, in dem Ringen mit der problematischen Beziehung von göttlicher und menschlicher Ordnung, entfaltet diese Studie eine Breite und Durchdringungskraft, die seit Augustins *De civitate Dei* selten erreicht worden ist [153].« Die Verachtung für die Geschäfte der Welt, die Augustin unverhüllt zur Schau stellt, wird man bei Voegelin vergeblich suchen. Bei einem Gelehrten, der Plato und Aristoteles ins Zentrum der politischen Wissenschaft zurückzuholen versucht, ließe sich das auch nur als Idiosynkrasie verstehen. Zweifellos aber gibt es in Voegelins Werk ein Denkmotiv, das ihn von den Griechen weg zu Augustin und zur Mystik zieht. Wie immer man aber seinen Fall betrachtet, Amerika liegt als unaufgelöster Erfahrungsblock seinem Verständnis im Wege.

Daß das Emigrationserlebnis eine entscheidende Rolle spielt, wird in den Schlußsätzen seines Buches *Die Neue Wissenschaft der Politik* klar, mit dem er 1952 die etablierten amerikanischen Sozialwissenschaften attackierte, um auf die kriminelle Vernachlässigung konstitutiver Wissenszusammenhänge im Corpus des zeitgenössischen Wissenschaftsbetriebs aufmerksam zu machen. Nachdem er die Genesis moderner politischer Massenbewegungen vom Typus des sowjetischen Kommunismus und deutschen Faschismus als Resultat zivilisatorischer Selbstzerstörung gebrandmarkt hat, setzt er fort: »Die westliche Gesellschaft als Ganzes ist somit eine vielschichtige Zivilisation, in welcher die amerikanische und englische Demokratie die älteste, am festesten konsolidierte Schicht kultureller Tradition darstellt, während der deutsche Bereich ihre fortschrittlichste, modernste Schicht bildet. In dieser Situation gibt es einen Hoffnungsstrahl: Denn die amerikanischen und englischen Demokratien, die in ihren Institutionen die Wahrheit der Seele am stärksten repräsentieren, sind gleichzeitig auch existentiell die stärksten Mächte. Aber es wird aller unserer Anstrengungen bedürfen, um diesen Funken zu einer Flamme zu entfachen durch die Unterdrückung der gnostischen Korruption und die Wiederherstellung der Kräfte der Zivilisation. Heute ist das Schicksal in der Schwebe[154].«

Seinen Beitrag zur ›Unterdrückung der gnostischen Korruption‹ und zur ›Wiederherstellung der Kräfte der Zivilisation‹ hat Voegelin in Forschung und Lehre geleistet. Diese Leistung wurde allerdings um den Preis erkauft, jene Gesellschaft, »in der und für die er lebt«, so sehr als Paradigma gesellschaftlicher Existenz zu verinnerlichen, daß deren kritische Analyse nicht nur nicht mehr als Teil des philosophischen Auftrags verstanden, sondern als Angriff auf die Zivilisation abgewehrt wird. Der Philosoph Voegelin, der die Einsamkeit Santayanas teilt, wird, wenn es um Amerika geht, zum ›Nachbar‹, der mit seinem sympathisierenden Schweigen ein sprachloses Milieu in den Glauben wiegt, daß es, ohne zu wissen, was es tut, die westliche Zivilisation repräsentiere. Der Erfahrungsblock Amerika, der Voegelin den Anstoß zu seinem großangelegten Versuch der Restitution politischer Philosophie in unserer Zeit gegeben hat, hindert ihn zugleich, diesen Versuch in eine Philosophie des ›guten Lebens‹ *hic et nunc* zu übersetzen. Das unterscheidet ihn von der Brisanz der Sokrates, Plato und Aristoteles, die nicht das homerische Griechenland, sondern das

Athen ihrer Tage zum Ausgangspunkt einer Philosophie über menschliche Dinge machten.

Dieser amerikanische Erfahrungsblock läßt sich in gleicher oder ähnlicher Weise bei anderen kontinentalen Emigranten beobachten, die zusammen mit Voegelin die amerikanische politische Philosophie beherrschen[155]. Amerika mehr oder weniger zu umgehen, kennzeichnet z.B. gleichfalls das Werk des anderen Philosophen deutscher Herkunft, Leo Strauss, der mehr noch als Voegelin über seine Schüler die akademische Disziplin beeinflußt hat. Der Kontrast zwischen dem Deutschland der Philosophen, das widerstandslos in den Faschismus überging, und dem Amerika des *common man*, das den ideologischen Massenbewegungen widerstand, färbt auch die Folie des Strauss'schen Bemühens, die Konstituanten westlicher Zivilisation von ihren griechischen Anfängen her neu ins Bewußtsein zu heben. Zwei Jahre bevor Voegelin (1951) das Manuskript seiner *Neuen Wissenschaft* an der *University of Chicago* als Vorlesung vortrug, las Strauss an derselben Universität. Er leitete seine Vorlesungen, die 1953 als *Natural Right and History* veröffentlicht wurden und mit Voegelins *The New Science of Politics* zusammen bis heute das philosophische Gegenprogramm zur positivistischen Sozialwissenschaft bestimmen, mit einem Zitat aus der amerikanischen *Unabhängigkeitserklärung* ein: »*We hold these truths to be self-evident, that all men are created equal, that they are endowed by their Creator with certain unalienable Rights, that among these are Life, Liberty, and the Pursuit of Happiness.*« Dann fuhr er fort: »Die Nation, die sich diesem Satz verschrieben hat, ist jetzt, und zweifelsohne zum Teil als Folge dieser Verpflichtung, die mächtigste und blühendste aller Nationen dieser Erde geworden. Hält diese Nation im Augenblick ihrer Reife diesen Glauben noch immer hoch, in dem sie begründet und geprägt worden ist? Steht sie noch immer dazu, daß diese ›*truths... be self-evident*‹? Vor ungefähr einem Menschenalter konnte ein amerikanischer Diplomat noch sagen, ›daß die natürliche und göttliche Begründung der Menschenrechte ... für alle Amerikaner selbstevident ist‹. Zur ungefähr gleichen Zeit konnte ein deutscher Gelehrter [Ernst Troeltsch, M. H.] noch den Unterschied zwischen deutschem Denken und dem Denken Westeuropas und der Vereinigten Staaten beschreiben, indem er sagte, ›daß der Westen noch immer dem Naturrecht entscheidende Wichtigkeit beimäße‹, während dieselben Ausdrücke ›Naturrecht‹ und ›Humanität‹ in Deutschland jetzt nahezu unverständlich geworden sind und ihr ursprüngliches Leben und ihre Farbe völlig verloren haben‹. Während es die Ideen des Naturrechts aufgab und indem es sie aufgab, so fuhr er fort, hat das deutsche Denken den ›historischen Sinn geschaffen‹ und wurde schließlich zu einem unbestimmten Relativismus gebracht. Was als Beschreibung des deutschen Denkens von vor 27 Jahren einigermaßen genau war, könnte jetzt als wahr erscheinen für das westliche Denken im allgemeinen. Es wäre nicht das erste Mal, daß eine Nation, auf dem Schlachtfeld geschlagen und als politisches Wesen, wie es bestand, vernichtet, ihre Eroberer um die erhabenste Frucht des Sieges brächte, indem sie ihnen das Joch ihres Denkens auferlegte [156].«

Auch Strauss umgeht bei der Ausführung seines Programms Amerika. In *Natural Right and History* kommt Amerika so wenig zur Sprache wie in Voegelins *New Science of Politics*. Weder im positiven noch im negativen Sinne werden die Ursprünge und Elemente des amerikanischen zivilisatorischen Selbstverständnisses erörtert. Die Selbstevidenz von Wahrheiten, die sich noch in der *Unabhängigkeitserklärung* auf die menschliche Existenz bezog, scheint zu einer Selbstevidenz Amerikas geworden zu sein. Man muß schon gar nicht mehr sagen, was man sieht, um den Sinn der amerikanischen Gesellschaft, in der und für die die Philosophen leben, mit dem höchsten philosophischen Ausdruck gleichzusetzen. Das Schweigen der Philosophen gewinnt bei Strauss jedoch eine andere Nuance. Er läßt ihr eigenes Selbstverständnis transparent werden.

Man würde seinen Sätzen über die drohende Germanisierung Amerikas eine einseitige Note geben, sähe man in ihnen allein die

Warnung vor der Ersetzung der amerikanischen Ziviltheologie durch die modernen Sozialwissenschaften. Dies ist zweifelsohne *ein* Leitmotiv seines Buches – das im übrigen jene überraschen wird, die auf die Amerikanisierung Europas fixiert sind. In der Ersetzung der naturrechtlichen Tradition – Voegelin argumentiert hier differenzierter, da es ihm nicht um die Resultate einer Tradition, sondern um die konstitutiven Erfahrungen geht, an die Traditionen anknüpfen – durch den historistischen und szientistischen Positivismus sieht Strauss wie Voegelin die Anzeichen des amerikanischen Weges in die Modernität, einer Modernität, die im fortschrittlichsten Ambiente des Westens, nämlich Deutschland, ihren inhumanen Gipfel erreicht hat. (Die Warnung vor dem Szientismus als Ende der Politik teilt ein anderer Emigrant, Hans Morgenthau. Er begründet sie aber eher auf einen unphilosophischen Realismus der Macht[157].) In seinen Einleitungssätzen bricht aber ein wesentlicheres Motiv durch, das Straussens wie Voegelins Selbstverständnis bestimmt.

Ihr Schweigen zu Amerika, so ließe sich etwas pointiert sagen, ist gar kein Schweigen. Sie nämlich sind es, die das, was Amerikaner bisher nur unvollkommen geleistet haben, in ihren Werken nachholen: den Sinn Amerikas zu artikulieren. Dem Amerika, das sich bisher auf seine selbstevidenten Mythologien verließ und diese mit der historischen Wirklichkeit gleichsetzte, wird durch die Werke von Strauss und Voegelin eine völlig neue Bedeutung zugewiesen. Amerika wird zum Repräsentanten einer Tradition, von der europäische Philosophen es bisher ausdrücklich ausgeschlossen hatten. Das Erfahrungs- und Bewußtseinserbe des Westens, das Strauss und Voegelin nicht nur vor dem Angriff moderner Ideologien und dem Absinken auf das Niveau einer unverbindlichen Tradition zu bewahren suchen, indem sie die Möglichkeit des existentiellen Nochvollzugs betonen, wird durch sie auf Amerika übertragen. Sie schweigen zum konkreten Gesellschaftsexperiment Amerika oder wehren sich nicht gegen die Indienststellung durch den unreflektierten Amerikanismus,

weil sie diesem Amerika seine wahre Gestalt vermitteln. Der Geist der europäischen Philosophie, als deren Exegeten sie sich verstehen, hat Amerika aus der Unmündigkeit seiner Mythologien zu befreien, um es überhaupt erst zum Bewußtsein seiner selbst bringen zu können. In den Werken und durch die Werke von Strauss und Voegelin, die der Restitution der westlichen Zivilisation gewidmet sind, beginnt dieses ›neue‹ Amerika zu sprechen, sich im Medium der Philosophie von den symbolischen Wirklichkeiten situationsbedingter Mythologien zu lösen. Diese Ortsbestimmung Amerikas in der Weltgeschichte des Geistes ist die endgültige Aufhebung der Verdrängung. Die Verdrängung Amerikas, die von der europäischen Philosophie legitimiert wurde, wird von dieser aufgehoben, als sie sich in Amerika nicht nur im Exil befand, sondern das Exil als Heimat zu akzeptieren begann.
Bedarf Amerika aber noch dieser Ortsbestimmung durch die europäische Philosophie? Werden hier nicht »fragwürdige Traditionsbestände im politischen Denken der Gegenwart« beschworen, wie eine andere politische Philosophin deutscher Herkunft, Hannah Arendt, es tituliert hat [158]? Fragwürdig scheint die Tradition allerdings zu sein, wenn man sie wie Arendt oder aber Carl J. Friedrich behandelt, der gelegentlich in ähnlichen Zusammenhängen zitiert wird. Geistig verpflichtet der Tradition, die Strauss und Voegelin existenziell rehabilitieren, hält Arendt deren Ende jedoch für unwiderruflich [159]. Zwischen politischer Philosophie und moderner Gesellschaft ist, und hier beruft sie sich auf Karl Marx, eine Vermittlung nicht möglich. Ihre Fluchtwege bestehen deshalb im historischen Essay [160] oder in den Reflexionen eines Moralismus, in der die ansonsten fragwürdige Tradition als fraglos ins Feld geführt wird [161]. Friedrich schließlich, der sich gleicherweise gegen die Modernisten zur Wehr setzt, begnügt sich mit der Selbstevidenz der Tradition in Gestalt der westlichen Verfassungsordnungen, bei der sich die existenziellen, erfahrungs- und bewußtseinsmäßigen Probleme gar nicht erst stellen, da sie in der Weisheit und Vernunft westlicher

Gesetzgeber bestens aufgehoben sind und deshalb nicht thematisch werden [162].

Auch wenn sich im Selbstverständnis von Strauss und Voegelin das Schweigen zum konkreten Amerika anders darstellt, als es erscheint, so bleibt ihr Amerika nicht nur gestaltlos, sondern im Auftrag, eine Tradition zu übernehmen, unverbindlich. Da sie sich weigern, den Rahmen des indirekten Verweisens zu durchbrechen, überlassen sie die Übersetzung der Philosophie in Strategien des ›guten Lebens‹, die für die Griechen das Zentralproblem der praktischen Philosophie gewesen sind, sich selbst. Dies mag in einer Gesellschaft vermittelnder Eliten genügen, scheitert jedoch unter den Bedingungen moderner, vor allem auch amerikanischer Gesellschaft. Diese Bedingungen zusätzlich als Ausfluß der Modernität zu denunzieren, verstärkt nur noch den fragwürdigen Anspruch der Philosophie, läßt sie vollends marginal werden.

Die Entdeckung Amerikas durch die europäische politische Philosophie hat sich um 200 Jahre verzögert. Kommt sie um diese Zeitspanne zu spät oder läßt sich zwischen ihr und der Wirklichkeit der amerikanischen Gesellschaft noch eine Vermittlung denken? Hat sich diese Entdeckung, die die philosophische Überwindung des mythologischen Amerikanismus bedeutet, in einer Selbstentdeckung Amerikas fortzusetzen, um überhaupt begriffen zu werden? Oder muß man noch einen Schritt weitergehen, die Europäisierung Amerikas und Amerikanisierung Europas als gleichzeitige Momente eines Prozesses sehen, der die Entprovinzialisierung des Westens zum Inhalt hat? Sind Strategien des ›guten Lebens‹ überhaupt erst denkbar, wenn jener Prozeß zu einem erfolgreichen Ende gekommen ist? Die Motive des Anti-Amerikanismus, der einen ideologischen Reflex zivilisatorischer Verdrängung bildet, können jedenfalls erst dann völlig begriffen werden, wenn sie mit jenen des Amerikanismus zusammen gesehen werden.

Epilog: Vom Ende Amerikas. Zur zeitgenössischen Entmythologisierung der Amerika-Bilder

Der zivilisatorische Gegensatz, der das Verhältnis der europäischen und amerikanischen Geschichtslandschaften für Jahrhunderte bestimmt hat, beginnt in der Gegenwart nicht nur sich aufzulösen, sondern überwunden zu werden. Die Reaktionen des europäischen Geistes, dessen Spektrum sich zwischen politischer Philosophie und revolutionärem Bewußtsein bewegt, zielen unmißverständlich in diese Richtung. Während die Repräsentanten der politischen Philosophie in Amerika den Erben und Garanten der westlichen Zivilisation sehen, stellt sich den Repräsentanten des revolutionären Bewußtseins Amerika als Schrittmacher einer Gesellschaftsform dar, deren historisches Los es ist, im Zuge des Fortschritts unterzugehen. Das geistige Selbstverständnis des Westens, das sich im Kontext der europäischen Geschichte entwickelt hat, kann sich überhaupt nur noch in Beziehung zu Amerika als Agenten im Drama der Weltgeschichte auslegen, um nicht provinziell zu verkümmern. Diese zentrale Ortsbestimmung Amerikas hat allerdings der politischen Philosophie wie dem revolutionären Bewußtsein unerwartete Schwierigkeiten beschert, auf die die Philosophen mit Schweigen und die Revolutionäre mit Melancholie geantwortet haben. Beide starren gebannt auf das Schauspiel einer Gesellschaft, der sie in ihrem jeweiligen Verständnis menschlicher Geschichte die Rolle des Protagonisten zugedacht hatten, während sie sich selbst allerdings nach einer eigenen Rollenvorlage zu entwickeln scheint.

Die Schwierigkeiten, denen sich Philosophen wie Revolutionäre gleichermaßen ausgesetzt sehen, haben mit der eigentümlichen Wendung zu tun, die die Idee des Fortschritts in Amerika genommen hat. Folgt man der europäischen Bedeutung dieses Begriffs, die von den Revolutionären gegeben und von den Philosophen in ihren Attacken negativ bestätigt wird, so bezeichnet er den menschheitlichen Prozeß fortschreitender Emanzipation aus menschlich unverschuldeten und ungewollten Abhängigkeiten. Fortschritt ist der Prozeß zunehmender Mündigkeit, die der Mensch in der Bewältigung einer primär naturwüchsigen Umgebung und ihrer dramatischen Schicksalshaftigkeit unter Beweis stellt. Sein Ende wird die totale Verfügung des emanzipierten Menschen über sein Schicksal bedeuten, ihn zum Herrn über seine eigene Schöpfung einsetzen. Dies ist der Fortschritt, von dem das revolutionäre Bewußtsein redet. Und es ist auch die Vision, in der die Philosophen die »metaphysische Revolte« (Camus) erkennen, die in die *self-fulfilling prophecy* organisierter ideologischer Massenbewegungen umschlagen müsse, weil das Versprechen des Fortschritts an den permanenten Grundbedingungen menschlicher Existenz scheitere. Die Revolution müsse mit Gewalt jenen Fortschritt herbeizwingen, den sie vorher als Sinn der Geschichte verkündet hat. Der Fortschritt nun, den die europäischen Revolutionäre beschwören und den die europäischen Philosophen als Ideologie angreifen, hat in Amerika eine erstaunliche Karriere durchlaufen. Er hat sich, um Dahrendorfs Ausdruck zu gebrauchen, als »angewandte Aufklärung« in Form der höchstentwickelten Industriegesellschaft der Welt verwirklicht. Die Überwindung naturwüchsiger Prozesse durch menschliche Schöpfung hat in Amerika ihren bisherigen Höhepunkt erreicht.

Gerade diese amerikanische Verwirklichung des Fortschritts hat aber das Schweigen der Philosophen und die Melancholie der Revolutionäre provoziert. Die Philosophen, die den Fortschritt mit der »metaphysischen Revolte« verbinden, werden durch Amerika um ein Argument gebracht. Sie müssen zudem die Tradition politischen Denkens, die sie zu rehabilitieren und bewahren versuchen und als deren Träger sie Amerika entdeckt haben, mit den Erfolgen des Fortschritts aussöhnen. Nicht genug damit, daß sie die materiellen Leistungen der Naturbeherrschung von ihrem anti-progressiven Verdikt ausnehmen müssen, so läßt sich angesichts der politischen und sozialen Entwicklungen in Amerika auch die Gleichsetzung von Emanzipation und gewalttätiger ideologischer Massenbewegung nicht halten. Die Philosophen stehen vor der schier unlösbaren Frage, wie man eine anti-progressive Tradition mit der annähernden Verwirklichung des Fortschritts vereinbart. Nicht weniger fatal stellt sich das Dilemma für die Revolutionäre, denn Amerika hat ihnen die Zukunft gestohlen. Die ideologischen Forderungen politischer und sozialer Emanzipation sind, an europäischen Verhältnissen gemessen, in den USA seit längerem eingelöst worden. Außerdem läßt die gegenwärtige Lage der Gastarbeiter in den entwickelten Industriegesellschaften Europas das spezifisch amerikanische Phänomen ethnischer Minoritäten in einem etwas anderen Licht erscheinen. Europas ethnische Toleranzschwelle wird erst noch auf die Probe gestellt. Vor allem aber findet der materielle Hedonismus der Bedürfnisbefriedigung, dieses »größte Glück der größten Zahl«, in Amerika statt. Denn was ist »... das Lebensglück des Einzelnen«, so fragt Dahrendorf, »wenn nicht – unter anderem – materieller Lebensgenuß?« An diesen Leerlauf des Lebensgenusses hat sich jedoch u.a. die Literatur der amerikanischen Selbstkritik entzündet, deren Tendenz Dahrendorf in den Satz zusammenfaßt: »Die Dynamik des Prozesses der Entfaltung der amerikanischen Idee hat sich erschöpft; Amerika hat seine Ziele verloren [1].« Es ist ein Satz, in dem die Botschaft der *Dialektik der Aufklärung* wieder auftaucht, hier allerdings als genuin amerikanisches Krisenbewußtsein. Der Verlust der amerikanischen Ziele trifft sich mit dem Abschied von einer utopischen Zukunft, die als Endreich des revolutionären Fortschritts erwartet wurde.

Die motivische Verwandtschaft Amerikas mit den Erwartungen der europäischen Revolution ist wiederholt von amerikanischen

Intellektuellen geahnt worden. Die Affinität, die einige unter ihnen zum europäischen Konservatismus (T. S. Eliot) oder Faschismus (Ezra Pound) bewiesen haben, ist ja nicht zuletzt auch als Reaktion auf den egalitären Konsumhedonismus zu verstehen, der als Sozialleistung der »angewandten Aufklärung« erreicht worden ist. So bedeutsam dieses spezifisch amerikanische Kapitel in der anti-modernen Revolte des 20. Jahrhunderts auch gewesen sein mag, weitaus symptomatischer scheint mir das Verhalten der linken amerikanischen Intelligenz in der Zwischenkriegszeit gewesen zu sein. Wie Amerika überhaupt, so wurden auch sie vom Fanal der russischen Revolution aufgeschreckt, als sich der Dunst des Ersten Weltkrieges zu setzen begann und die Folgen der radikalen Umgestaltung Rußlands erkennbar wurden. Während hysterische Demagogen die amerikanische Mehrheit in einen anti-kommunistischen Angstzustand versetzten [2], machten sich einige Intellektuelle ernsthaft daran, den revolutionären Part im amerikanischen Kostümfest der Oktoberrevolution zu übernehmen. Sowohl die Mehrheit wie die linke Intelligenz fühlten sich durch die russischen Ereignisse in ihrem je eigentümlichen amerikanischen Selbstverständnis getroffen. Die Mehrheit sah ihren Traum bedroht, als *First New Nation* nicht nur eine ›Neue Welt‹ zu sein, sondern dem Rest der Welt als Modell zu gelten. Mit der russischen Revolution schien ein neues Modell den Plan der Weltgeschichte zu betreten, mit dessen Konkurrenz man in Zukunft zu rechnen habe. Die Psychologie des amerikanischen Anti-Kommunismus geht auf diesen Schock zurück, durch Rußland in die konservative Defensive gedrängt worden zu sein. Verstärkt wurde diese Haltung noch durch Angehörige der linken Intelligenz, die in Rußland die Fortsetzung eines revolutionären Prozesses erlebten, den sie in Amerika durch den Erfolg des Kapitalismus und den vorgeblichen Ausverkauf der Arbeiterbewegung zum Stillstand gekommen glaubten. Die russischen Revolutionäre setzten für sie ein Versprechen in die Wirklichkeit um, das im amerikanischen Gesellschaftsprozeß verlorengegangen war.

Das Pathos der Befreiung jedoch, das von Rußland auf sie übergriff, ließ sie zu *fellow travellers* einer europäischen Ideologie werden. Denn der Sturz der zaristischen Autokratie und eines sie stützenden Gesellschaftssystems konnte in Amerika nicht nachgeholt werden, da sich trotz der Prognose Hegels kein amerikanisches Königtum mit entsprechener Ständestruktur gebildet hatte. Außerdem fehlte in Amerika jenes grenzenlose Elend, das die Agonie des zaristischen Rußland begleitet hatte. Die millionenfache europäische Einwanderung war ja die amerikanische Antwort auf das Elend der Alten Welt. Sie unterstrich nicht nur die Alternative Amerikas zur europäischen Revolution, sondern bewies zudem, daß Amerika bereits in der Lage war, die minimalen Bedingungen der Bedürfnisbefriedigung zu erfüllen, die europäische Revolutionäre immer als zukünftige Gratifikation anvisierten. In den amerikanischen *fellow travellers* des Kommunismus bereitete sich schon jenes Dilemma vor, dem sich das revolutionäre Bewußtsein später allgemein gegenübersah. Im Namen einer progressiven Geschichtsideologie wurden Forderungen der Emanzipation gestellt, die entweder bereits eingelöst worden waren oder deren Erfüllung zumindest tendenziell erkennbar war. Wie Adorno, Horkheimer und Marcuse nach dem zweiten Weltkrieg, so konnten aber auch die Upton Sinclair, Theodore Dreiser, Max Eastman, John Dos Passos, John Reed, Dashiell Hammett, Nelson Algren u. a. nach dem ersten Weltkrieg die amerikanische Wirklichkeit nicht mit ihrer Vorstellung einer revolutionären Zukunft vereinbaren [3]. Das Versprechen der europäischen Revolution, das ihr Pathos aus dem antagonistischen Charakter der europäischen Gesellschaften gewann, befriedigte Dimensionen menschlicher Existenz, die über die Bedürfnisnatur hinausreichten. Weder die europäischen Revolutionäre noch ihre amerikanischen *fellow travellers* stellten sich allerdings jemals die Frage, welche Formen denn wohl die Existenzverwirklichung nicht etwa der intellektuellen Eliten, sondern der emanzipierten Mehrheiten annehmen würde, sollte Europa erst einmal seine antagonistische Geschichte überwunden haben. Daß Amerika sich bereits in einem Stadium befand, diese Antwort in der totalen Form des Konsumhedonismus zu geben, blieb unerkannt.

Und auch jene amerikanischen Intellektuellen, die nicht angesichts des russischen Spektakels zu *fellow travellers* wurden, sondern sich als *lost generation* in Amerika an den Rand gedrückt fühlten und sich deshalb teilweise auf den Weg in die europäischen Kulturzentren Paris, Berlin und London machten, träumten ihren Traum von der Zukunft weiter, während die große *American dream machine* bereits auf den Konsumhedonismus der Bedürfnisse umgestellt wurde. Sie waren gleichsam die Schüler Santayanas, ohne dessen radikalen Pessismismus zu teilen. Denn sie hatten noch eine Vision von Amerika, die sie der amerikanischen Gegenwart entgegenhielten. Für sie war irgendwann nach dem Bürgerkrieg (1861–65), als die *robber barons* das neue industrialisierte Amerika im Zeichen eines rücksichtslos expandierenden Besitzkapitalismus zu beherrschen begannen, etwas schiefgegangen. Der Literaturkritiker Van Wyck Brooks machte sich zum Sprecher dieser Intellektuellen, als er 1918 die eindimensionale Geistlosigkeit der amerikanischen Gesellschaft anprangerte und erklärte: »Ohne diese Bedingungen können wir keine großen Führer haben; ohne Führer können wir keine große Gesellschaft haben. Wenn dies die Hoffnung auf das Kommen einer ›nationalen Kultur‹ nahelegt, so nur, um es Amerika in der Zukunft möglich zu machen, dem Rest der Welt etwas zu geben, das besser ist, als was auch die Welt allgemein unter ›Amerikanismus‹ versteht – die Anbetung von Größe, Masse, Menge und Zahl ... Seit drei Generationen haben die sensitivsten Geister Europas ... ihr Mißtrauen gegenüber der Zukunft in diesem einen Wort zusammengefaßt[4].«

Santayanas amerikanische Reflexionen widersprachen keineswegs den desillusionierten Kommentaren seiner jüngeren amerikanischen Zeitgenossen. Er jedoch ging weiter als sie, und er ließ auch die »sensitivsten Geister« Europas hinter sich, da er sie der hilflosen Nostalgie verdächtigte. Er verknüpfte die ›Geistlosigkeit‹ Amerikas mit den Erfolgen einer Aufklärung, die das göttliche Reich der Natur ohne die Vermittlung der Geschichte direkt in das Reich des Menschen verändert hatte. Einen Weg zurück zum ›Geist‹ oder zur ›Kultur‹ gab es nicht, weil sich in ihnen noch eine vor-amerikanische Praxis widerspiegelte, die alles das in ›Geist‹ oder ›Kultur‹ projizierte, was praktisch nicht zu verwirklichen war. Santayana nannte diese amerikanische Praxis *enterprise* und verfolgte ihren Prozeß von der frühen Begegnung der Puritaner mit der Wildnis bis zum Pragmatismus seiner Tage. In einem Essay über Dewey faßte er seine Gedanken über amerikanische Praxis zusammen: »Die Philosophie nun, nach der die Amerikaner leben, ist im Gegensatz zu den Philosophien, auf die sie sich berufen, naturalistisch. Ihrem Bekenntnis nach mögen sie Fundamentalisten, Katholiken oder Idealisten sein, da die amerikanischen Ideen *(opinions)* meist vor-amerikanisch sind; in ihren Herzen und ihrem Leben sind sie jedoch alle Pragmatisten, und sie beweisen es selbst durch den Geist, in dem sie jenen anderen traditionellen Überzeugungen *(allegiances)* die Treue bewahren, nämlich nicht aus verzückter spekulativer Sympathie, sondern weil solche Überzeugungen eine Versicherung gegen moralische Auflösung abzugeben scheinen, indem sie sozialen Zusammenhalt und praktischen Erfolg gewährleisten. Ihre wahre Philosophie ist die Philosophie des Unternehmens *(enterprise)*.« Dem ›Geist‹ werde innerhalb dieses Verständnisses von Praxis, neben seiner ideologischen Bedeutung für die gesellschaftliche Identität, eine instrumentelle Funktion zugewiesen: »Für einen Naturalisten gibt es nichts Substantielles oder Wirksames im Denken außer dessen Organe und Instrumente, wie z. B. Gehirn, Dressur, Worte und Bücher. Wirkliches Denken, da es unsichtbar und unwägbar ist, entzieht sich dieser Art von Jagd.

Es ist von den Materialisten schon immer mißachtet worden; es bedurfte aber der amerikanischen Optimisten, um deren Verachtung für nutzloses Denken in eine fröhliche Verneinung von dessen Existenz umzukehren[5].«

Diese Bemerkungen zielten auf die damals (1925) letzte Variante des Pragmatismus, den Behaviorismus, der für Santayana nichts als die szientistische Form des ursprünglichen *enterprise* war. Sie verdeutlichten aber außerdem die motivische Verwandtschaft Amerikas mit den Erwartungen des europäischen revolutionären Bewußtseins, von der ich gesprochen habe. Denn Santayanas amerikanischer Kommentar ist die Illustration par excellence zu Marx' 11. *Feuerbach-These*: »Die Philosophen haben die Welt nur verschieden interpretiert; es kommt darauf an, sie zu verändern.« Amerika ist die Veränderung, die den Interpretationen der Philosophen nur noch marginale Bedeutung beimißt. Diese weltgeschichtliche Rolle Amerikas erklärt auch den fixierten Anti-Amerikanismus der marxistischen Linken, die noch immer im Banne einer theatralischen Revolutionsgeschichte leben. Denn als ›Amerika‹ können sie sich das Ende einer Geschichte nicht vorstellen, die sie um der Zukunft der Emanzipation willen in Phasen eingeteilt haben, die, durch Revolutionen eingeläutet, die Menschheit auf immer höhere Entwicklungsstadien führen wird.

Zeitgenössische amerikanische Intellektuelle verstehen die eigene Malaise und das Dilemma des europäischen Bewußtseins weitaus besser, als es ihre Vorgänger in der Zeit nach dem Ersten Weltkrieg getan haben. Sie nämlich haben mittlerweile den ›praktischen‹ Kern des Amerikanismus begriffen, den Santayana noch etwas unpräzise in einer Metaphernsprache zu fassen versuchte. Außerdem warten sie nicht mehr auf das Kommen einer ›amerikanischen Kultur‹; sie überlassen das entweder den konservativen Apologeten, die mit immer hilfloseren Beschwörungen der amerikanischen Tradition aufwarten, oder ausländischen Besuchern wie Revel, die von Amerika eine neue Weltrevolution ausgehen sehen. Unter den Intellektuellen fallen besonders jene auf, die im Stile der *lost generation* zwischen Amerika und Europa hin und her pendeln. Bei ihnen läßt sich noch etwas von der Suche nach ›Kultur‹ spüren, die ihre Vorgänger immer wieder über den Atlantik getrieben hat. Was sie im Gegensatz zu ihren

Vorgängern allerdings in Europa finden, ist nicht ›Kultur‹, sondern – ›Amerika‹. Dieses ›Amerika‹ ist nicht das Imperium der ›Neuen Römer‹, als das z. B. die unmittelbaren Nachbarn der USA, die Kanadier, den Einfluß der USA beschreiben [6]. Es ist auch nicht der Expansionsdrang des imperialistischen Monopolkapitalismus, den Alt- und Neo-Marxisten überall sein Unwesen treiben sehen, wenn es um Amerika geht. Es hat auch nur am Rande mit dem Amerika zu tun, mit dem Servan-Schreiber die berühmte »Herausforderung« verband, die Europa anzunehmen habe, um zu überleben. Alle diese Vorstellungen sind relativ geläufig und werden beständig reproduziert [7]. Das ›Amerika‹, das die reisenden Intellektuellen in Europa entdecken, ist das Prinzip des Konsumhedonismus, das sich nach dem Zweiten Weltkrieg, diesem Schlußstrich unter dem traditionellen Europa, auch auf dem alten Kontinent durchzusetzen begann. Der Journalist John Ney hat für diesen Prozeß der zivilisatorischen Anpassung der Alten an die Neue Welt die treffende Formel der »europäischen Kapitulation« gefunden. »Ganz Europa ist amerikanisiert worden«, so lautet sein Befund, »und wird noch weiter amerikanisiert werden, sei es durch eigenen Antrieb oder durch den seines leicht enervierten und verstörten Mentors [8].«

Ney hält sich nicht bei den offenkundig spektakulären Symptomen auf, die auf direkte politisch-militärische Abhängigkeit oder die ökonomische Interessenverflechtung multinationaler Korporationen zurückzuführen sind. Amerikanisierung wird von ihm im Sinne eines Verständnisses von Wirklichkeit gebraucht, in dem nichts als die maximale Befriedigung von Bedürfnissen eine Rolle spielt und alle gesellschaftlichen und existentiellen Legitimationen dieser Bedürfnisbefriedigung untergeordnet werden. Ein radikal-hedonistischer Materialismus hat von Amerika aus seinen Siegeszug angetreten und im technologisch-wissenschaftlichen Leistungsdenken das perfekte Instrumentarium seiner erfolgreichen Verwirklichung gefunden. Und da Ney diese Eindimensionalität als Zukunft des Menschen sieht, kann er nichts als Verachtung für europäische Versuche aufbringen, traditionelle Identitäten zu erhalten oder neu zu beleben. Mit bösartiger Nonchalance zeichnet er ein Porträt Europas, das diesen Kontinent als hoffnungslos obsolet und sentimental erscheinen läßt. Mit fatalistischer Gewißheit zieht er aus seinen amerikanischen und europäischen Erfahrungen den Schluß, daß Europas Zukunft der amerikanischen Gegenwart angepaßt sein wird. Weder Tradition noch revolutionäres Bewußtsein werden daran etwas ändern können. Ney hat die amerikanischen Reflexionen Santayanas auf den letzten materialistischen Rest zusammenschrumpfen lassen.

Neys Beobachtungen bleiben nicht auf Westeuropa beschränkt. Wenn er einen Unterschied zwischen der kapitalistischen und der kommunistischen Hälfte Europa macht, so bezieht er sich auf den Grad ideologischer Verlogenheit, mit dem der reduzierte Bedürfnismaterialismus verleugnet oder zugegeben wird. Letztlich aber mißt er beide Hälften an seinem autochthonen Grundtypus: »Die Amerikaner konnten nur die Führung übernehmen, weil sie tatsächlich anders sind, und die Einschränkungen wurden als natürliche Konsequenz dieses Andersseins abgestreift. Selbst wenn die geographische Situation vertauscht würde, bliebe das Herr-Knecht-Verhältnis das gleiche: die verpflanzten Amerikaner würden Europa aufbauen und würden über kurz oder lang ihre ehemalige Heimat an sich reißen. Amerikaner sind das einzige Volk, das *fähig* ist, mit der technologischen Lebensweise auf dem in Amerika existierenden Niveau fertig zu werden (oder es auszuhalten), und darum sind sie das einzige Volk, das ein solches Niveau hat. Entsprechend hat jedes der europäischen Länder genau das Niveau der technologischen Lebensweise, das seinen Fähigkeiten entspricht [9].«

Daß auch im kommunistischen Teil Europas das ›Amerika‹ der Bedürfnisbefriedigung das tendenzielle Ziel der Zukunft sein wird, das durch die jeweilig autochthone oder oktroyierte Revolution möglich wurde, verdeutlicht nicht nur Ney in seinen Reportagen. Im Reisejournal des Schriftstellers Charles Newman,

A Child's History of America (1973), wird die Misere des amerikanischen Intellektuellen augenfällig, die Gegenwart Amerikas nicht ertragen zu können und doch überall nichts als die Auflösung überlebter Traditionen und deren Ersetzung durch ›Amerika‹ zu beobachten. Dem ›Amerika‹, dem Newman auf seinen Reisen durch das kommunistische Europa begegnete, haftet noch etwas von der emanzipatorischen Aura an, das Millionen europäischer Einwanderer durch die erfolgreiche Flucht aus dem historischen Elend Europas geschaffen haben. Newmans vergebliche Versuche, seinen osteuropäischen Bekannten die Normalität Amerikas begreiflich zu machen, ihnen gleichsam die Mythe Amerika austreiben zu wollen, erinnern an die Vergeblichkeit, den Fetischcharakter der europäischen Kultur und Revolution bewußt zu machen. Und Newman ist hier ein besserer Zeuge als John Ney. Denn ungleich Ney, der mit vivisezierender Lust das Ende der europäischen Traditionen – einschließlich der revolutionären Erwartungen – sowie den Siegeszug der Amerikanisierung beschreibt, war Newman mit diesen Traditionen und Erwartungen als Kontrast zu Amerika aufgewachsen. Er hatte in Europa den »besten, wenn nicht den größten Teil des Jahrzehnts« zugebracht, um eine »bestimmte Wut zu verflüssigen, zu verhindern, daß sie sich gegen [ihn] selbst richte [10]«, wie er im Rückblick auf seine Studienzeit in Oxford und Paris und auf frühere Reisen schreibt. Die Wut über die traditionslose Gegenwart Amerikas, die er bei den Hippies von San Francisco in Selbstzerstörung umkippen sah, trieb ihn wieder nach Europa. Dort wurde er Augenzeuge der Konfrontation von traditioneller Ordnung und theatralischer Revolution im Paris des Mai 1968 und erlebte von Ungarn aus den Einmarsch der Warschauer-Pakt-Mächte in die ČSSR mit. Diese Ereignisse verkündeten dem Amerikaner Newman den Bankrott der europäischen Tradition und Revolution, da er hinter den Fassaden ideologischer Rechtfertigung nichts als Materialismus zu entdecken vermochte; einen Materialismus, der sich in Amerika bereits verwirklicht hatte.

Europa hatte sich als Kontrast zu Amerika aufgelöst. In Newmans Reisebericht wird anhand einer intellektuellen Biographie das translantische Problem einer Entmythologisierung nicht nur Amerikas, sondern gleicherweise Europas deutlich. Newman repräsentiert ein Amerika, das seine Ziele verwirklicht und damit verloren hat. Die Mythen der Legitimation, die den ›Fall Amerika‹ für Jahrhunderte getragen haben, vermögen, nachdem sie ihre Ausstrahlung eingebüßt haben, die Gewöhnlichkeit des Erreichten nicht zu verdecken. In dieser Selbstanalyse eines Amerikaners hat der Amerikanismus einen existentiellen Nullpunkt erreicht. Aber auch der Blick nach Europa bietet keine Haltepunkte mehr. Nach den blutigen Revolutionen von links und rechts, die seit 1917 die europäische Geschichte bestimmt und die traditionellen Strukturen beseitigt haben, hat Europa seine Identität verloren. Tocquevilles Prognosen für die europäische Zukunft beginnen sich nach dem Blutrausch des europäischen Bürgerkrieges zu erfüllen. Europa ist tot; es wird als Doublette Amerikas weiterleben. Weder ein nostalgisches Europa-Bild der Amerikaner noch eine anti-amerikanische Selbstbehauptung der Europäer wird an dieser fortschreitenden ›Amerikanisierung‹ viel ändern können. Die antagonistische Geschichte, die Europa von Amerika unterschieden hat, ist vorbei. Damit aber auch enthüllt sich der europäische Anti-Amerikanismus als Ausfluß der Angst vor der eigenen Gegenwart und Zukunft.

Ist es aber zulässig, den Amerikanismus so einseitig mit dem Hedonismus der Bedürfnisbefriedigung gleichzusetzen, wie ich es in diesem durchaus sympathisierenden Referat amerikanischer Selbstkritik getan habe? Auch wenn ich keineswegs als Marxist argumentiere, scheinen meine Bemerkungen in die Nähe einer materialistischen Interpretation zu rücken, die gemeinhin ein Vorrecht der Marxisten ist. Diese These vom Amerikanismus als Bedürfnisbefriedigung ist durchaus materialistisch zu verstehen, richtet sich aber gegen den Marxismus selbst, da sie in Amerika *das* tendenziell für verwirklicht hält, was von Marxisten noch immer in eine post-revolutionäre Zukunft verlegt wird. Marxisten werden dies zweifelsohne als utilitaristische Verballhornung ihrer Zukunft zurückweisen, da sie das emanzipatorische Moment vermissen. Da ihr Begriff der Emanzipation jedoch am Pathos einer antagonistischen Geschichte teilhat, die in Stufen der Revolutionierung dem Endreich entgegenstrebt, bleibt er historisch. Es gelingt ihnen nicht, die spezifisch amerikanische Emanzipation zu begreifen, nämlich jene Verwirklichung der Aufklärung, von der u. a. Santayana, Horkheimer, Adorno und Dahrendorf gesprochen haben. Da ihr Bewußtsein von einer europäischen Bilderwelt besetzt ist, haben sie noch immer nicht die amerikanische Praxis des pragmatischen *enterprise* verstanden. Deshalb auch wären sie schwerlich dazu bereit, diesen Hedonismus mehrheitlicher Bedürfnisbefriedigung als zivilisatorische Leistung des amerikanischen Gesellschaftsexperiments anzuerkennen. Verglichen mit den Bedingungen des Elends und Mangels, unter denen die Mehrheiten in den historisch bekannten Gesellschaften zu leben hatten und z. T. noch leben, erweist sich aber gerade hier die Größe des verwirklichten Amerikanismus. Das Versprechen Amerikas, das Jefferson in der *Declaration of Independence* auf die symbolische Formel des ›*Pursuit of Happiness*‹ gebracht hatte, ist im Gegensatz zum Versprechen der europäischen Revolution wörtlich eingelöst worden.

Diese materialistische Einlösung eines symbolischen Versprechens bedeutet aber zugleich die tödliche Krise des Amerikanismus. Zwar harren ethnische Minoritäten nicht-europäischer Herkunft noch immer auf die Erfüllung des Versprechens und bestätigen damit, wenn auch ethnisch modifiziert, den Symbolwert des Amerikanismus. Unter der Mehrheit jedoch, aus der die verschiedenen Protestbewegungen der 60er Jahre hervorgegangen sind, beginnt sich die Ernüchterung angesichts des Erreichten auszubreiten. Die Gewöhnung an den verwirklichten Amerikanismus hat den symbolischen Amerikanismus entzaubert. Philip Slater hat diese Erfahrungen auf den Nenner des ›*Pursuit of Loneliness*‹ gebracht und damit die symbolische Gegenformel zu Jeffersons *›Pursuit of Happiness‹* gefunden[11]. Seine radikalen Analysen zur amerikanischen Gesellschaft beschränken sich aber nicht auf die Gegenwart. Die zeitgenössische Entzauberung wird von ihm auf die Ursprünge und Elemente des historischen Amerikanismus ausgedehnt. Die Reduktionen und Verdrängungen der Gegenwart werden als Konstitutionsfehler des historischen Amerika gesehen. Je mehr sich die amerikanische Praxis des erfolgreichen pragmatischen *enterprise* durchgesetzt hat, um so mehr auch haben sich die existentiellen Auslassungen bemerkbar gemacht, mit denen für die Praxis gezahlt werden mußte. Die Einlösung des Versprechens wirft Schatten auf das Versprechen selbst.

Die Ernüchterung über das Ereichte verflüchtigt sich keineswegs, wenn man vom Materialismus der Bedürfnisbefriedigung einmal absieht und den Blickwinkel auf andere Dimensionen des symbolischen wie verwirklichten Amerikanismus richtet. Die Intensität des Krisenbewußtseins nimmt eher zu. Jürgen Gebhardt, der den »Ursprüngen und Elementen des Amerikanismus« vom 18. Jahrhundert bis in die zeitgenössische Gegenwart eine Studie gewidmet hat, hält die Selbstauflösung und schließliche Überwindung des Amerikanismus für endgültig. Ja, er geht so weit, diese Auflösung und Überwindung als Grundbedingungen des Überlebens zu bezeichnen. Er zeigt, worin sich die gegenwärtige Situation von früheren Krisen des Amerikanismus unterscheidet, wenn er zusammenfassend über die amerikanische Literatur der Selbstkritik schreibt: »Krisenelemente und -faktoren gemeinwestlicher Observanz wie das Hineinwachsen der westlichen Zivilisation in eine globale Oikumene, der pragmatische Druck, der Aufbruch der modernen politischen Massenbewegungen oder der industriellen Organisation der Produktionsverhältnisse vermischen sich mit solchen Krisenerlebnissen spezifisch amerikanischer Natur wie das Ende des Isolationismus oder die Rolle Amerikas als interventionistische Weltmacht vom ersten Weltkrieg bis zu Vietnam, das schließlich die Grenzen des amerikanischen Machtpotentials aufzeigte, und die inneren Antagonismen der ›Gesellschaft im Überfluß‹ ... Alle diese Momente verdichten sich zu dem Verdacht, daß der Amerikanismus sich als ein untaugliches Instrument zum Begreifen der nationalen und internationalen Situation erweisen könnte, und dahinter droht eine Infragestellung des Sinnes der Ordnung der Gesellschaft ...« Gebhardt sieht drei Möglichkeiten der Krisenbewältigung, von denen aber nur die letzte Hoffnung auf Erfolg verspricht: »[Die] Affirmation des *status quo*, das Postulat des Rekurses auf die Tradition und schließlich die Proklamation eines Durchbruchs zur Realität jenseits von *status quo* und Tradition [12].«

Die Affirmation des *status quo,* der sich die amerikanischen Sozialwissenschaften verschrieben hatten [13], bis sich dieser in den Schlagzeilen der Tageszeitungen als Krise darstellte und deshalb nicht mehr als beste aller möglichen Welten hingenommen werden konnte, wird zwar noch immer betrieben. Die spektakulären Enthüllungen der *Pentagon Papers,* der *Watergate*-Affäre, des Falles Spiro Agnew u.a. haben aber zumindest jene zum Nachdenken gebracht, die aus Verachtung vor dem lautstarken und teilweise flagellantenhaften Anti-Amerikanismus [14] der amerikanischen Protestbewegungen zur Verteidigung des *status quo* geschritten waren. Sicher, die konservative Wende der *New Deal*-Liberalen, die sich während der ersten Nixon-Amtszeit anbahnte und in Aufrufen zur Wiederwahl Nixons (1972) gipfelte, hatte auch etwas mit dem Verrat zu tun, als den David Halberstam in *The Best and the Brightest* (1972) das Engagement der Intellektuellen im Vietnam-Krieg unter Kennedy und Johnson beschrieben hat. Denn das Vietnam-Desaster war ja nicht allein das Ergebnis rein politischer und militärischer Fehlentscheidungen gewesen. Die Expertise der sozialwissenschaftlichen Intelligenz, nicht zuletzt repräsentiert durch die Daniel Ellsbergs der

Rand Corporation, hatte das Spektakulum der Ignoranz, der Selbsttäuschung und der Lüge mitgeplant [15]. Zur Affirmation des *status quo* überzugehen, zum liberalen Anhänger des konservativen Amerikanismus zu werden, bedeutete so nur, die Konsequenzen aus dem zu ziehen, was man schon immer, wenn auch aus liberalen Überzeugungen, getan hatte. Angesichts des Skandalons der Protestbewegungen bekannte man sich deshalb zum *status quo* und sah den Amerikanismus durch Nixon bestens vertreten. Als Nixon über *Watergate* und andere Affären ins Stolpern geriet, wurde die Loyalität gegenüber dem Amerikanismus auf die Institutionen übertragen, denen man die Enthüllungen verdankte. Presse, Senat und Gerichte garantierten plötzlich einen *status quo,* der nicht mehr von den Protestbewegungen, sondern vom Präsidenten selbst und seiner Amtsauffassung bedroht wurde.

Die prekäre Situation des *status quo,* die trotz des vorgeblichen Funktionierens eines in Presse, Kongreß und Gerichten institutionalisierten Systems von Kontrollen und Gegenkontrollen durchsichtig wird, motiviert den Ruf zur Besinnung auf die politische Tradition, die neu belebt werden soll. In der Krise eines Präsidenten, der gerade die Rückkehr zu den Ursprüngen zu seinem Programm erhoben – im Postulat der strikten Auslegung der Verfassung, die er u.a. durch seine Ernennungspolitik beim *Supreme Court* erreichen wollte – und damit die radikal-liberalen Forderungen seiner Gegner unterlaufen hatte, wirkt dieser Versuch zur Neubelebung des ›wahren‹ Amerika nicht nur hilflos. Der Versuch ist vielmehr Teil der Krise selbst. Denn dieses ›wahre‹ Amerika, zu dem man zurückkehren möchte – selbst Nixons radikal-liberaler Gegenkandidat McGovern schloß sich 1972 diesem retrospektiven Pathos mit dem Slogan an: »Come Home, America!« –, ist eine symbolische Vergangenheit, die durch den verwirklichten Amerikanismus bereits entzaubert worden ist. Die Entzauberung aber setzt sich auch dort fort, wo nicht die Gegenwart Amerikas den symbolischen Versprechen der Vergangenheit ihre Mehrdeutigkeit geraubt hat, sondern eine kritische Perspektive zur Entmythologisierung der Vergangenheit beiträgt.

Dem Blick zurück in Nostalgie hat sich die kritische Perspektive der Geschichts-, Sozial- und Humanwissenschaften hinzugesellt. Diese Bewegung eines historischen Revisionismus soll hier keineswegs zum *Politicum* hochstilisiert werden, da sie weitgehend auf ein intellektuelles Publikum beschränkt bleibt. Der kreative Prozeß der Neubelebung der Tradition könnte aber nur von Intellektuellen ausgehen, soll er nicht in der Phrase oder Invektive steckenbleiben. In beidem sind die engagierten Pro-Amerikaner so begabt wie die Anti-Amerikaner [16] und bilden deshalb mit ihnen die Symbiose des Ressentiments, das zwar vorübergehend die populäre Szene beherrschen mag, ansonsten aber, da es nur reagiert, zum Scheitern verdammt ist. Noch weniger Erfolg verspricht der Versuch, offensichtliche Lügen des Amerikanismus zu legitimieren, wie es z. B. Kendall und Carey in dem Buch *The Basic Symbols of the American Political Tradition* (1970) getan haben. Denn den Satz der *Declaration of Independence* »*We hold these truths to be self-evident, that all men are created equal, that they are endowed by their Creator with certain inalienable Rights...*« als unverbindlich abzutun, weil er sonst die Duldung der Sklaverei durch die *Founding Fathers* ungünstig beleuchten könnte, bedeutet ja gerade, die ursprüngliche Verlogenheit auch noch nachträglich gutzuheißen und selbst Lincoln für eine amerikanische »Entgleisung« zu halten [17]. Die Duldung der Sklaverei durch die *Founding Fathers,* für die Millionen von Afrikanern mit ihrer Humanität, Amerika überhaupt mit den Hypotheken des Bürgerkrieges und des institutionalisierten Rassismus zu zahlen hatten, gehört aber zu den genuinen Verdrängungen des Amerikanismus selbst, die dessen symbolische Neubelebung verhindern, weil sie aufgehoben werden müssen. Die Diskussion über die Sklaverei, die durch Werke wie Stampps *The Peculiar Institution* (1956), Elkins' *Slavery* (1959), Davis' *The Problem of Slavery in Western Culture* (1966), Jordans *White over Black* (1968), Genoveses *The World the Slave-*

holders Made (1969), Robinsons *Slavery in the Structure of American Politics* (1971) und Deglers *Neither Black nor White* (1971) auf ein intellektuell wie materialmäßig bewundernswertes Niveau gehoben worden ist, hat hierzu mustergültige Arbeit geleistet. Jeder Ansatz zur Neubelebung des Amerikanismus, der dieses Wissen um die Wirklichkeit der Sklaverei und ihre Verdrängung aus dem öffentlichen Bewußtsein zu umgehen sich bemühte, würde in die Nähe des Faschismus geraten.

Ähnliches ließe sich über die Neubelebung des Amerikanismus sagen, wenn es um die ersten Amerikaner geht: die Indianer, Eskimos, Aleuten und Hawaiianer. Denn an ihrem historischen wie zeitgenössischen Schicksal wird das Phänomen jener Verdrängungen besonders thematisch, die den Fall Amerika im amerikanischen Bewußtsein bestimmen. Folgt man der Gründungssaga Amerikas, die zum Bildungsgut der amerikanischen Erziehung gehört, dann kommt die Besiedlung des amerikanischen Kontinents dem wundersamen Sieg der Zivilisation über das Barbarentum der Wildnis gleich. Nicht erst Hollywood hat das Image des kultur-, sprach-, religions- und humorlosen Wilden geschaffen, der sich als Fossil der Wildnis dem Fortschritt der Zivilisation blutrünstig entgegenstemmt. Was in den Filmen reproduziert wird, findet sich vielmehr in den Reden amerikanischer Präsidenten, den Texten von Verträgen, die mit Indianern geschlossen worden sind, in Entscheidungen sowohl des *Federal* als auch der *State Supreme Courts,* in *Congress*-Hearings, wissenschaftlichen Werken, der Roman-Literatur, Schulbüchern, der Journalistik etc. bis ins 20. Jahrhundert [18]. Die Zivilisation hat über das Barbarentum zu siegen [19]. Ganz im Sinne des orthodox-kommunistischen Völkerrechts, das – basierend auf einer Geschichtsphilosophie, derzufolge Herrschaftsansprüche in Relation zu historischen Entwicklungsstadien gesehen werden müssen – Expansion des Kommunismus als Sinn der Geschichte und Widerstand gegen diese Expansion als zu brechenden Widersinn begreift – ganz im Sinne dieser Wahnlogik haben auch die Amerikaner ihre Eroberung indianischer Wildnis und schließlich die 1870 einsetzende Konsolidierung des Reservationssystems legitimiert. Sie haben dies allerdings getan, ohne es als Eroberung etwa im europäischen Sinne der Machtexpansion zu verstehen. Die Sprache der Legitimationsmythen ersetzte die Wirklichkeit der Eroberung.

Im Unterschied zu den Afro-Amerikanern, deren historische Identität durch totalitäres *brainwashing* bereits in den westindischen Auffanglagern zerstört zu werden begann, bevor sie in die amerikanische Sklaverei getrieben wurden [20], haben sich die Indianer aber ihre Identität erhalten. Zwar bezeugen auch die 22 Millionen Afro-Amerikaner eine Lüge des historischen Amerikanismus. Ihr mühseliger, doch unaufhaltsamer Integrationsprozeß in die amerikanische Gesellschaft läßt sie aber im nachhinein die ursprüngliche Verdrängung aufheben. Die jährlichen Berichte zur Lage der Afro-Amerikaner stellen eine Art Prüfstand dar, auf dem das zeitgenössische Amerika widerstrebend oder selbstbewußt die Erfolge der schwarzen Amerikanisierung mißt. Mit den Indianern lassen sich jedoch keine vergleichbaren Experimente anstellen. Sie nämlich haben sich trotz der Genozid-Umstände der Eroberung, der Abdrängung in die Reservationen, der gewalttätigen Versuche der Amerikanisierung [21], der sozio-ökonomischen Paria-Existenz, des politischen Paternalismus als ›erste Amerikaner‹ geweigert, dem ›zweiten Amerika‹ ihr zivilisatiorisches Selbstverständnis zum Opfer zu bringen. Die Bewegung der ›Neuen Indianer‹ [22] hat zudem begonnen, den schweigenden Widerstand der ›Alten Indianer‹ in beredten Protest und einen artikulierten Willen zur Selbstbehauptung zu übersetzen [23]. Eine Neubelebung des Amerikanismus hätte nicht allein auf das Unrecht zu reflektieren, das das historische Amerika an den Indianern begangen hat. Das Selbstverständnis zivilisatorischer Überlegenheit, das die ursprüngliche Eroberung legitimiert hat, müßte aufgegeben werden, da sich in ihr ein Bild des Menschen und seiner Existenz niedergeschlagen hat, das Verdrängungen anderer Zivilisationen nicht nur im übertrage-

nen Sinne, sondern eben auch in der Form des symbolischen oder aktuellen Völkermordes möglich macht.
Die Phrase vom Sieg der Zivilisation über das Barbarentum der Wildnis gehört so sehr zur apokalyptischen Dimension des Amerikanismus wie die Ideologie des *Manifest Destiny*, die den kontinentalen und pazifischen Expansionismus im 19. Jahrhundert gestützt hat. Auch hier würde die Neubelebung des Amerikanismus an Grenzen der Nachvollziehbarkeit stoßen. Denn die symbolische Legitimation des *Manifest Destiny*, derzufolge die Expansion der USA gleichsam hegelianisch als natürliche Ausbreitung eines demokratischen Freiheitsbewußtseins und der Zivilisation zu verstehen sei, die sich an die ursprüngliche Gründung der Republik angeknüpft habe, zerbricht an dem Wissen, das die kritische Perspektive der Geschichtswissenschaft über jene Periode erarbeitet hat [24]. Die Strategien der Propaganda und Eroberung, die die Expansion vom Kauf Louisianas (1803) bis zu den Annexionen Puerto Ricos, der Philippinen und Hawaiis (1898) vorbereitet und begleitet haben, lassen zwar deutliche Unterschiede zur Kabinettspolitik des alten Kontinents erkennen. Die ›Neue Welt‹, als die sich die USA – vom *Manifest Destiny* bestimmt – präsentierte, nahm aber Strategien vorweg, die im 20. Jahrhundert u. a. von Kommunisten und Faschisten bei der Expansion ihrer ideologischen Machtbereiche praktiziert worden sind. So sehr diese Verwandtschaft einen unreflektierten Amerikanismus in Mißkredit bringen würde – die amerikanische Außenpolitik im 20. Jahrhundert hat ein übriges getan, die Rückkehr zum ›wahren‹ Amerika zu verhindern. Weder kann sich Amerika auf sich selbst zurückziehen, noch aber lassen die Erfahrungen des 20. Jahrhunderts es zu, den ursprünglichen Anspruch der Neuen Welt nicht an den Wirklichkeiten der jüngeren und jüngsten Geschichte zu messen. Amerika hat eben auch hier seine symbolische Unschuld verloren. Das muß nicht heißen, daß im Stile einer Verschwörungstheorie die symbolische Unschuld zur aktuellen Schuld an den Übelständen der internationalen Politik umfunktioniert wird, wie es europäische

Linke [25] oder linke amerikanische Revisionisten tun. Es verlangt aber einmal, diese kritischen Ansätze aufzunehmen und zu diskutieren [27], und zum anderen, die mythischen Ersatzwirklichkeiten der Vergangenheit als Verdrängungen aufzuheben. Der Rekurs auf die Vergangenheit, der dies versäumt, bleibt abortiv; jener aber, der beides versucht, wird erhellen können, warum eine Rückkehr zu symbolischen Vergangenheiten nicht möglich ist.

Die Vergeblichkeit des Rekurses auf die Tradition wird aber auch dann akut, wenn es um jene Bewußtseins- und Verhaltensmuster geht, die den politischen Kern des Amerikanismus als interne Ziviltheologie der amerikanischen Gesellschaft betreffen. Eine konservative Restitution der Erfahrungen zu betreiben, die den Gründungsprozeß der amerikanischen Republik von 1775 bis 1789 unterliegen, scheitert bereits am verwirklichten Bedürfnishedonismus der Mehrheiten. Die politische Philosophie der Autoren der *Federalist Papers* z.B., die sich gegen die demokratische Partizipationserweiterung wehrten, besitzt angesichts dieser einschneidenden Differenz nur noch historische Bedeutung. Das bedeutet nicht, daß diese Versuche nicht doch unternommen werden. Die anti-demokratische Position der Gründungsväter entgleist aber sehr schnell zum konservativen Ressentiment, wenn sie abgelöst vom konkreten Debattenhintergrund ihrer Zeit unmittelbar auf die Verhältnisse in der zweiten Hälfte des 20. Jahrhunderts übertragen wird. So sehr auch ihre *common sense*-haltigen Überlegungen zu den Möglichkeiten und Grenzen der Politik und ihr undämonischer Machtbegriff im kontinental-europäischen Ideologiemilieu befreiend wirken, so zeigen sich gerade hier ihre amerikanischen Beschränkungen. Denn jenseits von *common sense* und Macht wird die Philosophie des ›guten Lebens‹, um die sich jede politische Ordnung zu bemühen hat, mit der Gestalt des historischen Amerika und jener historischen Ordnungen des neuzeitlichen und antiken Westens gleichgesetzt, die man als Modelle beim Gründungsprozeß im Auge hatte. Diese inhärente Gleichsetzung einer Philosophie des ›guten Lebens‹ mit der konkreten politischen Gesellschaft unterscheidet sich zwar inhaltlich von der Ideologie des *Manifest Destiny* im 19. Jahrhundert, da sie anti-apokalyptisch und damit anti-emanzipatorisch und anti-demokratisch akzentuiert ist. Aber auch die Föderalisten sind von der Prämisse ausgegangen, daß mit Amerika eine ›Neue Welt‹ beginnt [28]. Insofern fügen auch sie sich der Linie ein, die Louis Hartz als dominantes Selbstverständnis der amerikanischen Geschichte nachgezogen und auf den Nenner der »liberalen Tradition« gebracht hat. Die Abwesenheit der alteuropäischen Strukturen habe die amerikanische Gesellschaft von Anbeginn an ›liberal‹ sein lassen [29].

Ob man den europäischen Kampfbegriff des Liberalismus so ohne weiteres auf Amerika übertragen kann oder sich nicht vielmehr in dieser Anleihe wiederum eine europäische Projektion ausdrückt, soll dahingestellt bleiben. Sicher scheint aber zumindest, daß sich diese ›liberale‹ Tradition erschöpft hat und von ihr keine politisch formenden Initiativen mehr zu erwarten sind. Radikale, liberale und konservative amerikanische Sozialwissenschaftler stimmen in ihrer Diagnose der tödlichen Krise des amerikanischen Liberalismus überein, auch wenn sie die Ursachen unterschiedlich ansetzen [30].

Keine oder nur unerhebliche Unterschiede in der Beurteilung gibt es, wenn von den Hypotheken der ›liberalen‹ Ausgangssituation der amerikanischen Gründung gesprochen wird. Denn was die ›liberale‹ Geschichte Amerikas vom Liberalismus Europas unterscheidet, ist die relativ unbehinderte, ungehemmte und ungebundene Verwirklichung des *laissez faire* eines Besitzindividualismus, der sich außerdem gleichzeitig feudal (im Süden), bäuerlich (im Westen) und bürgerlich-kapitalistisch (im Osten) äußern konnte. Amerika schuf sich zwar eine politische Verfassungsordnung, die – gemessen an den Verfassungen Europas – bis zum Ausbruch des europäischen Bürgerkrieges nach dem Ersten Weltkrieg revolutionär blieb. Unterhalb dieses Institutionsgefüges zeichnete sich jedoch der Prozeß gesellschaftlicher Produktion und Reproduktion durch einen eigentumsorientierten

Individualismus aus, der in seiner sozialen Ungebundenheit geradezu anarchisch war. Ich wähle mit Absicht den Ausdruck »Besitzindividualismus«, den Macpherson für seine Studien zur politischen Philosophie des englischen 17. Jahrhunderts benutzt hat[31], um das spezifisch amerikanische Problem anzudeuten, das mit dem Begriffsapparat einer allgemeinen Kapitalismus-Theorie verdeckt wird. Denn der amerikanische Kapitalismus wurde weder von den Überhängen einer alten privilegierten Ständegesellschaft belästigt, noch aber reichten die von ihm hervorgerufenen oder verschärften Elendsbedingungen dazu aus, eine starke und erfolgreiche Gegenbewegung des Proletariats zu schaffen. Die spezifisch amerikanischen Verhältnisse – wie z. B. die territoriale Offenheit bis 1890, die Millionen dislozierter europäischer Immigranten oder die Rassenschranke innerhalb der Unterschichten – ließen den amerikanischen Kapitalismus in einer Weise als Besitzindividualismus operieren, wie es in Europa nicht möglich war. Die Vorteile eines kontinentalen Binnenmarktes, verbunden mit einer nahezu autarken Rohstoff- und Ernährungslage, taten ein übriges, um Amerika als besonderen Fall im Verbund des Westens zu prägen.

Der ungehemmte Besitzindividualismus erreichte nach dem amerikanischen Bürgerkrieg in der Ägide der aggressiven *robber barons,* die Sorel als Männer der Zukunft feierte, seinen historischen Höhepunkt. Die Legenden des Aufstiegs und Erfolgs, die sich an die Namen der Industriekapitäne knüpften, gehören zur Geschichte des Amerikanismus. Die soziale Rücksichtslosigkeit dieser amerikanischen ›Übermenschen‹ – Generationen später kompensiert durch den sozialen ›Humanitarismus‹, den die großen *foundations,* von denen einige ihre Namen und den Nutznieß aus ihren Vermögen erhielten, weltweit praktizierten – erschöpft aber keineswegs das Phänomen des anarchischen Individualismus, auch wenn sich an ihren Karrieren die sozio-ökonomischen Konsequenzen besonders deutlich ablesen lassen. Ihre Lebensläufe beflügelten zwar die Rollenphantasie einer Gesellschaft, der es am historischen Reservoir imitationsfähiger Eliten fehlte. Sie verwirklichten aber nur im Extrem, was konstitutiv für die ›liberale‹ Ausgangsposition der Amerikaner im allgemeinen war, nämlich Erfolg im privaten Eigentumserwerb zu beweisen. Die potentielle Gleichheit der Bedingungen, die gleicherweise von der politischen wie der natürlich-materiellen Verfassung Amerikas gefördert wurde, entfesselte den besitzorientierten Individualismus. Die politische Philosophie der Gründungsväter, die in der Verfassung zum Tragen kam, hatte schwerlich diesen *American way of life* angestrebt. Da sie aber die besitzindividualistischen Folgerungen des Lockeschen Eigentumsbegriffes, dem sie anhingen, nicht durch eine Sozialethik des Eigentums abmilderten, übernahmen sie mit Locke dessen individualistische Hypotheken und ließen ihren Begriff der politischen Ordnung mit dem Besitzindividualismus eine unheilige Ehe eingehen.

Der Konflikt zwischen Politik und Besitzindividualismus, der latent in der Gründung angelegt war, kam aber erst völlig im 20. Jahrhundert zum Durchbruch. Von der Anti-Trust-Gesetzgebung über den *New Deal* bis zur *New Frontier* Kennedys und der *Great Society* Johnsons zeichnete sich der permanente, aber nur gelegentlich artikulierte Versuch ab, diesen Konflikt zu überwinden. Die politischen, sozialen, ökonomischen, ethnischen, ökologischen und anderen Krisen der späten sechziger und frühen siebziger Jahre haben aber deutlich gemacht, wie sehr das zeitgenössische Amerika unter seiner Vergangenheit leidet. Denn über die Krisen des zeitgenössischen wird in Kategorien des historischen Amerika gedacht, als ob dieses von den Krisen zu trennen sei. Das Problem der Zweigleisigkeit des historischen Amerika, sich nämlich einerseits eine politische Verfassungsordnung zu geben, deren Kontrollsystem auf alle Störungen jener Ordnung äußerst empfindlich reagiert, sind aber anderseits einem anarchischen Besitzindividualismus zu überlassen und bei Störungen auf das Eingreifen der »unsichtbaren Hand Gottes« (A. Smith) oder auf erfolgreiche pragmatische Rezepte zu setzen – dies Problem wurde gleichsam tabuiert. Gerade an dieser Nahtstelle werden jedoch spezifisch amerikanische Hypotheken erkennbar. So läßt sich z. B. das erstaunliche Defizit Amerikas an öffentlichen Sozial- und Dienstleistungen, das sich auf den Gebieten der Krankenversicherung, der Krankenversorgung, der Massenverkehrsmittel, des sozialen Wohnungsbaus, der Kunstförderung, der Unterstützung randständiger Minoritäten usw. zeigt, als Folge eines eingeschränkten Politikbegriffs verstehen. Politik wurde mit der Verfassungsordnung gleichgesetzt; was von diesem Verständnis nicht gedeckt wurde, gehörte *per definitionem* in einen Bereich, in dem die Gesetze des *laissez faire* des Besitzindividualismus herrschten. Dem *laissez faire* der Besitzindividualisten blieb es nicht nur unbenommen, die sozialen Dienste zu verrichten, die von der Politik ausgeklammert wurden. Ja, es gehört zur Größe des historischen und teilweise auch noch des zeitgenössischen Amerika, daß diese Sozialdienste in z. T. erstaunlicher Weise von besitzindividualistischer Seite Unterstützung gefunden haben.

So sehr man aber auch die sozialen Initiativen und Leistungen des amerikanischen Besitzindividualismus herausstreichen muß – etwa in einer Geschichte der amerikanischen Universitäten, der Stiftungen, der Orchester, der Museen, der Krankenhäuser –, die Summe der positiven Ergebnisse reicht nicht aus, das politische Defizit auszugleichen. Der Besitzindividualismus hat zwar durch diese Initiativen und Leistungen viel von seiner früheren anarchischen Aggressivität verloren, er wird dadurch aber nicht politisch, sondern hilft, ein Amerika zu perpetuieren, das obsolet geworden ist. Seine erfolgreichen Sozialeingriffe verlieren an Bedeutung, wenn man sie im Zusammenhang all der anderen Initiativen, Kampagnen und Kreuzzüge sieht, in denen sich das erfolglose Amerika politisch zu artikulieren versucht. Dann nämlich zeigt sich die soziale Unverbindlichkeit eines Individualismus, der auf die Zufälle des *laissez faire* angewiesen ist, um sich Gehör zu verschaffen.

Das Thema der Armut in Amerika wurde z. B. vom Außenseiter Michael Harrington in dem Buch *The Other America* (1962) vorgeführt; erst durch eine lange Besprechung in der Zeitschrift *The New Yorker* (1963) erreichte es jedoch nationale Aufmerksamkeit; und erst auf die Empfehlung eines Beraters las es Präsident Kennedy, um es zur Grundlage seines *anti-poverty*-Programms zu machen, das von Johnson fortgesetzt und zu dem Harrington als Berater hinzugezogen wurde[32]. Die Selbstevidenz gesellschaftlich bedingter Armut, die seit mehr als 2000 Jahren zum Themenkatalog westlicher politischer Philosophie gehört, ist auf eine Kette von Zufällen angewiesen, um als konkretes Sozialproblem ins öffentliche Bewußtsein gehoben zu werden. Die Kampagnen des *comsumer*-Anwalts Ralph Nader, der nationalen Bürgerinitiative *Common Cause,* der *ecology*-Bewegung, der journalistischen *muckrakers* spiegeln das Muster des Harrington-Falls wider. Einerseits scheinen alle diese Initiativen auf ein intaktes soziales Prioritätenbewußtsein in der amerikanischen Gesellschaft hinzudeuten, da sie auf Resonanz stoßen. Die Resonanz aber, so vielversprechend sie auch im nachhinein sein mag, setzt erst ein, wenn sich die privaten Initiativen ihren Öffentlichkeitscharakter selbst erobert haben. Die privaten Initiativen versorgen nicht nur die nationale Agenda mit einem Themenkatalog; sie sind es auch, die die Prioritäten bestimmen. Die *public philosophy,* die sich auf die symbolischen Leerformeln des historischen Amerikanismus und die Rechtfertigung des Verfassungsarrangements reduziert hat, muß beständig vom Privaten her mit öffentlicher Substanz angereichert werden, um nicht an ihrer eigenen Hilflosigkeit zugrunde zu gehen.

Henry Kariel, der in einer Serie von Analysen den Konflikt zwischen dem symbolischen und dem zeitgenössischen Amerika behandelt hat[33] und an der Überlebtheit des Amerikanismus keinen Zweifel hegt, hat die eigentümlich amerikanische Beziehung des Privaten zum Öffentlichen phänomenologisch eingefangen. Die Unmöglichkeit, den liberalen Mythos Amerikas zu erneuern, wird greifbar, wenn er schreibt: »Das Versprechen, das dieser Formel innewohnt, ist reichlich erfüllt worden, indem es vor allem die Kräfte des privaten Bereichs freigesetzt hat, um dadurch zumindest den ökonomischen Teil des Lebens dynamisch, unternehmend und ausgreifend zu machen – was immer auch die sozialen Kosten für die übrigen Teile gewesen sein mögen. Indem man sich der Weltanschauung des Individualismus verschrieb und vom Glauben angefeuert wurde, daß der private Bereich im besten Fall unverwaltetes jungfräuliches Territorium sei, auf dem Menschen frei miteinander wetteifern, haben Amerikaner gelernt, dem *self-mademan* zu applaudieren. Amerikaner haben sich an die Erwartung gewöhnt, daß alles irgendwie am Ende gut für jeden ausgehen werde, wenn man aus sich nur das Beste macht... Es ist an der Ordnung zu tun, was getan werden *kann.* Obgleich eine Menge Amerikaner niemals die Chance gehabt haben, aus dieser Einsicht irgendwelchen Nutzen zu ziehen, so hat sie sicherlich eine Reihe anderer abenteuerlich und unternehmerisch gemacht. Sie munterte Jäger, Trapper, Bergleute, Holzfäller, Bauarbeiter auf und belebte und bereicherte jene, die sie angestellt hatten. Da die Überlebenden im Kampf um Reichtümer keine Schwierigkeiten hatten, sich selbst als zugleich natürlich und moralisch tauglich fürs Überleben zu halten, konnte die fortschreitende Verbesserung des menschlichen Loses als feststehende Tatsache angenommen werden. Der Optimismus konnte Unterstützung in der Landschaft selbst finden, in der stetigen physischen Veränderung der Erde: ein erobertes und befriedetes Land... Wenn man entsprechend betriebsam ist, indem man seine natürlichen Gaben wirklich einsetzt, wird man es bestimmt schaffen. Es mag zwar die Unterstützung des US-Marine-Corps oder von gutbeglaubigten Experten erfordern ... aber die *Great Society* kann früher oder später errichtet werden, hier und in Übersee. Diesen Erwartungen wird durch das stetige Wachstum der Technologie, Amerikas wahrhaftiger Genius unbegrenzter Produktivität – von der Managerklasse überall in der Welt beneidet –, zusätzlicher Nachdruck verliehen. Der Mythos [des Liberalismus, M. H.] rechtfertigt ein privat-eigentümerisches System der Erfindung, Forschung, Produktion, Verteilung und Dienste, das die psychologischen Unannehmlichkeiten der Ungleichheit erfolgreich kontrolliert, indem es wenn nicht die wirkliche Befriedigung menschlicher Bedürfnisse so doch die gleichen Gelegenheiten, sie zu erreichen, verspricht.« Um dieses System in Schwung zu halten, bedarf es zwar hochkomplizierter Organisationsstrukturen, die von »Spezialisten der Koordination und des Krisenmanagement« auf dem Wege hierarchischer Entscheidungsvermittlung, unter Hinzuziehung von Regierungsstellen, besorgt werden. Die Wirklichkeit des Entscheidungsprozesses, die aber nicht nur den liberalen Mythos, sondern gleicherweise die Ideologie des Pluralismus – diese korporative Variante des liberalen Besitzindividualismus – genügend diskreditiert haben sollte, läßt aber noch immer einen tiefverwurzelten Glaubenssatz unberührt, den Kariel einprägsam notiert hat: »Das Gemeinwohl ist das spontane Nebenprodukt der ständigen Wirksamkeit des Systems[34].«

Kariel treibt die Entmythologisierung des Amerikanismus, den er mit dem Liberalismus-Begriff von Louis Hartz gleichsetzt, bis zu einem Punkt, wo Amerika zugleich als zivilisatorische Leistung und absurder Leerlauf erscheint. In seiner Perspektive überschneiden sich beständig die Blickwinkel Tocquevilles und Nietzsches, ohne das Bild dadurch unscharf werden zu lassen. Im Gegenteil, die Doppelung des Blickwinkels läßt die Gründe der Krise deutlicher hervortreten, zeigt die Unversöhnlichkeit der öffentlichen Ansprüche und Erwartungen mit dem Substrat des individualistisch-pluralistischen Bewußtseins- und Verhaltensfeldes. Die Gesellschaft ist ihrer verbindlichen Legitimation verlustig gegangen; sie hat sich gleichsam dem Perpetuum mobile des Systems überantwortet. Auch wenn sich seine Sprache von der Graf Krockows unterscheidet, so ließe sich sein Fazit mit dessen Thesen über die Zukunft der amerikanischen Demokratie vereinbaren: Man werde »die angesichts der Macht, um nicht zu sagen: der Heiligung amerikanischer Gründertraditionen beinahe unlösbare Aufgabe stellen [müssen], dem Liberalismus ohne Gegner zu begegnen, im Hegelschen Dreisinne ihn aufzuheben: seine Errungenschaften bewahren, ihn in der Veränderung auf eine neue historische Stufe hinaufheben, ihn im Sinne seiner Unvereinbarkeiten mit den Erfordernissen der Demokratie in der Industriegesellschaft abschaffen. Ohne eine solche ›Aufhebung‹, in der keines ihrer drei Elemente fehlen darf, wird sich der amerikanische Traum wohl immer mehr in (einen) Alptraum verwandeln ... [35]« Der »Durchbruch zur Realität jenseits von *status quo* und Tradition«, den Gebhardt als existentielle Grundbedingung des Überlebens der amerikanischen Gesellschaft gefordert hatte, wird auch von Kariel und Krockow anvisiert.

Santayanas Reflexionen, die den Zusammenhang von liberal-pragmatischem Erfolg und existentieller Leere als spezifisch amerikanisches Syndrom umkreisten, haben den Kern des zeitgenössischen Krisenbewußtseins berührt, wenn es heißt: »Der Amerikaner ist bisher noch nie den Prüfungen Hiobs ausgesetzt gewesen. Er hat es verstanden, große Krisen, wie den Bürgerkrieg, siegreich zu überstehen; und nachdem er gerade eine zweite große Krise [den Ersten Weltkrieg, M.H.] siegreich überstanden hat, ist es möglich, daß er wie im anderen Fall in eine offenkundig vollständige Versunkenheit in den materiellen Unternehmungsgeist und Wohlstand zurückfallen wird. Was aber, wenn ihn unabänderliche Heimsuchungen überkommen sollten, was wäre dann seine Haltung? Dann sollte es uns möglich sein herauszufinden, ob Materialismus oder Idealismus den Grund seines Charakters ausmachen [36].« Die Krise, von der Santayana gesprochen hat, hat Amerika bisher nicht in den Formen europäischer, asiatischer oder afrikanischer Katastrophen und Tragödien überfallen. Weder die Depression der dreißiger Jahre noch der Zweite Weltkrieg, weder die Nachkriegszeit oder der Korea-Krieg noch die inneren Unruhen oder der Vietnam-Krieg haben den Amerikaner mit der Gefahr totalen persönlichen oder sozialen Existenzverlustes bedroht. Die blutigen Erfahrungen, die im Bewußtsein der Völker der Welt ihre unverkennbaren Spuren hinterlassen haben, erreichten die amerikanische Mehrheit immer nur vermittelt. Verwickelt in Kriege in Europa und Asien, die ihren amerikanischen Blutzoll gefordert haben, erlebte Amerika selbst diese Kriege wie auf einer Bühne mit. Auch wenn die tägliche Berichterstattung des Fernsehens über den Vietnam-Krieg die Erfahrungsdistanz zwischen dem kriegerischen Schauplatz und der amerikanischen Mehrheit verringerte und dadurch z.B. nicht unwesentlich zum Momentum der Protestbewegungen beigetragen hat, so blieb doch auch dieser Krieg erfahrungsmäßig ein Expeditionskrieg – ein Krieg in einem Land, dessen Menschen und Probleme nichts mit der amerikanischen Wirklichkeit zu tun hatten.

Dieser amerikanische Mangel an existenzgefährdenden Erfahrungen, die doch – zusätzlich zu den Bedingungen natürlichen Elends, historischer Ausbeutung und Versklavung – zum globalen Lebenshorizont des 20. Jahrhunderts gehören, hat die Karriere des Fortschritts in Amerika für die Majoritäten so optimistisch eingefärbt. Die Abdrängung nicht-europäischer Minoritäten in Gettos, Slums, Reservationen oder zumindest segregierte Wohngebiete hat die mentale Abdichtung gegen die Erfahrungen des Elends und unverschuldeten Scheiterns erleichtert. Sie machte die Verdrängung Hiobs möglich – um Santayanas klassische Figurenwahl für ein tragisches Existenzbewußtsein zu übernehmen.

Die Verdrängung Hiobs charakterisiert das öffentliche Selbstverständnis des mehrheitlichen Amerikas. Aber nicht nur die Minderheiten besitzen ihre human und sozial gebrocheneren Gegenbilder zum Amerika der Mehrheiten. Die Selbstreflexionen des amerikanischen Geistes, die gleichsam unterhalb der Schwelle der Öffentlichkeit geblieben oder als ›große Literatur‹ mit dem Stempel sozialer Unverbindlichkeit versehen worden sind, sprechen die existentielle Sprache Hiobs. Ob man nun die Meditationen und Predigten Jonathan Edwards oder die Tagebücher John Adams' [37], die Werke der amerikanischen ›Renaissance‹, der Melville, Poe oder Hawthorne [38], oder Henry Adams' Autobiographie und Scott Fitzgeralds Romane liest –

diese amerikanische Literatur artikuliert gerade die Erfahrungen persönlicher und sozialer Vergeblichkeit und Tragik, die aus dem öffentlichen Amerikanismus verdrängt worden sind. Hier findet man, vom 18. Jahrhundert angefangen, einen permanenten Prozeß der Selbstreflexion, die Erfolg und Scheitern als Modalitäten der Existenz zusammensieht. Aber erst die Krisenerfahrungen des 20. Jahrhunderts, die den öffentlichen Amerikanismus auf dem Wege langsamer Erosion untergraben haben, geben diesem abgedrängten Amerika des Geistes eine soziale Verbindlichkeit. Der Reflexionsprozeß der Literatur, der die Erfolgsgeschichte Amerikas begleitet hat, verliert im Moment der Krise des erfolgreichen Amerika seine soziale Wirkungslosigkeit. Im Rückblick stellt sich plötzlich heraus, daß die zeitgenössische Selbstkritik Zeugen der Vergangenheit anrufen kann, um den mehrheitlichen Vorwurf des Anti-Amerikanismus abzuwehren. Die Literatur der Gegenwart, die in einer Kette von Romanen eine symbolische Erfahrungssumme des zeitgenössischen Amerika präsentiert, kann an die ›große Literatur‹ der Vergangenheit anknüpfen, in der nicht nur die existentiellen Verdrängungen repräsentativen Ausdruck gefunden haben, sondern deren Verdrängung aus dem öffentlichen Bewußtsein zum Problem selbst gehört. Die Verbindung zwischen der Literatur der Gegenwart – und ich denke dabei an Namen wie Norman Mailer, Kurt Vonnegut, Ken Kesey, Thomas Berger, John Barth, Saul Bellow, Philip Roth, John Updike, Bernard Malamud und Donald Barthelme – und jener der Vergangenheit herzustellen, wäre die Aufgabe einer Archäologie amerikanischer Bewußtseinsformen, die nicht einfach an der Schaffung neuer oder der Erneuerung alter Traditionen interessiert ist. Die Archäologie des Bewußtseins müßte sich in einer Therapie des gesellschaftlichen Selbstverständnisses fortsetzen, die es Amerika möglich macht, seine Geschichte nicht nur im Lichte von Erfolgen zu sehen, sondern gleichzeitig das Wissen um die tragischen Kosten, mit denen diese Erfolge bezahlt worden sind, ins öffentliche Bewußtsein aufzunehmen. Diese Archäologie, die als Entmythologisierung und als Aufhebung von Verdrängungen eine Umwertung amerikanischer Werte bedeutete, müßte einer genuinen Philosophie über menschliche Dinge vorausgehen.

Zweifelsohne lassen sich in der Bewegung des amerikanischen Protestes Ansätze zu einer solchen Umwertung erkennen, wenn man das ganze Spektrum vom west-östlichen Spiritualismus über die ›Gegenkultur‹ bis hin zu den politischen Radikalen gesamtgesellschaftlicher oder ethnischer Observanz überblickt. Bleibt man bei den westlichen oder orientalischen Spiritualen und den Visionären der ›Gegenkultur‹ stehen, als deren Repräsentanten sich Theodore Roszak (*The Making of a Counter Culture,* 1969 und *Where the Wasteland Ends,* 1972) und Charles Reich (*The Greening of America,* 1970) anbieten, so drängen sich Vergleiche mit dem Scheitern der sektiererischen, utopischen, kommunistischen oder anarchistischen Bewegungen der Vergangenheit auf. Sicher, was die zeitgenössische von früheren Szenerien unterscheidet, ist die rasante Ausbreitung von Impulsen durch die modernen Kommunikationsmedien. Dieser propagandistische Vorteil gibt dem systemischen Scheitern der zeitgenössischen Bewegungen aber nur eine spezifisch moderne Wende: die Impulse breiten sich nicht nur schneller und umfassender aus, sie werden auch schneller dem Angebot modischer *divertissements* eingegliedert und somit als Reizware domestiziert. Der genuine Impuls mag sich trotz allem erhalten, verliert sich aber im Eskapismus der ›wahren‹ Spiritualen oder der ›Gegenkultur‹, die als randständige Gruppen irgendwo in Amerika ihre apolitischen Sonderleben führen. Sowohl von den modisch domestizierten wie den genuinen Impulsen sind Einbrüche in den Amerikanismus ausgegangen. Es bedarf aber der Begeisterung der Überzeugten oder der Phantasie Jean-François Revels, hierin den Anbeginn eines neuen Amerika oder gar einer Weltrevolution sehen zu können. Sie entsprechen durchaus dem Verhaltensmuster des privatistisch-liberalen *laissez faire,* das auf die Kampagnen all der ›anderen Amerikas‹ zutrifft, die seit jeher ihre

Gegenprogramme zum reproduzierten Amerika der Mehrheiten entwickelt und zielvoll geplant haben.

Bedeutet dies, sich in das Schweigen der europäischen Philosophen und die Melancholie der europäischen Revolutionäre zu ergeben, mit Amerika die Geschichte enden zu lassen und noch einmal den Nihilismus zu verkünden, der sich dann wieder als Faschismus entpuppt? Keineswegs; es ist nicht einzusehen, warum die Wiederholungszwänge der europäischen Geschichte auf Amerika übergehen sollten, nachdem jene ihr Ende erreicht hat. Die Entmythologisierung Amerikas ist nicht das Ende Amerikas, sondern das einer Bewußtseinswelt. Es soll einer Studie über den Fall Amerika im amerikanischen Bewußtsein vorbehalten bleiben, die Zukunft einer Philosophie über menschliche Dinge zu umreißen, deren Konturen sich vor dem Hintergrund einer sich auflösenden Bewußtseins- und Verhaltenswelt abzuzeichnen beginnen. Amerika hat es nämlich noch immer besser, da es nur ein Vakuum aufzufüllen, nicht aber zusätzlich ein historisches Chaos zu überwinden hat.

Anmerkungen

I. TEIL: Die Verdrängung Amerikas:

1 Die Beiträge des Herausgebers vom *TV-Guide,* Merrill Panitt, erschienen am 15., 22., 29. Jan., 5. und 12. Febr. 1972. Ein Artikel über das britische Fernsehen von Robert Musel war bereits am 2. Okt. 1971 erschienen und nahm Panitts Kritik vorweg.

2 Zur These, daß Revels Buch gegen den französischen Anti-Amerikanismus gerichtet ist, s. Mary McCarthys Nachwort zur amerikanischen Ausgabe von *Without Marx or Jesus,* Garden City, N.Y., S. 243–257.

3 J. Ney, *Die europäische Kapitulation. Thesen und Prognosen zur Amerikanisierung Europas,* Luzern/Frankfurt 1971.

4 Th. B. Morgan, *Unter den Anti-Amerikanern,* Düsseldorf/Wien 1968.

5 D. Schönbaum in der *Zeit* vom 26. Okt. 1971, intern. Ausg.

6 R. Lettau, *Täglicher Faschismus. Amerikanische Evidenz aus 6 Monaten,* München 1971, S. 13.

7 Th. Becker/V. G. Murray (Hrsg.), *Government Lawlessness in America,* New York 1971.

8 *Kursbuch,* Hrsg. H. M. Enzensberger, Nr. 22, Dez. 1970, Dossier 1, S. 1–44.

9 Die Vorträge sind erschienen in *Social Research,* Vol. 39, Nr. 2 (1972).

10 S. die Vorträge von Theodore Draper, Geoffrey Barraclough und Hans Morgenthau.

11 U. Johnson, *Jahrestage. Aus dem Leben der Gesine Cresspahl,* Bd. I, Frankfurt 1970, S. 74 f.

12 R. Hochhuth, *Guerillas. Tragödie in 5 Akten,* Hamburg 1970, S. 11.

13 Ebd., S. 7.

14 Ebd., S. 10.

15 Ebd., S. 16.

16 Ebd., S. 19.

17 Ebd., S. 22.

18 So R. Hochhuth in seinem Aufsatz *Angst vor der ›Schutz‹-Macht USA. Ein*

Rundblick nach der Ermordung Luther Kings und Robert Kennedys, in *Krieg und Klassenkrieg. Studien,* Hamburg 1971, S. 146.

19 Ebd., S. 175.

20 Ebd., S. 166.

20a R. Hochhuth, *Guerillas,* S. 22.

21 Das Vorwort zu den *Guerillas* erschien im *Spiegel* Nr. 20, 1971.

22 R. Hochhuth, *Krieg und Klassenkrieg,* S. 164.

23 L. L. Matthias, *Die Kehrseite der USA,* Hamburg 1964, S. 11.

24 Ebd., S. 33.

25 Ebd., S. 29.

26 Ebd., S. 35 f.

27 Ebd., S. 172.

28 Ebd., S. 224.

29 Ebd., S. 73.

30 Ebd., S. 81–167.

31 Ebd., S. 57.

32 Ivan Nagel, *Wie Hochhuth ein weiteres Welträtsel löst,* in der *Süddeutschen Zeitung* vom 20. Mai 1970.

33 Fr. Dürrenmatt, *Sätze aus Amerika,* Zürich 1970, S. 56.

34 M. Frisch, *Tagebuch 1966–1971,* Frankfurt 1972, S. 314.

35 S. dazu Kap. II. 2 des Buches.

36 H. Krüger, *Westside/Eastside. Versuch über die amerikanische Szene,* im *Merkur* Nr. 288 (1972), S. 348.

37 Ebd., S. 346.

38 Ebd., S. 349.

39 Ebd., S. 352.

40 Ebd., S. 354.

41 Ebd., S. 350.

42 Ebd., S. 362.

43 S. dazu den Epilog des Buches.

44 C. Malaparte, *Die Haut,* Karlsruhe 1950, S. 9.

45 Pressemitteilung der *New Christy Minstrels* vom 31. Dez. 1970, die am 1. Jan. 1971 beim *Sunshine Music Festival* in Honolulu verteilt wurde.

46 A. Beichman, *The 5 Big Lies About the US,* in *Freedom at Issue,* Nr. 6, März/April 1971.

47 A. Beichman, *Six ›Big Lies‹ About America,* in *The New York Times Magazine* vom 6. Juni 1971.

48 W. Leisler Kiep, *Good Bye Amerika – was dann?,* Stuttgart 1972, S. 22.

49 N. Muehlen, *Amerika – im Gegenteil. Antiamerikanische und andere Ansichten,* Stuttgart 1972, S. 195.

50 Mitgeteilt von Hans Heigert in *Amerika wird alt,* in der *Süddeutschen Zeitung* vom 18./19. Dez. 1971.

51 *Süddeutsche Zeitung* vom 11. Mai 1970.
52 *Amerika – seiner Illusionen beraubt,* in der *Zeit* vom 7. Dez. 1971, intern. Ausg.
53 Th. von Randow in der *Zeit* vom 2. März 1971, intern. Ausg.
54 S. z. B. den Bericht in der *New York Times* vom 1. Sept. 1971 *San Francisco's Chinese Resist School Busing.*
55 S. den Bericht *Retreat from Integration* in *Time* vom 22. März 1972.
56 *Der Spiegel,* Nr. 29, 1970.
57 Ebd., Nr. 34, 1970.
58 Ebd., Nr. 45, 1970.
59 Ebd., Nr. 18, 1971.
60 Ebd., Nr. 46, 1971.
61 Ebd., Nr. 20, 1971.
62 Ebd., Nr. 45, 1970.
63 Ebd., Nr. 46, 1971.
64 Ebd., Nr. 6, 1971.
65 *Langzeitprogramm 3,* Jungsozialisten, Hrsg. H. Heidermann. Bonn/Bad Godesberg 1973, S. 30.
66 J.-P. Sartre, *Situations,* Bd. III, Paris 1949, S. 65.
67 A. Camus, *Le sang de la liberté* in *Actuelles I. Chroniques 1944–1948,* Paris 1950, S. 20f.
67a *La nuit de la vérité,* in ebd., S. 23f.
68 S. de Beauvoir, *L'Amérique au jour le jour,* Paris 1955.
69 J.-P. Sartre, *New York, ville coloniale* (1946), in: *Situations,* Bd. III, S. 113f.
70 *Villes d'Amérique* (1945) in ebd., S. 96.
71 Ebd., S. 99.
72 Ebd., S. 111.
73 *Présentation* (1946), in ebd., S. 125.
74 *New York, ville coloniale,* in ebd., S. 123.
75 *Présentation,* in ebd., S. 126f.
76 Ebd., S. 130.
77 *Individualisme et conformisme* (1945), in ebd., S. 82.
78 Dt. Ausgabe 1949.
79 S. dazu meinen Aufsatz *Harold Laski und George Orwell* in: M. Weber (Hrsg.), *Der gebändigte Kapitalismus,* München 1974.
80 A. Camus, *Carnets,* Bd. 2, Paris 1964, S. 185ff.
80a A. Camus, *Actuelles II. Chroniques 1948–1953,* Paris 1953, S. 63.
81 A. Camus, *Carnets,* S. 211f.
82 S. dazu das Kapitel *Der Bruch mit Camus und Merleau-Ponty* in: Fr. von Krosigk, *Philosophie und politische Aktion bei Jean-Paul Sartre,* München 1969, S. 117–133.

83 Siehe G. Schwan, *Leszek Kolakowski. Eine marxistische Philosophie der Freiheit,* Stuttgart 1971, S. 19–41.
84 L. Kolakowski, *Obsolete Therefore Instructive* in *The New York Review of Books* vom 3. Sept. 1970, S. 23 f.
85 Siehe R. Garaudy, *Une littérature de fossoyeurs. Un faux prophète. Jean-Paul Sartre,* Paris 1948.
86 Siehe R. Arons Beschreibung des Milieus in seinem Buch *Die heiligen Familien des Marxismus,* Hamburg 1970. S. 7–104.
87 M. Merleau-Ponty, *Humanismus und Terror,* Frankfurt 1968, 2 Bde., Bd. 1, S. 7.
88 Ebd., S. 8.
89 Siehe J. Gabel, *Der Syllogismus der falschen Identität,* in: *Formen der Entfremdung. Aufsätze zum falschen Bewußtsein,* Frankfurt 1964, S. 60 f.
90 M. Merleau-Ponty, *Humanismus und Terror,* Bd. 1, S. 11.
91 Ebd., S. 12.
92 Ebd., S. 67.
93 Ebd., S. 70 f.
94 Ebd., Bd. 2, S. 49.
95 Ebd., Bd. 1, S. 15.
96 S. die Bekenntnisse in *Ein Gott der keiner war,* Zürich 1950.
97 M. Merleau-Ponty, *Humanismus und Terror,* Bd. 2, S. 25 f.
98 Siehe I. Berlin, *The Question of Machiavelli,* in *The New York Review of Books* vom 4. Nov. 1971, S. 20–32.
99 M. Merleau-Ponty, *Humanismus und Terror,* Bd. 1, S. 28 f.
100 R. Aron, *Die heiligen Familien des Marxismus,* S. 10.
101 M. Merleau-Ponty, *Humanismus und Terror,* Bd. 1, S. 83.
102 Ebd., Bd. 2, S. 60 f.
103 Ebd., S. 63.
104 Ebd., S. 79.
105 Ebd., S. 95 f.
106 M. Merleau-Ponty, *Les Aventures de la dialectique,* Paris 1955, S. 308.
107 M. Merleau-Ponty, *Humanismus und Terror,* Bd. 1, S. 36 f.
108 Ebd., Bd. 2, S. 30.
109 Ebd., S. 78.
110 Ebd., S. 85.
111 Ebd., S. 90 f.
112 J.-P. Sartre, *Situations,* Bd. VII, Paris 1965, S. 240.
113 M. Frisch, *Biedermann und die Brandstifter,* Frankfurt 1958, S. 92.
114 R. Aron, *Die heiligen Familien des Marxismus,* S. 12.
115 Ebd., S. 87.
116 S. Anm. 84.

117 V. Dedijer, *A Letter to Jean-Paul Sartre* in *The New York Times* vom 4. Febr. 1971.

118 Diese republikanischen Erwartungen hatten z. T. zumindest auch mit dem Selbstverständnis der amerikanischen Revolutionäre zu tun. Siehe F. Venturi, *Utopia and Reform in the Enlightenment*, Cambridge 1971, S. 94.

119 J. Locke, *Two Treatises of Government*, II, 49.

120 S. dazu Kap. II, 2 des Buches.

121 R. R. Palmer, *The Age of the Democratic Revolution*, Princeton 1969, Bd. I, S. 240; s. zum Eindruck der amerikanischen Entwicklung auf Europa J. Godechot, *Les Revolutions*, 1771–1799, Paris 1963, S. 103 ff. und speziell für den französischen Bereich D. Echeverria, *Mirage in the West. A History of the French Image of American Society to 1815*, Princeton 1956.

122 Fr. Gentz, *Der Ursprung und die Grundsätze der Amerikanischen Revolution, verglichen mit dem Ursprunge und den Grundsätzen der Französischen*, Berlin 1800.

123 Siehe E. Fraenkels Einleitung zu seinem Buch *Amerika im Spiegel des Deutschen Politischen Denkens*, Köln/Opladen 1959.

124 S. Th. Stammen, *Goethe*, in: J. Gebhardt (Hrsg.), *Die Revolution des Geistes*, München 1968, S. 36 ff.

125 Zitiert nach E. Fraenkel, *Amerika*, S. 24.

126 Ebd., S. 18.

127 Ebd., S. 25.

128 Brief an E. Reinbeck vom 5. März 1833, in: N. Lenau, *Briefwechsel. Unveröffentlichtes und Unbekanntes*, Hrsg. J. Buchowiecki, Wien 1969, S. 30.

129 H. Heine, *Sämtliche Werke in Zwölf Bänden*, Nürnberg o. J., Bd. 7, S. 129.

130 113. Brief vom 15. März, in: L. Börne, *Gesammelte Schriften*, Hamburg/Frankfurt 1862, Bd. 12, S. 208 ff. [Rechtschreibung angeglichen, M. H.].

131 96. Brief vom 15. Januar 1833, ebd., Bd. 11, S. 258 [do.].

132 S. Anm. 129.

133 Brief an A. Schurz vom 8. März 1833, in: *N. Lenau, Briefwechsel*, S. 31.

134 S. dazu Kapitel II. 3 des Buches.

135 J. Radkau, *Die deutsche Emigration in den USA. Ihr Einfluß auf die amerikanische Europapolitik 1933–1945*, Düsseldorf 1971, S. 287.

136 I. Kant, *Der Streit der Fakultäten (Juristische Fakultät)*, in: *Werke in Zehn Bänden*, Darmstadt 1968, Bd. 9, S. 358.

137 Fr. Schiller, *Über die Ästhetische Erziehung des Menschen in einer Reihe von Briefen*, 2. Brief, in: *Werke in Drei Bänden*, München 1966, Bd. II, S. 447.

138 G. W. F. Hegel, *Vorlesungen über die Philosophie der Geschichte*, in: *Werke in Zwanzig Bänden*, Frankfurt 1970, Bd. 12, S. 529.

139 Siehe R. W. B. Lewis, *The American Adam*, Chicago [8]1968 und Quentin Anderson, *The Imperial Self*, New York 1971.
140 S. dazu Kap. II. 2 des Buches.
141 J. Ritter, *Hegel und die französische Revolution*, Frankfurt 1965, S. 19f.
142 Ebd., S. 18.
143 G. W. F. Hegel, *Phänomenologie des Geistes*, C (BB), VI, B III, in: *Werke in Zwanzig Bänden*, Frankfurt 1970, Bd. 3, S. 439.
144 G. W. F. Hegel, *Grundlinien der Philosophie des Rechts* (# 5), in: *Werke in Zwanzig Bänden*, Frankfurt 1970, Bd. 7, S. 50.
145 Siehe Hegels Brief an Niethammer vom 13. Okt. 1806, *Briefe von und an Hegel*, Bd. I *1785–1812*, Hrsg. J. Hoffmeister, Hamburg 1952, S. 120; zur Beziehung Napoleon/Hegel s. A. Kojève, *Introduction à la lecture de Hegel*, Paris 1947 und E. Voegelin, *On Hegel – A Study in Sorcery, Studium Generale* 24 (1971), 335–368.
146 Lessing/Herder/Schlegel, *Ernst und Falk*, Hrsg. I. Contiades, Frankfurt 1968, S. 79.
147 G. W. F. Hegel, *Phänomenologie*, ebd., S. 441.
148 G. W. F. Hegel, *Vorlesungen über die Philosophie der Geschichte*, ebd., S. 107.
149 Ebd., S. 115.
150 Ebd., S. 108f.
151 G. W. F. Hegel, *Die Vernunft in der Geschichte*, Hrsg. J. Hoffmeister, Hamburg [5]1955, S. 200f.
152 Ebd., S. 80.
153 Ebd., S. 75.
154 Ebd., S. 76.
155 Ebd., S. 105.
156 Ebd., S. 202.
157 Ebd., S. 203.
158 Ebd., S. 204.
159 S. L. Hartz, *The Founding of New Societies*, New York 1964, S. 3–122.
160 G. W. F. Hegel, *Die Vernunft in der Geschichte*, ebd., S. 204ff.
161 Ebd., S. 206ff.
162 Ebd., S. 209f.
163 Karl Marx and Frederick Engels, *The Civil War in the United States*, New York [3]1961.
164 L. S. Feuer, *Marx and the Intellectuals. A Set of Post-Ideological Essays*, Garden City, N. Y. 1969, S. 183f.
165 Siehe Charles Nordhoff, *The Communistic Societies of the United States* (1874), New York 1965; vor allem aber auch die Dokumentation von A. Fried, *Socialism in America. From the Shakers to the Third International*, Garden City, N. Y. 1970.

166 L.S.Feuer, *Marx and the Intellectuals,* S.214.
167 Zu beidem s. S. Avineri, *The Social and Political Thought of Karl Marx,* Cambridge 1968, S.41–64.
168 L.S.Feuer, *Marx and the Intellectuals,* S.180.
169 Ebd., S.198; die genauen Angaben bei W.Hugins, s. Anm. 170.
170 Siehe W.Hugins, *Jacksonian Democracy and the Working Class. A Study of the New York Working Men's Movements. 1829–1837,* Stanford, Cal. 1960.
171 Zur Beziehung von Marx und Charles Dana s. die *Einleitung* von Charles Blitzer zu *The American Journalism of Marx and Engels,* Hrsg. H.M.Christman, New York 1966.
172 S.z.B. die Auswahl Karl Marx and Frederick Engels, *Letters to Americans. 1848–1895,* New York 1953.
173 L.S.Feuer, *Marx and the Intellectuals,* S.214.
174 A.Künzli, *Karl Marx. Eine Psychographie,* Wien 1966, S.173ff.
175 Zur Geschichte der deutschen Sozialisten in den USA s. das Kap. »The German« in A.Fried, *Socialism in America.*
176 *MEW,* Bd.36, Berlin 1967, S.478.
177 Brief an Hermann Schlüter vom 26.Nov. 1886, ebd., S.575f.
178 Brief an Sorge vom 29.Nov. 1886, ebd., S.578.
179 Brief an Florence Kelly-Wischnewetzky vom 9.Febr. 1887, ebd., S.605.
180 Brief an Sorge vom 8.Aug. 1887, ebd., S.689.
181 Brief an Schlüter vom 11.Jan. 1890, *MEW,* Bd.37, Berlin 1967, S.342.
182 Brief vom 7.Aug. 1862, *MEW,* Bd.30, Berlin 1964, S.270.
183 Brief vom 10.Sept. 1862, ebd., S.287.
184 Brief vom 17.Nov. 1862, ebd., S.300.
185 Brief vom 30.Juli 1862, ebd., S.254.
186 Brief vom 10.Sept. 1862, ebd., S.286.
187 Brief vom 29.Okt. 1862, ebd., S.292.
188 K.Marx, *Zu den Ereignissen in Nordamerika,* in: *MEW,* Bd.15, Berlin 1969, S.552f.
189 *Zur Kritik der Dinge in Amerika,* ebd., S.526.
190 S. die Kap. VII–XI in Henry Adams, *The Education of Henry Adams,* Boston 1918.
191 *MEW,* Bd.15, S.305.
192 Ebd., S.335 u. S.338.
193 Ebd., S.340.
194 *MEW,* Bd.30, S.257ff.
195 Ebd., S.332.
196 Ebd., S.337 u. S.360f.
197 In seiner Autobiographie findet sich zumindest kein Hinweis.
198 *MEW,* Bd.16, Berlin 1968, S.18.

199 *MEW,* Bd. 8, Berlin 1969, S. 117.
200 Ebd., S. 122 f.
201 K. Marx, *Das Kapital,* Bd. I, Stuttgart 1962, S. XX.
202 Brief an Sorge vom 16. Sept. 1886, *MEW,* Bd. 36, Berlin 1967, S. 533.
203 Zur Polemik selbst und zum Problem s. E. R. Browder, *Marx and America. A Study of the Doctrine of Impoverishment,* New York 1958.
204 Ebd., S. 35 ff.
205 K. Marx, *Das Kapital,* Bd. I, S. 169 f. (Kap. 4, 3).
206 *MEW,* Bd. 16, Berlin 1968, S. 109 f.
207 Ebd., S. 147 ff.
208 S. Anm. 203.
209 S. dazu die Einleitung von S. Avineri zu seiner Edition *Karl Marx on Colonization and Modernization,* Garden City, N. Y. 1968.
210 *MEW,* Bd. 16, S. 131.
211 So in #244 der *Grundlinien der Philosophie des Rechts.*
212 S. dazu M. Riedel, *Bürgerliche Gesellschaft und Staat bei Hegel,* Neuwied/Berlin 1970.
213 K. Marx, *Die Frühschriften,* Hrsg. S. Landshut, Stuttgart 1953, S. 207.
214 S. dazu M. Riedel, *Hegel und Marx. Die Neubestimmung des Verhältnisses von Theorie und Praxis* in G.-K. Kaltenbrunner (Hrsg.), *Hegel und die Folgen,* Freiburg 1970, S. 273–294.
215 K. Marx, *Die Frühschriften,* S. 223 f.

II. TEIL: Die Entdeckung Amerikas:

1 J. H. St. John de Crèvecoeur, *Letters from an American Farmer,* New York 1957, S. 37 f.
2 *The Statistical Abstract of the US 1971,* Tabelle 1, in: *The American Almanac. The US Book of Statistics and Information for 1972,* New York 1972, S. 5.
3 S. die Erläuterungen in *Historical Statistics of the US – Colonial Times to 1957. A Statistical Abstract Supplement,* Washington 1960, p. A 45–122.
4 *The Statistical Abstract of the US 1971,* Tabelle 22, S. 24.
5 Ebd., Tabelle 135, S. 92.
6 Siehe M. L. Hansen, *The Atlantic Migration 1607–1860,* New York 1961, S. 3–78.
7 Ebd., S. 254 f.
8 S. z. B. C. Degler, *Out of our Past. The Forces that Shaped Modern America,* Rev. Ed., New York 1970, S. 282.
9 *The Statistical Abstract of the US 1971,* Tabelle 135, S. 92.

10 Die statistischen Angaben für das 19. Jh. müssen mit einigen Vorbehalten gelesen werden. Von 1820–1867 bezogen sich die Zahlen auf alle ausländischen Reisenden, von 1868–1903 auf Immigranten der 3. Klasse (die Reisenden der 1. und 2. Klasse wurden weggelassen); bis 1907 unterschied man außerdem nicht zwischen erstmaligen und rückkehrenden Immigranten. Genaue Immigrationsziffern liegen eigentlich erst seit 1910 vor; s. J. Ferenczi, *International Migrations*, Vol. I, *Statistics*, New York 1929, S. 374 ff.

11 Siehe M. Kraus, *Immigration. The American Mosaic. From Pilgrims to Refugees*, New York 1966, S. 19.

12 R. R. Palmer, *The Age of the Democratic Revolution*, Vol. I, S. 188.

13 So vor allem M. L. Hansen, *The Atlantic Migration*, S. 79.

14 J. Ferenczi, *International Migrations*, Vol. I, S. 377–393, United States Tafeln I, II und III.

15 M. Kraus, *Immigration*, S. 45 ff.

16 M. L. Hansen, *The Atlantic Migration*, S. 9 ff.

17 Der Slogan »Land der unbegrenzten Möglichkeiten« wurde 1902 von Ludwig Max Goldberger geprägt; s. E. Fraenkel, *Amerika im Spiegel des deutschen politischen Denkens*, S. 12.

18 M. L. Hansen, *The Atlantic Migration*, S. 149.

19 E. G. Franz, *Das Amerikabild der deutschen Revolution von 1848/49*, Heidelberg 1958, S. 36 (= *Beihefte zum Jahrbuch für Amerikastudien*).

20 Ebd., S. 35.

21 H. Koht, *The American Spirit in Europe. A Survey of Transatlantic Influences*, Philadelphia 1949, S. 69 ff. und M. L. Hansen, *The Atlantic Migration*, S. 81 f.

22 Ebd., S. 121.

23 Siehe H. J. Habakkuk, *Population Growth and Economic Development since 1750*, Leicester 1971, S. 25–51.

24 M. L. Hansen, *The Atlantic Migration*, S. 93 f.

25 Th. Hübener, *The Germans in America*, Philadelphia 1962, S. 120.

26 O. Handlin, *The Uprooted. The Epic Story of the Great Migration that Made the American People*, Boston 1951, S. 186.

27 M. Kraus, *Immigration*, S. 61.

28 S. Lubell, *The Future of American Politics*, Garden City, N. Y. [2]1956; s. dazu auch die Angaben bei C. Degler, *Out of Our Past*, S. 286 ff. und S. 498.

29 J. Ferenczi, *International Migrations*, Vol. I, S. 375.

30 Ebd., S. 472, Tabelle XV.

31 S. zu den Schwierigkeiten der Interpretation und der Vergleiche O. Handlin, *Race and Nationality in American Life*, Garden City, N. Y. 1957, S. 87 f.

32 M. L. Hansen, *The Atlantic Migration*, S. 273 f.

33 J. Higham, *Strangers in the Land. Patterns of American Nativism 1860–1925*, New York 1965, S. 25.

34 J. Ferenczi, *International Migrations*, Vol. I, S. 381–386, Tafeln I und II.

35 J. Higham, *Strangers in the Land*, ebd., S. 129.

36 Siehe O. Handlin, *Race and Nationality*, Kap. V.

37 Siehe R. K. Murray, *Red Scare. A Study in National Hysteria 1919–1920*, New York 1955.

38 J. Higham, *Strangers in the Land*, ebd., S. 300; s. Highams historische Analyse in Kap. 11.

39 *The Statistical Abstract of the US 1971*, Washington 1972, S. 87.

40 J. Higham, *Strangers in the Land*, S. 316 ff.

41 *The Statistical Abstract of the US 1971*, S. 89, Tabelle 131.

42 Ebd., S. 88.

43 J. Higham, *Strangers in the Land*, S. 310 f.

44 *Annual Report of the Commissioner of Immigration*, US Department of Labor, Washington 1926, S. 33, Tabelle 3.

45 *The Statistical Abstract of the US 1971*, S. 92, Tabelle 135.

46 R. A. Dahl, *Pluralist Democracy in the United States. Conflict and Consent*, Chicago 1967, S. 186 f.

47 S. dazu I. M. Zeitlin, *Liberty, Equality, and Revolution in Alexis de Tocqueville*, Boston 1971, S. 4 ff.

48 Siehe E. G. Franz, *Das Amerikabild der deutschen Revolution von 1848/49*.

49 J. St. Mill, *Representative Government*, in: *Utilitarianism, Liberty, Representative Government*, Hrsg. A. D. Lindsay, London 1964, S. 214.

50 J. St. Mill, *On Liberty*, ebd., S. 68.

51 J. St. Mill, *Representative Government*, ebd., S. 277.

52 Fr. Nietzsche, *Jenseits von Gut und Böse*, Nr. 253.

53 Ebd., Nr. 44.

54 G. Rohrmoser, *Nietzsche und das Ende der Emanzipation*, Freiburg 1971, S. 53.

55 M. Zetterbaum, *Tocqueville and the Problem of Democracy*, Stanford, Cal. 1967, S. 43.

56 A. de Tocqueville, *De la Démocratie en Amérique*, Hrsg. J.-P. Mayer, Bd. I, Paris 1961, S. 3 f.

57 Ebd., S. 9.

58 Ebd., S. 11.

59 Ebd., S. 25.

60 Ebd., S. 34.

61 Ebd., S. 41.

62 S. die Kapitel III–VIII im ersten Teil von Band I.

63 H. von Borch, *Amerika – Die unfertige Gesellschaft,* München 1960.
64 S. Drescher, *Dilemmas of Democracy. Tocqueville and Modernization,* Pittsburgh 1968, S. 12.
65 Kap. X im zweiten Teil des ersten Bandes der *Démocratie.*
66 Siehe Zeitlins Kapitel »Democratic Society« in seinem Buch.
67 A. de Tocqueville, *De la Démocratie en Amérique,* Bd. I, S. XLIV.
68 Kap. 7 und 8 im zweiten Teil von Band I.
69 Fr. Nietzsche, *Die Fröhliche Wissenschaft,* Nr. 329.
70 G. Sorel, *Über die Gewalt,* Frankfurt 1969, S. 94.
71 Bd. I, Teil II, Kap. 8; s. M. Zetterbaum, *Tocqueville and the Problem of Democracy,* S. 139ff.
71a Letzteres wird vom Leo-Strauss-Schüler Zetterbaum vertreten, aber auch von Jack Lively, *The Social and Political Thought of Alexis de Tocqueville,* Oxford 1965.
72 C. G. Jung, *Die Erdbedingtheit der Seele* (1927), zit. nach E. Fraenkel, *Amerika,* S. 302.
73 E. Jones, *The Life and Work of Sigmund Freud,* Vol. II, New York 1955, S. 60; s. a. P. Roazen, *Freud and America,* in: *Social Research* (1972), Vol. 39, S. 720ff.
74 Brief an Th. Mann vom 25. Okt. 1946, in: H. Hesse/Th. Mann, *Briefwechsel,* Frankfurt 1968, S. 120.
75 H. Hesse, *Der Steppenwolf,* Frankfurt 1970, S. 43.
76 S. z. B. G. Orwells Schilderung in seinem *Letter from England to Partisan Review* vom 3. Jan. 1943, in: *The Collected Essays, Journalism and Letters of George Orwell,* Hrsg. S. Orwell/I. Angus, Vol. 2, New York 1968, S. 279ff.
77 S. den Überblick T. Spörris in *The Old World and the New. A Synopsis of Current European Views on American Civilization,* Zürich/Leipzig 1937.
78 H.-J. Schröder, *Deutschland und die Vereinigten Staaten 1933–1939. Wirtschaft und Politik in der Entwicklung des deutsch-amerikanischen Gegensatzes,* Wiesbaden 1970, S. 98.
79 Ebd., S. 101.
80 Anweisung vom 28. März 1942 in: H. Picker, *Hitlers Tischgespräche im Führerhauptquartier 1941–1942,* Hrsg. P. E. Schramm u. a., Stuttgart 1963, S. 220.
81 H.-J. Schröder, *Deutschland und die Vereinigten Staaten,* S. 100.
82 B. W. Tuchmann, *The Zimmermann Telegram,* New York 1958.
83 Th. Mann, *Betrachtungen eines Unpolitischen,* Frankfurt 1956, S. 526.
84 *Die deutsche Freiheit. Fünf Vorträge,* Gotha 1917, S. 8f.
85 Ebd., S. 50.
86 Ebd., S. 74.
87 Ebd., S. 94.

88 Ebd., S. 133.
89 Ebd., S. 14f.
90 O. Spengler, *Der Untergang des Abendlandes*, München 1963, S. 754.
91 O. Spengler, *Jahre der Entscheidung*, München 1933, S. 47f.
92 Zit. nach E. Fraenkel, *Amerika*, S. 309f; s. dazu auch F. Stern, *The Politics of Cultural Despair. A Study in the Rise of the German Ideology*, Berkeley/Los Angeles 1961, S. 197 u. 216.
93 E. Troeltsch, *Spectator-Briefe* (1921), zit. nach E. Fraenkel, *Amerika*, S. 279f.
94 H. Mann, *Ein Zeitalter wird besichtigt*, Berlin 1947, S. 490.
95 H. Kesten (Hrsg.), *Die deutsche Literatur im Exil. Briefe europäischer Autoren 1933–1949*, München/Wien/Basel 1964, S. 238f.
96 Brief an Kesten vom 25. Juli 1946; ebd., S. 277.
97 Ebd., S. 129.
98 Ebd., S. 130.
99 B. Brecht, *Arbeitsjournal*, Zweiter Band, *1942–1955*, Hrsg. W. Hecht, Frankfurt 1973, S. 645.
100 Ebd., S. 545 [Kleinschreibung des Originals verändert].
101 C. Zuckmayer, *Als Emigrant in Amerika*, in: E. Schwarz/M. Wegner (Hrsg.), *Verbannung. Aufzeichnungen deutscher Schriftsteller im Exil*, Hamburg 1964, S. 148ff.
102 H. Hesse/Th. Mann, *Briefwechsel*, S. 94.
103 Brief an Agnes E. Meyer vom 14. Juni 1940, in: Th. Mann, *Briefe 1937–1947*, Frankfurt 1963, S. 145.
104 Ebd., S. 87.
105 Brief an W. H. Perl vom 25. März 1950, in: Th. Mann, *Briefe 1948–1955*, Frankfurt 1965, S. 140.
106 *Vom kommenden Sieg der Demokratie*, in: Th. Mann, *Politische Schriften und Reden*, Bd. 3, Frankfurt 1968, S. 10.
107 Siehe K. Sontheimer, *Thomas Mann und die Deutschen*, München 1961, S. 90ff.
108 *Vom kommenden Sieg der Demokratie*, S. 30.
109 Siehe J. Radkau, *Die deutsche Emigration in den USA*, S. 116–125.
110 *Schicksal und Aufgabe*, in: Th. Mann, *Politische Schriften und Reden*, Bd. 3, S. 141.
111 *Deutschland und die Deutschen*, in: ebd., S. 162.
112 H. Hesse/Th. Mann, *Briefwechsel*, S. 118.
113 Brief an Hans Mayer vom 14. Nov. 1948, in: Th. Mann, *Briefe 1948–1955*, S. 59.
114 *Meine Zeit*, in: Th. Mann, *Politische Schriften und Reden*, Bd. 3, S. 334f.
115 Ebd., S. 336.

116 Brief an Agnes E. Meyer vom 30. Aug. 1950, in: Th. Mann, *Briefe 1948–1955*, S. 164f.
117 E. Bloch, *Zerstörte Sprache – Zerstörte Kultur* (1939); in: E. Schwarz/M. Wegner, *Verbannung*, S. 180.
118 Ebd., S. 181.
119 Ebd., S. 182.
120 Ebd., S. 183.
121 J. Radkau, *Die deutsche Emigration in den USA*, S. 248.
122 E. Bloch, *Zerstörte Sprache – Zerstörte Kultur*, ebd., S. 184.
123 L. Fermi, *Illustrious Immigrants. The Intellectual Migration from Europe 1930–41*, Chicago/London 1968, S. 104.
124 Siehe A. Einstein, *Essays in Humanism*, New York 1950.
125 Ch. Weiner, *The Refugees and American Physics*, in: D. Fleming/B. Baylin (Hrsg.), *The Intellectual Migration. Europe and America 1930–1960*, Cambridge, Mass. 1969, S. 192ff.
126 Ebd., S. 217.
127 Leo Szilard, *Reminiscences*, in: D. Fleming/B. Baylin, *The Intellectual Migration*, S. 125.
128 Ebd., S. 128.
129 S. dazu die einschlägigen Kapitel bei J. Radkau, *Die deutsche Emigration in den USA*.
130 J. M. Mandler/G. Mandler, *The Diaspora of Experimental Psychology: The Gestaltists and Others*, in: D. Fleming/B. Baylin, *The Intellectual Migration*, S. 389.
131 S. die entsprechenden Kapitel bei D. Fleming und B. Baylin.
132 P. Tillich, *The Conquest of Theological Provincialism*, in: *The Cultural Migration. The European Scholar in America*, New York 1961, S. 142.
133 F. L. Neumann, *The Social Sciences*, ebd., S. 18.
134 J. Habermas, *Protestbewegung und Hochschulreform*, Frankfurt 1969, S. 173.
135 M. Horkheimer/Th. W. Adorno, *Dialektik der Aufklärung*, Frankfurt 1969, S. 7.
136 P. F. Lazarsfeld, *An Episode in the History of Social Research. A Memoir*, in: D. Fleming/B. Baylin, *The Intellectual Migration*, S. 301.
137 Ebd., S. 324.
138 Th. W. Adorno, *Wissenschaftliche Erfahrungen in Amerika* (1968), in: *Stichworte. Kritische Modelle 2*, Frankfurt 1969, S. 113f.
139 P. Lazarsfeld, *An Episode in the History of Social Research*, ebd., S. 322ff.
140 Th. W. Adorno, *Stichworte*, S. 121.
141 M. Horkheimer/Th. W. Adorno, *Dialektik der Aufklärung*, S. 140f.
142 M. Horkheimer, *Kritische Theorie*. Bd. I, Frankfurt 1968, S. XIII.
143 J. Radkau, *Die deutsche Emigration in den USA*, S. 299f.

144 H. St. Hughes, *Franz Neumann between Marxism and Liberal Democracy,* in: D. Fleming/B. Baylin, *The Intellectual Migration,* S. 460.
145 Siehe L. Niethammer, *Entnazifizierung in Bayern,* Frankfurt 1972.
146 C. Schrenck-Notzing, *Charakterwäsche. Die amerikanische Besatzung in Deutschland und ihre Folgen,* Stuttgart 1965, S. 148.
147 Ebd., S. 305.
148 E. Fraenkel, *Amerika,* S. 11.
149 E. Voegelin, *Über die Form des amerikanischen Geistes,* Tübingen 1928, S. 237.
150 S. z. B. W. Kendall/G. W. Carey, *The Basic Symbols of the American Political Tradition,* Baton Rouge 1970.
151 D. Germino, *Beyond Ideology. The Revival of Political Theory,* New York 1967, S. 161 f.
152 D. Germino, *Two Conceptions of Political Philosophy,* in: G. J. Graham/G. W. Carey (Hrsg.), *The Post-Behavioral Era. Perspectives on Political Science,* New York 1972, S. 248.
153 B. Anderson, *Politics and the Transcendent. Eric Voegelin's Philosophical and Theological Analysis of the Old Testament in the Context of the Ancient Near East,* in: *The Political Science Reviewer,* Vol. I (1971), S. 2.
154 E. Voegelin, *Die Neue Wissenschaft der Politik,* München 1959, S. 259.
155 Siehe D. Germino, *Beyond Ideology,* S. 217 und B. Crick, *The American Science of Politics. Its Origins and Conditions,* London 1959, S. 232 f.
156 L. Strauss, *Natural Right and History,* Chicago 1953, S. 1 f.
157 H. Morgenthau, *Scientific Man Versus Power Politics,* Chicago 1946.
158 H. Arendt, *Fragwürdige Traditionsbestände im Politischen Denken der Gegenwart,* Frankfurt 1957.
159 S. ebd. und *Vita Activa oder vom tätigen Leben,* Stuttgart 1960.
160 Z. B. H. Arendt, *On Revolution,* New York 1963.
161 Z. B. H. Arendt, *Crises of the Republic,* New York 1972.
162 C. J. Friedrich, *Tradition and Authority,* New York 1972.

Zum Epilog:

1 R. Dahrendorf, *Die angewandte Aufklärung. Gesellschaft und Soziologie in Amerika,* München 1963, S. 111.
2 Siehe M. K. Murray, *Red Scare. A Study in National Hysteria 1919–1920,* New York 1955.
3 S. die einschlägigen Kapitel über die Amerikaner bei D. Caute, *The Fellow Travellers. A Postscript to Enlightenment,* New York 1973.

4 Van Wyck Brooks, *Letters and Leadership*, in: *Essays on America*, New York 1970, S. 127f.

5 G. Santayana, *Dewey's Naturalistic Metaphysics* (1925), in: *The Works of George Santayana*, Vol. VIII, New York 1937, S. 176f.

6 A. Purdy (Hrsg.), *The New Romans. Candid Canadian Opinions of the U.S.*, Edmonton, Canada 1968.

7 S. z. B. F. M. Joseph (Hrsg.), *As Others See Us. The United States through Foreign Eyes*, Princeton 1959 und *How Others See the United States*, *Daedalus*, Vol. 101, Nr. 4 (1972).

8 J. Ney, *Die europäische Kapitulation. Thesen und Prognosen zur Amerikanisierung Europas*, Luzern/Frankfurt 1971, S. 9.

9 Ebd., S. 11.

10 Ch. Newman, *A Child's History of America*, Chicago 1973, S. 47.

11 Ph. Slater, *The Pursuit of Loneliness*, Boston 1970.

12 J. Gebhardt, *Ursprünge und Elemente des Amerikanismus*, München 1969, unveröffentlichtes Manuskript.

13 Zur Anpassung der Sozialwissenschaften s. H. Kariel, *Saving Appearances*, Belmont, Cal. 1972 und A. W. Gouldner, *The Coming Crisis of Western Sociology*, New York/London 1970.

14 Zum Anti-Amerikanismus der Protestbewegungen s. E. Z. Friedenburg (Hrsg.), *The Anti-American Generation*, Transaction Book 1971.

15 Siehe D. Wise, *The Politics of Lying. Government Deception, Secrecy, and Power*, New York 1973.

16 S. z. B. N. Muehlen, *Amerika – im Gegenteil. Antiamerikanische und andere Ansichten*, Stuttgart 1972 und A. Beichman, *Nine Lies About America*, New York 1973 (Rev. Ed.).

17 W. Kendall/G. W. Carey, *The Basic Symbols of the American Political Tradition*, Baton Rouge 1970, S. 75–95.

18 Eine gute Auswahl findet sich bei V. Deloria (Hrsg.), *Of Utmost Good Faith*, New York 1972.

19 Siehe R. H. Pearce, *Savagism and Civilization. A Study of the Indian and the American Mind*, Baltimore 1965.

20 S. dazu St. Elkins, *Slavery*, Chicago 1969, S. 81–139.

21 Siehe F. P. Prucha (Hrsg.), *Americanizing the American Indians*, Cambridge, Mass. 1973.

22 St. Steiner, *The New Indians*, New York 1968.

23 S. z. B. V. Deloria, *Custer Died for Your Sins. An Indian Manifesto*, New York 1969.

24 S. z. B. Fr. Merk, *Manifest Destiny and Mission in American History. A Reinterpretation*, New York 1963.

25 Z. B. E. Krippendorff, *Die Amerikanische Strategie. Entscheidungsprozeß und Instrumentarium der amerikanischen Außenpolitik*, Frankfurt 1970.

26 S. die entsprechenden Essays in B. J. Bernstein (Hrsg.), *Towards a New Past. Dissenting Essays in American History,* New York 1968; R. J. Barnet, *Intervention and Revolution. The United States in the Third World,* New York 1968; die Diskussion bei R. W. Tucker, *The Radical Left and American Foreign Policy,* Baltimore 1971.

27 Z. B. W. A. Williams' radikale Interpretation der amerikanischen Geschichte *The Roots of the Modern American Empire. A Study of the Growth and Shaping of Social Consciousness in a Marketplace Society,* New York 1969.

28 S. dazu J. Gebhardt, *Ursprünge und Elemente des Amerikanismus.*

29 L. Hartz, *The Liberal Tradition in America. An Interpretation of American Political Thought since the Revolution,* New York 1955, S. 3.

30 Siehe R. P. Wolff, *The Poverty of Liberalism,* Boston 1968; H. Kariel, *Beyond Liberalism,* unveröffentlichtes Manuskript; Th. Lowi, *The End of Liberalism,* New York 1969.

31 C. B. Macpherson, *The Political Theory of Possessive Individualism. Hobbes to Locke,* Oxford 1962.

32 S. auch M. Harringtons autobiographischen Bericht *Notes on My Nervous Breakdown,* in: *New York,* 24. Sept. 1973, S. 49–56.

33 S. seine Studien: *The Decline of American Pluralism,* Stanford 1961; *The Promise of Politics,* Englewood Cliffs 1966; *Open Systems,* Itasca, Ill. 1968; *Saving Appearances* Belmont, Cal. 1972.

34 H. Kariel, *Beyond Liberalism.*

35 Chr. Graf Krockow, *Soziale Kontrolle und autoritäre Gewalt,* München 1971, S. 116f.

36 G. Santayana, *Character and Opinion in the United States,* in: *The Collected Works of G. Santayana,* Vol. VIII, S. 106.

37 Siehe J. Gebhardt, *Ursprünge und Elemente des Amerikanismus.*

38 Siehe F. O. Matthiessen, *American Renaissance. Art and Expression in the Age of Emerson and Whitman,* New York 1941.

Personenverzeichnis